货币的真相

货币规则如何改变你的生活

杨光◎著

中国纺织出版社有限公司

内 容 提 要

本书侧重介绍自亚当·斯密以来，经济学各个学派有关货币理论的相关内容，阐述货币理论的演进，并结合2008年的金融危机、国内宏观调控转型、数字货币、人民币国际化等诸多重大历史事件，深入探讨货币在日常生活中的运行规律，揭示货币背后的真相。

图书在版编目（CIP）数据

货币的真相：货币规则如何改变你的生活 / 杨光著.
--北京：中国纺织出版社有限公司，2021.5（2023.1重印）
ISBN 978-7-5180-8491-3

Ⅰ.①货… Ⅱ.①杨… Ⅲ.①货币理论—研究 Ⅳ.①F820

中国版本图书馆CIP数据核字（2021）第070282号

策划编辑：史 岩 曹炳镝 责任编辑：曹炳镝
责任校对：楼旭红 责任印制：储志伟

中国纺织出版社有限公司出版发行
地址：北京市朝阳区百子湾东里A407号楼 邮政编码：100124
销售电话：010—67004422 传真：010—87155801
http：//www.c–textilep.com
中国纺织出版社天猫旗舰店
官方微博 http://weibo.com/2119887771
天津千鹤文化传播有限公司印刷 各地新华书店经销
2021年5月第1版 2023年1月第2次印刷
开本：710×1000 1/16 印张：17
字数：208千字 定价：58.00元

推荐序 1

迎接货币经济的新时代

“任何人都能创造货币，问题是如何让他被普遍接受。”

——海曼·明斯基（Hyman Minsky）

在经济学思想史上，几乎所有的学者都要关注和研究货币现象，并提出有自己特色的货币理论。可以这样说，没有货币思想理论的经济思想史不仅不是完整的经济思想史，还是残缺的经济思想史。但是，如何概括至少从亚当·斯密到当代的货币思想史，却是相当有挑战性的工作，因为货币思想史所涉及的理论、方法、计量模型以及相关的经济历史，越来越复杂。杨光博士的这本《货币的真相》试图对自亚当·斯密以来的货币思想史，特别是自 1970 年以来的在全球货币视角下货币经济演变加以梳理与概括，可以说是一个富有挑战性的努力。

本书一共 9 章。从第一章到第六章，作者在回顾货币思想演变过程中，不仅试图对诸如亚当·斯密、李嘉图、马克思·韦伯、马歇尔、穆勒、费雪、凯恩斯、弗里德曼、卢卡斯等的理论背景和要点做了诠释，尽可能揭示了这些大家之间的深刻关联性，更重要的是提出了若干关键性的问题：

（1）如何理解亚当·斯密关于“货币是一个特殊商品”？如果过去是成立的，到了 21 世纪，是否继续成立?

（2）货币供给是内生的，还是外生的?

（3）资本主义精神与资本主义货币金融资源，谁更为根本?

（4）费雪方程式的真正涵义是什么？对于现代货币经济的价值何在？

（5）古典学派的市场经济的 bug 是什么？造成 bug 的深层原因又是什么？

（6）凯恩斯与古典学派的根本分歧在哪里？

（7）利率是否真的是“一个纯粹的货币现象”？

（8）在当今世界，是否只有美国存在独立的货币政策？或者根本不存在独立的货币政策？

（9）为什么未来预期影响现在决策？

毫无疑义，这些问题从昨天到今天到未来，还会困扰着人们。回答上述问题，昨天、今天和明天的答案都不会相同。

除了上述问题，最富有挑战性的问题还是本书第四章的题目：“通胀在任何时间任何地点都是货币现象”的结论是否继续成立？现在看，“通胀在任何时间任何地点都是货币现象”的结论而非是毋庸置疑的。至少2008 年金融危机之后，在世界范围内普遍实施的货币宽松政策，存在着不可低估的“溢出”效应，但是却没有演变出弗里德曼货币数量理论所推理的那种经典意义的通货膨胀。传统的货币理论，特别是货币主义确实需要面对某种程度的“扬弃”，甚至革命，需要对所谓现代信用制度作出符合实际的解释。

作者在第六章中提出：“1971 年，尼克松政府宣布美国政府停止履行外国政府或中央银行用美元向美国兑换黄金的义务，货币与黄金脱钩了，从此世界进入了信用货币时代。”这段话原则上是对的，但这段话需要补充：货币，无论是金属货币还是纸币，从来都需要以信用作为前提和基础。所不同的是，自 1971 年尼克松关闭美元和黄金的窗口之后，世界信用货币发生了两个根本性的变化。

（1）世界各国信用货币从此成为基于政府信用的信用货币。也就是，各国信用货币的信用基础单一化：信用即政府。政府信用的质量决定了该国信用货币的币值。

（2）世界各国信用货币要以美元的信用作为锚。也就是说，除美元之外，其他国家的信用货币都建立在本国政府信用和美元信用的基础之上。这样的二元结构导致了所谓的汇率现象。

进一步说，1971 年之后世界进入浮动汇率替代固定汇率的时代，也就是进入本国名义的和实际的通货膨胀率或者货币贬值率，不仅受制于本国经济的影响，还受制于该国货币与其他国货币汇率的波动的影响。但是，这样的双重影响的“频率”并非是相同的。常常发生一个国家基于平价购买力的货币通货膨胀率和基于美元的货币贬值率的变化存在显而易见的差别，甚至彼此分离。例如，在前南斯拉夫、苏联、委内瑞拉和津巴布韦，都发生过本国法币与美元的汇率发生数十倍、百倍乃至千倍以上贬值，却并不意味着本国通过购买力所体现的通货膨胀率达到同样的水平，这样的现象很是值得研究。

此外，更值得关注的是利率问题。2008 年全球金融危机之后，低利率、零利率甚至负利率，不再是个别的现象。这样的利率形态的重要后果是：一方面，并没有导致传统 CPI 的高涨；另一方面，却全方位地减少了投资的成本，导致资产价格的上升。资产价格的上升或多或少有利于就业的扩张，而就业的扩张却没有直接引发通货膨胀，于是，菲利普斯曲线失灵。

在这些新的经济的和货币的现象的背后到底是什么？作者直指当代货币中的核心问题：“货币供给由谁决定？”作者的答复是：“政府或中央银行。”作者进而提出：“那中央银行的钱哪里来的呢？是无中生有创造出来的！”于是，作者在很大程度上已经回答了前面所说的货币不仅具有内生性，也具有外生性。因为货币经济已经从仅依附实体经济，且为国民经济活动水平所决定，转变为货币经济成为国民经济的主导力量，并决定国民经济的发展水平。货币完成了从宏观经济中的因变量到自变量的转型，这就是现代货币经济的本质所在。这也就是所谓货币化的最新阶段，甚至最高阶段。

多年来，人们讨论中国高速发展和货币现象的时候，常常用 M2 增长率高于 GDP 增长率，或 M2 总量占 GDP 规模的比重，以说明中国货币供给过大，隐喻中国存在高通货膨胀、经济泡沫化的危险。这样的忧虑并没有得到实证的支持。问题在哪？在过去 20 年间，中国存在着两轮货币化：第一轮货币化发生在中国从非货币化向货币化转型期间，从 1980 年开始，持续到 2010 年，这个时期的中国经济如同从旱田到水浇地的转型，需要非常态的“灌溉”，导致超额的货币供给。第二轮货币化是在中国迅速完成工业化并成为世界贸易大国之后，进入货币经济主导传统实体经济的历史阶段，唯有增加货币供给可以扭转中国资产、劳动力长期过低的局面，再次刺激了第二轮货币化。上述两轮货币化的互相叠加，在相当长的时间内导致了 M2 规模居高不下。这个过程，是一种市场与政府，中国与世界持续反馈的过程，其中包含着试错，并不存在着一个可以设计的最优货币量。

令人遗憾的是，进入 21 世纪以后，世界范围内的信用货币大规模和持续膨胀，不仅导致了传统资产价格的上涨，还推动科技资产的形成。在存在物质产能和物质产品过剩的同时，发生了信息过剩、数据过剩、甚至科技创新产品的过剩现象。对于大部分民众来讲，他们不仅没有成为货币供给膨胀的受益者，而且在资产价格和资产财富扩张的同时，他们的相对贫困指数却在不断地上升，贫富差别进入历史上前所未有的状态。

在这样的大背景下，人类不得不需要寻求新的财富模式，企望创造共享金融。数字货币应运而生。2008 年的比特币，2015 年的以太坊，是数字货币最有影响并持续到现在的数字货币代表。与此同时，各种稳定币相继产生。其中，在以太坊的平台上又衍生了一系列的金融创新，包括 DeFi。许多国家开始将央行数字货币提到日程。中国央行发行的 DC/EP 成为世界央行数字货币的领跑者。现在讨论数字货币是否可以替代传统货币形态，为时过早。但可以预见到，伴随着数字货币族群以及数字货币生态的发展和成熟，数字货币和传统货币并存的时代已经悄然来临。因为数字货币的存在、成熟与发展，已经并将继续改变整个货币形态。至少这样一些问题会迅速地提到各国央行、商业银行、资本市场和货币市场面前：

（1）数字货币将怎样改变货币的供给总量。这里涉及数字货币的数量、结构、分布和交易速度?

（2）各国政府和央行将如何建立包括数字货币在内的货币政策?

（3）数字货币与传统货币是否在一定时间内存在所谓的“功能性分工”。如果存在分工，边界在哪里?

（4）数字货币对经济增长、通货膨胀会有怎样地影响机制，对国民财富地分配与再分配又会有怎样的影响?

（5）数字货币将怎样影响长期的资本市场和短期的货币市场?

（6）进一步说，数字货币是技术进步的产物，是以区块链作为基础的，科学技术地进步是否可以继续支撑数字货币的迭代和更新，从而拉大数字货币与传统货币的技术含量? 如果是这样，是否发生数字货币主导的数字经济革命与转型?

在本书的最后一个自然段，杨光博士引用了马克思的一句话：“货币对于决定历史进程的作用最大。”今天基于信息和数字经济的“货币”与当年马克思所认知的工业革命时代的“货币”，已经大相径庭。这本《货币的真相》有助于每个读者更新已有的货币经济学常识训练。从历史走来，为了超越历史；面对未来，是为了更好的面对当下。几乎可以肯定，未来的 10 年、20 年，将是未来货币金融思想、理论、实践的大改变、大变革、大转型的历史新时期，人们已经很难置身度外。问题是，我们是否做好了准备?

《货币的真相》的文字没有教科书的束缚，活泼而充满生气，值得肯定。

朱嘉明

2021 年 3 月 2 日　于北京

推荐序 2

服务实体经济，人们应更好地“驯服”货币

杨光的新书《货币的真相：货币规则如何改变你的生活》将要出版，盛情邀我作序。我与杨光相识于澳门科技大学，他是我的博士生，对于他的学识还是了解的，因而欣然应允。

如其书名，货币一词是全书的主线。货币是人类最早的发明之一，其历史之长恐怕并不亚于文字。某种意义上来说，其与文字具有相似的作用，它们都是人类描述这个世界的符号，并且都具有社会属性。古代苏美尔人的黏土泥板据传是人类最早的货币，上面就是用楔形文字记载的债务关系。凡是研究过货币史的学者都知道，货币与人类的经济行为相生相伴，并对经济发展有着重大影响。

杨光在书中开篇就介绍了亚当·斯密的货币理论。斯密认为商品的交换价值是由“（一个人）买或占有某物消耗的劳动量”来衡量。作为商品交换媒介的货币，以金银为表现形式，其价值则取决于金银开采成本和矿藏“丰富与否”。尽管此后的古典主义经济学家们将货币与效用相联系，认为商品价格是由边际效用所决定，但是依旧秉承斯密关于货币仅是充当商品交换媒介的理念。诚如大卫·休谟（David Hume）所言：“锁在柜子里的铸币仿佛湮灭一样，一文不值。”

时间进入 20 世纪下半叶，特别是随着“布雷顿森林体系”的解体，货币与实物脱钩，进入信用时代。杨光在书中认为，在现代信用制度下，货币本质上是一种债务凭证，银行可以通过扩张资产负债表来创造货币。

信用货币带来的是金融活动的日趋多样化，各种金融创新层出不穷，这又反过来扩展了货币的边界。现在，经济学家普遍将流动性与货币性关联起来，认为一个资产流动性越强其“货币属性”也就越强，货币当局也按照这一原则将广义货币划分为 M1、M2、M3。诺贝尔经济学奖获得者本特·霍姆斯特罗姆（Bengt Holmstrom）认为货币市场流动性的一大特征即在于“不要多过问”。由于信息获取是需要成本的，在发放抵押贷款的时候，贷款方并不会花费过多的成本去发现抵押品的确切价格。例如，发放住房贷款时候，银行只会粗略估计房子的大概价值，然后按照一定的折扣率发放贷款，以保证借方违约的情况下可以卖出该抵押物。他只需要确定安全的抵押物估值下限。这与股票市场存在明显的区别。这种“不要多问”的特征，加强了货币市场流动性并造就了“非理性繁荣”。当资产价格大大超过基本价值的时候，投资者即使意识到自己已处于泡沫当中，但却不知道泡沫破裂何时会来临，资产价格越是偏离其价值，交易者的信息越对称。这种“对称无知”促使资产泡沫成了一种存放流动性的安全避风港。

流动性创造经济繁荣的背面是不断积累的风险。在常态期间增加的流动性会把风险推至尾部（Everything that adds to liquidity in good times pushes risk into the tail.）。当抵押物受损且互信被打破的时候，原来的“不要多问”状态就会迅速转化为信息敏感，投资者开始担心手中抵押品，并重新审视抵押品，问题开始变多，任何“风吹草动”都将引发流动性与价格的暴跌。资产价格不再是围绕着均值的正态分布，而是呈现偏态和“肥尾”的特征，极端事件发生的可能性骤然提高。繁荣期间流动性与抵押资产价格的正反馈效应带来了随后的高杠杆、市场泡沫、金融危机以及收入不平等的问题。对于这些内容，杨光在书中都做了精彩的论述。

既然货币对人们的经济行为有如此重大影响，如何“驯服”货币，使其更好地服务实体经济，也就成为古往今来饱学之士们争论的焦点。从早期古典主义的货币“面纱”论到新凯恩斯主义的货币“非中性”论，不同学派争论了上百年。也正是这些争论推动货币理论的不断发展。这些理论在实践中的反映则是中央银行的货币政策。总的来看，中央银行调控货币的方式大致就是数量调控和价格调控，或者两者兼而有之。关于货币调控方式孰优孰劣，一向是个颇具争议的问题，尤其在当前中国正在不断推进利率市场化的背景下，这一论题具有极大的现实意义。此外，在全球一体化的当下，汇率变化、跨境资金流动也深刻地影响着各国经济发展。特别是自2008年次贷危机以来，中心国金融市场的波动和恐慌情绪会迅速传播到其他国家，跨境资本的大规模频繁波动导致金融风险的跨地区、跨部门传播。随着我国持续扩大对外开放，对于货币的研究越来越离不开开放经济的视角。相信通过这本书，读者会对这些问题有更深刻的认识。

《货币的真相：货币规则如何改变你的生活》一书视角宏观，资料翔实，内容深入浅出，充满智慧和乐趣，引人入胜，是一本有价值的书。

澳门科技大学副校长　庞川

2021年2月

目录

第一章
从商品交易中引出货币理论

第一节　谁是经济学之父

1770年，在苏格兰法夫郡寇克卡迪，一位47岁的中年人正伏案疾书。此后的6年时间里，无论冬寒酷暑，这个中年人终日笔耕不缀，以致积劳成疾。6年后，他的汗水换来了一部传世巨著——《国富论》，而这个中年人就是被称为“经济学之父”的亚当·斯密（图1–1）。《国富论》的出版具有划时代的意义，标志着经济学从哲学的一个分支正式成为一门独立的学科，亚当·斯密也由此被视为经济学的鼻祖。亚当·斯密的名字与他的《国富论》在250年后的今天依旧被人高频次地提起，《国富论》的思想时至今日依旧闪耀着光芒。

图1–1　亚当·斯密

亚当·斯密于1723年出生于苏格兰一个海关官员的家庭。以现在的眼光来看，亚当·斯密就是父母口中“别人家的孩子”。他从小就聪明过人，尽管尚未出生就失去了父亲，但幸运的是小斯密得到了母亲无微不至的照顾，并为其提供了良好的教育。在如今的孩子还在初中课堂上学习如何解二元方程的年龄段，14 岁的亚当·斯密就已经考入苏格兰久负盛名的格拉斯哥大学，2012 年正式更名为格拉斯哥大学亚当·斯密商学院（图 1–2）。用"少年天才"来形容亚当·斯密一点也不为过。大学期间，亚当·斯密主修拉丁语、希腊语、数学以及道德哲学，并对经济学逐渐产生了浓厚的兴趣。1748 年，25 岁的亚当·斯密开始在爱丁堡大学担任讲师，主讲英国文学。几年后，他又开始讲授经济学课程。1751 年，亚当·斯密回到母校格拉斯哥大学担任教授，主讲逻辑学和道德哲学。此时，28 岁的亚当·斯密已经是"人生赢家"。但是，不平凡的亚当·斯密注定不仅满足于一般意义上的"人生赢家"。

图1–2　格拉斯哥大学亚当·斯密商学院

亚当·斯密生活的年代，处于苏格兰发生巨大变化的时期，在亚当·斯密的生活环境中，财产、贵族的资助、周遭的经济变化以及渊博的知识共同交织出他日后撰写《国富论》的背景。1707 年，苏格兰结束其独立统治，与英格兰合并，成为大不列颠王国的组成部分。作为放弃独立的补偿，苏格兰贵族们被赋予参加英国国会的机会。而商人和制造商们则获准借助关税同盟进入整个大不列颠。在此之前，苏格兰商业和工业水平低下，仅有一些煤矿开采、制盐业以及在《国富论》中被详细记述的制钉行业。亚当·斯密对制钉行业的关注多少与该行业在苏格兰的特殊地位有关。钉子算是当时苏格兰的特产。钉子制造商以钉子作为工人工资，而钉子作为货币的替代形式，也是当地很多店主所乐于接受的。

加入关税同盟后，苏格兰与英格兰所带来的自由贸易的广阔市场和快速的人口增长，为打破苏格兰长久以来的自然经济、发展初步的生产分工和贸易奠定了基础。而这一切的变化也在亚当·斯密日后的经济思想中打下了深刻的烙印。

或许是被《国富论》的光芒所掩盖，亚当·斯密的第一本书《道德情操论》往往被现代经济学研究者所忽略。可在当时，这部以斯密伦理学讲座为基础的书在大不列颠和欧洲大陆受到了极大欢迎。这部著作引起了英国下议院领袖查尔斯·汤森德对亚当·斯密的关注。汤森德邀请亚当·斯密担任儿子布莱克公爵的家庭教师，而作为大地主的汤森德（准确地说大地主应该是其夫人——一位拥有苏格兰最大地产的贵妇人）给予亚当·斯密的报酬相当丰厚——一笔终生养老金，这为亚当·斯密日后能够潜心写作提供了保障。担任家庭教师期间，亚当·斯密所获得的不仅仅是金钱，还有陪伴学生赴欧洲大陆游历并开拓视野的机会。修业旅行是当时英国贵族公子们的时尚，在陪伴布莱克公爵游历欧洲大陆的两年多时间里，亚当·斯密搜集了欧洲各国关税和税收的相关资料，并与包括伏尔泰在内的众多重要思想家进行了交流。作为启蒙运动旗手的伏尔泰，在与亚当·斯密会面后，这样评价到："这位斯密先生太优秀了，我们当中没有任何人可以和他相提并论，我为我亲爱的同胞感到羞愧。"

两年的游历、交流和思考，使亚当·斯密的经济理论逐步成熟。回到英国后，亚当·斯密就开始了《国富论》的写作。简单而言，这部不朽巨著可以归结为三个词：自由市场、自由贸易以及劳动分工。与中世纪束缚西方思想观念的天主教教义所认为的，商业和放贷是人自私自利的表现相反，《国富论》承认人的本性是利己的，人们从事经济活动的唯一动力就是追求个人利益。与此同时，与动物不同，人是有理性思维的，能在经济活动中获得最大的个人利益。如果这种经济活动不受到干预，那么，经由市场和价格机制构成的“看不见的手”不仅会实现个人利益的最大化，还会推进公共利益，因为每一个商品生产者为了能够卖出商品，获得最大利润，都会尽力生产出客人最为喜爱的商品，而每一个人既是自己产品的卖者，也是他人产品的买者，用现在耳熟能详的话说就是“我为人人，人人为我”。因此，政府不应该干预经济。

亚当·斯密特别抨击了当时欧洲流行的重商主义政策，即设立高关税阻碍自由贸易。他认为，重商主义是国民财富增长的“绊脚石”，自由市场和自由贸易才是国家财富的来源。政府要做的就是当好“守夜人”——确保夜里不会有窃贼进入家里而已。

自由市场和自由贸易的概念此后被广泛宣扬，并成为资本主义世界的圭臬。不过，具有讽刺意味的是，作为当今头号资本主义国家的美国却在近年来反其道而行之，大搞“单边主义”，这与亚当·斯密所坚持的主张背道而驰。

第二节　你是如何吃到猪柳汉堡的

亚当·斯密贡献最大的就是关于劳动分工带来的效率提高，以及在此基础上建立起来的货币理论。因为无论是自由市场还是自由贸易都是建立在劳动分工的基础上的。而劳动分工为什么能提高效率，进而增加国民财富呢？因为劳动分工之后，相同数量的工人能够进行的工作数量显著增加。

亚当·斯密的具体解说是这样的：第一，细化分工使得劳动者的技巧日益精湛。分工使人们的工作单一化和简单化，从而使人们的精力和智慧得以集中使用在这一单一化操作上，就如同透镜集中光源可以使物体燃烧起来的道理一样，其结果就是极大地提高了劳动者的技能；第二，节省了劳动时间。通常，人们从一种工作转到另一种工作时，常要损失一些时间，但劳动分工后，就可以消除劳动转换所浪费的时间，从而提高了生产效率；第三，简化劳动和节省劳动的那些机器的发明，使一个人能够做许多人的工作。也就是说，工具的发明也起因于分工。用亚当·斯密的话说，“人类把注意力集中在单一事物上，比把注意力分散在许多事物上，更能发现达到目标的更简易更便利的方法。”

在《国富论》里，亚当·斯密用制作针的流程作为分工理论的具体例子。为了便于理解，我们不妨换个“马甲”，以制作汉堡的例子来说明。如果制作一个猪柳汉堡的整个过程都是由一个人完成，那么这个人先要养头猪，这需要养猪的知识；猪养好了还要自己屠宰；自己当厨师做成猪柳；自己研制配料；自己买面包片……这样的综合性人才绝对和大熊猫一样稀有。这样的猪柳汉堡即使做好了，那么价格是多少？要等多久才能吃到？恐怕等到花儿都谢了还没吃到。而在 21 世纪的今天，普通民众只要在手机上点一下，花十几元钱，等上十几二十分钟就能品尝到可口的猪柳汉堡了，而这一切得以实现，就得感谢分工体制所带来的劳动效率的提高。

在分工体制下，农场负责养猪，使得农场主只要关注如何把猪养好，而不需要关注其他事情。在高度的专一化背景下，农场主自然要去研究如何搭配饲料、如何做好猪的防疫工作。而分工所带来的专一化，同样适用于后面的配料制作者，使其可以集中精力研制更适合猪柳汉堡的酱料。而在最后环节的快餐店里，服务员只需要将面包、猪柳、酱料拼在一起就可以了。同样，由于长时间的重复拼装过程，使得快餐店店员的制作过程极其娴熟，一般不需要一分钟就能完成一个汉堡。此外，专一化还带来了规模效应。

回到全能型制作者的场景下，恐怕养一头猪都困难，而且对他来说，养猪的目的就是做汉堡，那些不适合做汉堡的部位，他难以处理；而在专一化条件下，农场主养几十、几百头猪都可以，其猪肉不仅可以供应汉堡店，还能供应做猪肉炖粉条的、做猪头肉的等，这就是分工带来的经济效益。

第三节　为什么要有货币

然而分工之所以能够存在，是因为有贸易，也就是商品的交换。在具体场景中，你所有的和我需要的，未必时常能匹配上。比如，你现在想卖一头羊换回面包，你的邻居刚好有多余的面包要出售，可他不需要羊而是想买点牛肉，这样你和邻居之间就无法完成交易。原始的物物交换给交换造成了很大的困难。

亚当·斯密认为，在实践中，天生具有交易偏好的人类发现一些物品是“不易被拒绝的”，而这些物品就是可以作为交换工具的原始货币。亚当·斯密认为，货币并不是社会收入的一部分，社会收入是那些实实在在生产出来可供使用的物品，如小麦、牲畜、工具等，货币只是货物交换的润滑剂。亚当·斯密将价值一词分为两个不同的意义。它有时表示特定物品的效用，比如当你饥饿难耐的时候，一个猪柳汉堡能让你迅速满血复活，这就是猪柳汉堡的价值，又称为商品的使用价值。而当你连续三餐大鱼大肉已经撑到扶墙的时候，一个猪柳汉堡对你的使用价值很低，甚至是负的。但是，此时另一个跳绳跳了 2 个小时累瘫的人，则急需你的猪柳汉堡以补充能量，而你又急需它手上的绳子用于运动消食，那么猪柳汉堡对你来说仍是有价值的。由于占有猪柳汉堡而取得的跳绳的购买力价值，亚当·斯密称为交换价值。明确区分了商品的使用价值与交换价值，是亚当·斯密的一个贡献。

顺着这一思路，亚当·斯密认为货币是一种特殊的商品，如英国 18 世纪的金币（图 1–3）。固然当时金币银币所含有的贵金属量是它的使用价值，但是货币更主要的作用是代表着一定的购买力，也就是它的交换价值。人们获取货币不是为了它的使用价值，毕竟贵金属饿了不能吃，冷了不保暖。人们获取货币是为了在饿的时候能换回猪柳汉堡，冷的时候能换到貂皮大衣。抛开货币的交换价值，货币就"一钱不值"了。用亚当·斯密的原话讲，"如果这一个几尼[1]竟然不能换得什么物品，那么它的价值就像破产者开出的票据，同样没有什么价值"。

图1–3 英国18世纪的金币

第四节 纸币背后的大学问

在价值二元论的基础上，亚当·斯密进一步提出了其货币金融的思

[1] 几尼 =1.05 英镑 =21 先令。

想。他从货币交易成本的角度分析，认为纸币终将取代贵金属货币。这是因为用贵金属作为货币使用，成本较高。毕竟贵金属货币重量不轻。

我们经常在古装剧里看到皇帝说："来人啊，赏某某10万两白银"，然后一个太监托着一盘白银上来。每当这时候，我都会怀疑编剧的数学是体育老师教的。十万两约等于5吨，敢问这位大臣是如何把这么重的白银扛回家的？况且在古代，又没视频监控，也没有那么多警察，就靠几个捕头勉强维持一下治安，扛着明晃晃的贵金属到处乱跑，很容易被杀人越货。因此，在古代，镖局应运而生。而上述故事中雇佣镖局所支付的费用就是使用贵金属货币的典型成本。亚当·斯密认为，持有货币成本的减少，会增加社会的真实收入，节省的费用会增加产业的资金，从而增加投入的资本，增加社会的生产物即社会的纯收入。此外，用纸币来替代金银币还能进一步扩大货币的流通作用。

必须要说明的是，亚当·斯密这里所说的纸币并不是现代信用制下的纸币，而是可以兑换成等价值贵金属的银行（钱庄）发行的纸币（银行券）。流通的纸币都是银行开出的银行券，这就意味着只要它能被大众所信任，每一个银行都能开出银行券。银行券可不受支付日期的限制，并可随时兑换黄金，信用基础稳固。

看到这里，可能读者朋友会问，银行干嘛要搞纸币？难道是为了推动商业发展做贡献？如果你这么认为，那么就错了。银行家们绝对是贪婪的，没有利益的事他绝对不会干。银行券实际上是一种放贷行为，它是对私人票据的一种替代。举个例子，佃农杰克找封建领主汤姆爵士借了100个金币去购买种子粮，并且承诺秋收后卖了粮食，偿还爵士大人120个金币。汤姆爵士觉得这个买卖不错，毕竟杰克就在自己的领地耕种，每年他的收成自己心里还是有数的，而且杰克的房子也是建在自己的领地内，万一他不还钱，跑得了和尚跑不了庙。这就是一个典型的私人借贷。可是钱借出去没多久，英格兰和法兰西打起来了，国王下令所有的贵族带着自己的军队随他去打仗。大军未动粮草先行，爵士大人此时发现手上没钱，咋办？总不能和国王说，我手上没钱，您先跟法国人干着，等我的佃农杰克秋天把钱还给我了再来支援您。要是这么和国王说，估计国王和法国人还没打起来，就先把爵士大人给干掉了。

于是，汤姆爵士只能厚着脸皮去找平时不大爱搭理的商人霍克，因为汤姆爵士知道，霍克最近从印度进口了一批香料，可能大赚了一笔。汤姆爵士一改平日爱理不理的面孔，和蔼可亲地对商人霍克说："兄弟，最近我手头紧，借我 100 个金币，等秋收后，我让佃农杰克还你 120 个金币。"尽管霍克平时对汤姆爵士一直很不爽，可毕竟人家是贵族，况且 20% 的利息着实诱人，也就答应了。由此，杰克对汤姆爵士的债务也就变成了杰克对商人霍克的债务。不过空口无凭啊，万一秋收后，你反悔咋办，我又打不过你，所以必须签字画押！于是，汤姆爵士开了个条子，写明自己借了 100 个金币，秋后由杰克还。说不定还要请个律师见证啥的，毕竟兵荒马乱的年头，贵族的信用也不大好。这个条子就是私人票据（可以理解为个人的商业汇票）。要说杰克这笔债务真有点晦气，谁接手谁倒霉。不久，商人霍克运香料的船队在海上遇到暴风都沉了，不能及时供货，香料商人们都找霍克索赔。这个时候，要说等到秋后收了杰克的钱再赔付，估计气愤的香料商能把霍克家的房子给拆了。可霍克又不是贵族，很难再找个下家把杰克的债务转让了。此时，他只能找镇上的银行了。

于是霍克又找到银行说，我用汤姆爵士的条子（私人票据）换你价值 110 个金币的银行券，秋后杰克还你 120 个金币。银行家一想，买卖不错，毕竟离秋后也就只有 3 个月了，佃农杰克也经常到银行存金币，银行家对他的资金流和人品都还了解，于是这笔买卖就这么敲定了。从这个动作看，亚当·斯密把银行券解释为银行代替私人票据所发行的银行票据，其发行方法主要为票据贴现。霍克拿着银行券去赔付，香料商人也乐意接受，毕竟他们的钱也存在镇上的银行，大家都是老熟人，拿着银行券随时都能兑换成金币。这么循环一大圈，就变成了银行对佃农杰克的放贷。

第五节　银行家的“小聪明”

故事讲完了，可是亚当·斯密的货币金融理论还没完。对于银行来说，可不是仅用老板的钱放贷，银行是能够超过其实有资本数量来扩大信用业务的。怎么理解这句话呢？请思考一个问题：你把钱存入银行是要银行帮你保管，还是你把钱借给银行使用？相信大家基本都会认为是前者。因为我把钱存入银行，当然是让银行保管，在存款人看来钱的使用权没出让给银行啊，我是随时都可以取出来的，总不能我要取的时候，银行告诉我说，你的钱已经用到别处了，过段时间再给你。

没错，翻阅西方早期的金融史，银行早期的形态就是帮人保管金银的金铺，它的利润来源于收取保管费。我国古代的钱庄也大都是干这个的，上面提到了，在当时整天扛着银子到处跑，既费体力又极不安全。

但金银货币的保管，又和在火车站、飞机场保管行李不一样。受托人（银行或钱庄）没有义务归还与他所接受的完全一样的单位物品，而只需要归还同质同量的同类物品即可。也就是张三存进 100 个金币，是可以用作李四的现金取款。张三取现时也不会要求必须是他当初存入的那 100 个金币，反正是 100 个金币就行，管他是王五之前存进去的还是马六存进去的，这就给银行转移货币使用权创造了机会。

奥地利学派经济学家德索托在谈到这段历史时，认为这种存管叫做非常规存管合约。由于大量存款客户把钱存入银行后并不会频繁取现，从大数据的角度统计，尽管一家银行每天来取款的人不一样，但是每天取现的总金额是基本稳定的。这就产生了沉淀资金。银行家们抵不住这巨大的诱惑就开始悄悄把钱拿去干放贷的事情了。开始当然是偷偷摸摸的，经过了数百年的风风雨雨，大家也就接受了。但是，银行券的背后必须要有实实在在的金银做支撑。开出价值 100 个金币的银行券，库房里就要有 100 个金币相对应。从会计的角度看，某商人甲存入 100 个金币，同时增加一笔银行负债。银行无法自己扩大资产负债表，总不能自己开个银行券，库房里就自动长出金币来吧。发出去的每一张银行券都要对应库房里实实在在的金币实物。银行券代替金银币的流量不能超过其所代表的价值。如果发行过多，多发行的纸币一定又会流回银行去兑换金银币，必然会引起挤兑的麻烦，增加银行经营风险。因此，这个时候的银行券就是金本位制度下的纸币。

注意，这里又冒出来一个词汇——“金本位”。这是在相当长一段时间里，西方国家所采用的货币制度安排。说起金本位制度，它是由一位我们熟悉的大人物所开创的。这个大人物就是那个自从被苹果砸了之后，人生就开了挂的牛顿。牛顿被大家所熟知的头衔是科学家，从万有引力到微积分，牛顿开创了人类自然科学理论的新篇章。无怪乎自然神论者都将其视为“上帝的管家”。但是牛顿另一个身份却往往鲜被人们所关注——英国皇家铸币厂厂长。要问牛顿担任铸币厂厂长职务有多久，那可是很久。很久是多久？ 27 年！如果再把时间轴拉长点，当厂长前他还担任了 3 年的总监，凑一起整 30 年。真是铁打的牛顿，流水的铸币！

“牛人”牛顿担任厂长期间需要解决一个棘手的问题，那就是金币和银币兑换价格的问题。起初，牛顿并没有很好地解决这个问题，他将银币的汇兑价格定得非常低，有价差就一定会有套利。许多人就用手中的金币换取银币出口到其他国家，这样就导致英国国内的白银大量外流。于是，牛顿又想了一个办法，这次非常管用，彻底解决了金币和银币兑换的问题。聪明的牛顿想出来的办法一定充满了智慧，就如他推导出的微积分公式一样？如果你那么想那就大错特错了！牛顿在科学上的智慧显然没有用在铸币上，他的解决办法可以用四个字来形容——“简单粗暴”。他的办法就是禁止用白银铸造货币，只有黄金才能铸造货币。既然银币这玩意儿都没有了，自然也就不存在金银币兑换的问题。尽管办法“简单粗暴”，但是确实解决了问题，更重要的是为后来的金本位制度奠定了基础。此后，铸币局规定每盎司黄金价格为 3 英镑 17 先令 10.5 个便士，英国所有的铸币都按照这个价格来铸造。一百年后，英国又以法律的形式固定了这一价格。金本位制度确保了英国物价的长期稳定，从 1750 ～1914 年的 165 年，英国物价仅上涨了 46%，这为英国从一个农业国转化为工业国创造了良好的经济环境。此后，西方各国（包括日本）先后效仿英国（榜样的力量是无穷的）采用金本位制。在这一制度下，各国货币之间的汇率（即各国货币含金量的比值）也就固定下来。不得不佩服牛顿，即使是一个无意间“简单粗暴”的决定都对后世有如此重要而深远的影响。不过我相信，这些巨大影响牛顿本人肯定也没有预料到。

第六节　亚当·斯密竟然这样看待货币与经济的关系

对于金融放贷行为，亚当·斯密是赞许的。他认为银行的作用主要是盘活那些暂时不用的资本，使这些闲置的钱能投入资本经营之中，变成有利于增加国民财富收入的可用资本，带来可观的经济收益。但是，发行的银行券必须是要有真实的生产或者贸易背景。比如，前面提到的银行券的产生背景，是佃农杰克生产粮食的行为。因为亚当·斯密认为，“银行给商人贴现的乃是由真实债权人向真实债务人开出，而到期时后者会立即兑付的汇票，那么，银行垫付的，就只是这部分的价值，即商人以现钱形式保留着以备不时之需的这部分价值。这种汇票，一经到期就会兑付，所以，银行垫付出去的价值及其利息也一定可以取回。要是银行只和这类顾客来往，则银行的金柜就像一个水池，虽有水不断流出，也有水不断流入，且出入的数量相等，时刻保持动态平衡，无需时刻留神，决不会超过无纸币时流通所必需的金银币数额。这样，银行券的流通就与金属货币流通的情形完全一样，不会过剩。把钱贷给一些还款能力不足的人或是企业，用于一些投机的事业上，则最终会引起银行券的过度发行。”这充分反映了他稳定发展的货币金融理念。

那么，货币数量与经济产出是什么关系呢？亚当·斯密在《国富论》里也给出了自己的答案。他认为，当一国财富增加时，换言之，在该国产出逐年增大时，就需要有更多的货币。若商品量减少，货币量就要跟着减少。从这段话里可以看出，亚当·斯密认为货币数量是由一国所流通的商品的价值所决定的或者说取决于该国每年所销售的商品的价格总额。但是，反过来说就不成立，也就是流通中的商品的价格总额不取决于流通中的货币量。其中隐含的一个含义，就是亚当·斯密还认识不到会有通货膨胀的存在，这不得不说是其货币理论的一个缺陷。

亚当·斯密为什么会这样认为？这与上面所讲的，关于货币离开其交换价值便一文不值是一脉相承的。亚当·斯密讲道：“除了换取货币，货物还有其他许多用途；但除了购买货物，货币就一无所用。所以，货币必然追求货物，而货物却并不总是或无须追求货币。”亚当·斯密的货币理论可以归结为一句话：货币供给是内生决定的。请大家记住这个概念。因为关于货币到底是内生的还是外生的这个问题，将贯穿整个关于货币的讨论。

第七节　为什么说《国富论》如此重要

其实早在古希腊时期，甚至还早之前就有关于货币的论述。比如，古希腊著名思想家亚里士多德在著述中就曾说过，货币的“出现不是出于‘自然’而是出于人为的力量（‘法律或者习俗’），而且我们有力量改变它，或者使它无用。”

为什么将亚当·斯密及其著作《国富论》作为本书的开端？一来《国富论》是第一本关于经济学的书，之前关于货币的论述大多散落在哲学、道德伦理以及律法等书中，而亚当·斯密的货币理论完全是基于其关于经济论述的基础上，一脉相承、自成一个完整的体系。更重要的是，若将《国富论》放在当时背景下，其意义则更加重大。

亚当·斯密撰写《国富论》的时候正是启蒙运动的时代，在此前一千多年里，欧洲都在基督教的统治下。由于基督教强调的是去世后那个美好的彼岸，人的一切行为都是为了赎罪，因此对于现世的一切事物（如生产）是不需要关注，甚至认为是毫无意义的。特别是对于财富的创造和积累（禁欲要求），基督教认为这是无益于进天堂的。《圣经》里有个著名的小故事，有一个有钱人问耶稣如何才能进天堂，耶稣告诉他把钱全捐给穷人，结果这个富人面露难色，耶稣就对徒弟们说：“看啊，要让富人进入天国比要骆驼穿过针眼都难。”因此，诸如借贷、贸易这类行业，基督徒是不会从事的，唯有不受待见的犹太人才干。

显然在这样的价值观指导下，人们都聚焦于赎罪以及死后的那个天国，赚钱、创新等提高生产的行为是毫无意义的，乃至有害的。因此，纵观整个中世纪欧洲，在经济、科学发展上可谓是一片荒芜。与此形成鲜明对比的是，《国富论》所倡导的自由市场、自由贸易以及国民对财富追求的理念。这与启蒙运动强调理性精神，宣传自由、平等和民主是高度相符合的。比如，在法国启蒙思想家伏尔泰看来，自由贸易就是平等的表现，因为在市场中，不管你的人种、阶级、信仰、出身如何，大家都要公平的进行交易。从这个角度看，亚当·斯密及其著作《国富论》意义更加重大。

第二章

货币只是笼罩在实物经济上的一层面纱

第一节 发展经济先要解放思想

自亚当·斯密的《国富论》发表以后，经济学逐渐成为一门显学。一方面，得益于西方经济的快速发展，特别是第一次工业革命带来了生产力巨大的发展；另一方面常被忽视的因素则是人们的思想逐渐从天主教的束缚中解放出来。这两者是相辅相成、互为促进的，按照咱们的话说就是要解放思想。

第一章谈过，在天主教的影响下，人们将目光集中在身后的那个天国，现世不过是为了赎罪，因此劳动、创新等提高生产力的行为是毫无意义的。倘若这种观念一直在欧洲上空盘旋，恐怕今天的西方仍是一个愚昧、贫穷的世界。

转变来自宗教改革以及其后的启蒙运动。当时，尽管一味要求别人甘于贫穷，把钱都捐给教会，但具有讽刺意味的是，天主教会自己却大肆敛财。在其鼎盛的时候，西欧三分之一的土地属于教会，还不用纳税。广大封建领主和农民敢怒不敢言。绝对权力产生绝对腐败，各阶层的教士人前口称上帝，背后却腐化堕落、道德沦丧。老百姓，特别是深受教会欺压的日耳曼地区人民，对教会日益不满。导火索来自兜售赎罪券。16 世纪，教皇利奥十世穷奢极欲，盘剥百姓玩出了新花样——兜售赎罪券。

那么，什么是赎罪券？简而言之，教会声称耶稣的一滴血就可以拯救全人类，而耶稣和圣徒的功德则在天主教（至于是以何种形式存在的，至今我也没搞懂），天主教以此为背书，发放赎罪券，老百姓购买赎罪券就能赎罪。听起来是不是很熟悉？这不就和金本位下，以黄金为抵押，发放银行券是一个原理吗？一味谴责金融（借贷）是贪婪表现的教皇，竟然超前几百年用现代金融手段捞钱，这真是一个绝大的讽刺！

利奥十世以修缮圣彼得大教堂的名义兜售赎罪券，聪明的意大利人自然不会相信这些鬼话，因此兜售主要是在虔诚而愚昧的广大日耳曼地区。兜售人员为了尽可能多卖出赎罪券，发明了至今广告界都无法超越的广告词："钱币落入钱柜底响叮当，灵魂瞬间脱离炼狱升天堂。"而且他们还将赎罪券分了等级，价格越高的赎罪功能也越强，不仅能赎你的罪，还能把你那些正在地狱里煎熬的祖宗们的罪也赎了。

这一行为彻底激怒了一个正直而虔诚的神职人员——马丁·路德（注意不是后来美国那个黑人民权领袖）。他认为这不是善功，这简直就是对上帝的亵渎。他连夜奋笔疾书并在教堂门口贴出了著名的《九十五条论刚》（原名：关于赎罪券效能的辩论）（图 2–1）。

图2–1　马丁·路德在维腾堡教堂门前

《九十五条论刚》迅速传开。"迅速传开"四个字非常重要。因为正直而虔诚的神职人员不止路德一个人，在此之前也有类似的言论，但之所以没有迅速传开是因为缺少传开的技术手段——印刷术和出版商。让路德倍感幸运的是，此时恰巧印刷术传入了西方（这点要感谢勤劳智慧的中国人），应运而生的还有出版行业。当时，路德惊世骇俗的言论绝对是本畅销书，出版商们迅速印刷上万份销售到日耳曼其他地区。星星之火形成燎原之势，是路德始料未及的，也是天主教会所无法容忍的。

尽管天主教会用尽方法想加害路德，但由于日耳曼王公们的保护，他得以幸存，并在一个选帝侯的城堡里从事翻译工作，并由此创立了路德宗。马克思给予宗教改革运动很高的评价，他说“他打破了权威的信仰，是因为他树立了信仰的权威；他使僧侣成为俗人，是因为他使俗人成为僧侣。”

宗教改革的结果就是打破了天主教一统江山的局面。除了路德宗，此后又先后出现达尔文教、英国国教（纯属英王闹离婚得不到教皇批准而另起炉灶）、新教（本章重点）、清教（乘“五月花”号跑美国的那批人）……直到现在，就是专业人士也很难说清基督教到底有多少派别。

谈完宗教改革就该谈谈新教的伦理。新教不认同天主教捐钱等行善积德行为是救赎的一个过程。它认为一个人死后是上天堂还是下地狱，从你出生那一刻就定好了的，天主教所谓的那些善功是改变不了任何事情的。那我们如何知道自己死后的命运呢？对不起，天机不可泄露，你是无法直接知道的。但是能进天国的人会有一些特征，这就引出了天职观念。英语里有一个单词“calling”，它是一个宗教词汇：上帝交付的使命。能进天国的人必然是那些能够认真完成“calling”的人。那上帝给你交付了啥使命？那就是“邻人之爱”。“邻人之爱”的外在表达上，就是根据这个社会的分工做好你的职业。上帝按照自己的意志给每个人安排了相应的工作，如果你是个铁匠就打好你的铁，你是个农夫就种好你的田，你是渔夫就好好打鱼。如果你是商人呢，那就把好的东西卖出去（这自然产生利润）。

在任何情况下，好好履行入世义务，就是让上帝喜悦的唯一道路。

在基督教发展史上，这是第一次基督教开始关注现世的生活，而不再是仅关注那个天国。劳动被赋予了宗教和道德的意义，不愿意劳动就是缺乏上帝恩宠的表现，劳动是增加上帝荣耀的唯一方式。这样就打破了原来天主教对于创造财富、发展生产的一种蔑视态度，这是精神上巨大的解放。

德国哲学家马克斯·韦伯在其经典著作《新教伦理与资本主义精神》中谈到："现代资本主义扩张动力的问题，首先不是一个资本主义可用资金的问题，而是要问资本主义精神从何而来。资本主义精神繁荣昌盛之处就能获得资金。"他举了个例子：14 ～ 15 世纪的佛罗伦萨是欧洲的货币市场和资本市场，但是在那里的营利行为，在道德上受到的谴责，至多就是勉强能够容忍这种盈利行为；而在 18 世纪的宾夕法尼亚，由于资金短缺，商业几乎退回到以物易物的境地，但在那里，却将营利行为视为道德上的赞许，也是必须奉行的生活方式。这是一个有趣的发现。

韦伯着重从动机上分析新教徒的行为。他认为在贪财和"拜金欲"上，资本主义时代并没有比它以前的时代有任何特别的地方。比起中国士大夫、古罗马贵族贪欲，新教徒与之不同的是营利不再只是满足贪欲，而是其履行其"天职"的一种行为，营利本身就是其生活目标。他将资本主义精神定义为"以职业的方式，系统地、理性地追求合法利润"，与之对应的是"无所顾忌、内心不受任何规范约束的贪欲"。韦伯认为新教的苦行是入世的宗教基础。营利与苦行这对看似相反的两个词在新教中得到了统一。苦行强调节俭、勤奋，反对懈怠和享受。因此，营利得来的钱不是用来享受。即使成为富人也不应有任何享受和懈怠，而应该一如既往地勤奋工作，浪费时间是万恶之首。营利本身就是目标，是你履行天职的外在表现形式。此外，勤劳工作也被视为抵御诱惑的有效方式。这些观念无疑有利于资本主义的原始积累和生产力的提高。

反观中国，早在宋代就出现了第一张纸币——交子（图 2–2），比西方第一张纸币早了整整 600 年。发行交子的机构被称为交铺。为什么我国没有像西方一样沿着由纸币替代金属铸币，交铺发展成现代银行这条路走下去？这也与我国传统伦理中对于商业的态度有莫大关系。早在秦汉时期，统治者就确定了士、农、工、商四个社会等级。其中商人是最低等级，商人不管再有钱，也不能穿丝绸衣服，出门不能坐轿或乘坐马车，商人的后代也不能当官。儒家思想讲究以“义”来规范社会关系，商业被视为“不义”之举，这就限制了中国商业发展，也必然限制了生产力的发展。

图2–2　中国古代交子

不过有一点值得说明的是，西方宗教改革的先驱们，无论是路德还是加尔文，他们都不知道什么资本主义，更不会刻意培育什么资本主义精神。他们关注的只是宗教。而他们对宗教教义的诠释却无意中为资本主义发展撒下了种子，这是他们绝对预料不到的，这也是历史的有趣和吊诡之处。

第二节　世界另一端的华山论剑

聊完历史该进入正题了。既然追求财富、发展生产是正道，那么研究经济运行规律自然能堂而皇之的登上大雅之堂，各种经济理论也就应运而生。而研究经济自然离不开对货币的谈论，研究的人多了，各有各的看法，所谓“百花齐放，百家争鸣”，好比金庸先生《射雕英雄传》里的华山论剑，各路高手云集，就为夺得经济学里的“九阴真经”。既然是华山论剑，出场的肯定都是高手，譬如第一次华山论剑出场的「东邪」黄药师、「西毒」欧阳锋、「南帝」段智兴、「北丐」洪七公、「中神通」王重阳可都是顶尖的高手。在货币理论的这场华山论剑中，第一个要登场的就是古典经济学派的货币数量论。

古典宏观经济学并不是由一个人创立的，而是由许多经济学者的学说共同构成的，这里面包括：亚当・斯密、大卫・李嘉图、约翰・斯图尔特・穆勒、艾尔佛雷德・马歇尔以及阿瑟・塞西尔・庇谷等人。即使是这些经济学家之间也有很多争论，因此在凯恩斯的《就业、利息与货币通论》出版之前，并没有古典学派这一说。《就业、利息与货币通论》是第一部关于货币、就业系统的理论。古典学派学说大致在 1936 年之后成型，在很大程度上是为了回应凯恩斯的理论而汇集形成的。尽管对古典宏观理论作出贡献的经济学家们并没有一个统一的结论，但是确实存在着一些思想贯穿着整个理论，这些思想在该理论关于货币的论述中得到了体现。古典宏观经济学派关于货币的理论就被称为货币数量论。

货币数量论的结论非常好理解，该理论把市场经济视为物物交换的实物经济，货币仅是交易媒介，是系统中的润滑剂，货币供应量的增加并不会影响构成真实经济的组成部分，如产出、就业等实际经济变量，只会导致价格与超发的货币同比例上升。因此，货币不过是蒙在实物经济上的“面纱”，这也被后人称为货币中性论。用现在流行的话说就是“票子发多了，自然会变毛”。可以发现这个理论对于货币作用的理解是与亚当·斯密理论一脉相承的，但是亚当·斯密并没有认识到会有通货膨胀的存在。

第三节 费雪方程的真正含义

最先提出这一理论的是法国重商主义者博丹。他发现 15 世纪末～ 16 世纪初，由于南美洲金银大量流入欧洲，致使欧洲市场物价上涨，货币贬值。博丹认为，白银流入是货币贬值的原因，货币的数量决定了货币的价值、商品的价格。

货币数量论最引人注目的事件是 1792 年 5 月英国政府颁布的“银行限制条例”。18 世纪末，英法两个老冤家又开战了。打仗这事，前方打的是枪炮，后方打的是钱粮。几年仗打下来，财政入不敷出，英国受不了，于是开始增加银行券发行来弥补开支。上一章谈过，每开出一张银行券，后面都需要有等值的黄金做储备，毕竟开出银行券是承诺无条件给持券人兑换等额黄金的。可是英国政府的做法与众不同，为了筹措打仗的本钱，增发的银行券背后是没有黄金相对应的，这相当于开出空头支票，后来英国政府干脆宣布停止银行券兑现黄金。这样的结果就是物价和金价飞涨，汇率下跌，引起了民怨沸腾。为了解决这个问题，英政府成立了“金块委员会”。这个委员会内部分为两大派，一派叫作“金块论”，一派叫作“反金块论”。“金块论”这一派认为纸币价值和黄金背离是因为银行券发太多了，纸币发行取决于黄金的数量；“反金块论”这一派认为银行券是按照社会商品交易的需要发行的，并不存在发行过多的问题。争论的结果以“金块论”一派告胜。英国于 1821 年恢复了金本位制度。

经过发展，经济学家费雪总结出一个以其本人名字命名的方程：

$$MV=PY$$

这里 M 就是市场中流通的货币量，V 是货币的流通速度，它表示 1 元钱承担的平均交易量，P 就是物价，Y 就是实际生产的商品数量。

简要介绍一下货币速度这个概念。假设我一个月的收入是 1000 元，作为“月光族”，到月底我的现金余额是 0，那么整个月我的货币持有额是 500 元，每个月如此，那么全年的平均货币持有额就是 500 元。由此，我的货币流通速度就是 12000 元 ÷500 元 =24。如果我现在头半个月先将 500 元存入余额宝里，留 500 现金花费，到了月中 500 元现金花完，再赎回余额宝里的 500 元继续用，那么我整个月的平均货币持有额就是 250 元，全年货币平均持有额也是 250 元，货币流通速度就是 12000 元 ÷250 元 =48。货币数量论认为货币的流通速度（V）是稳定的。尽管不同生产周期、不同资本有机构成的产业部门之间的货币流通速度不同，例如生产周期长的部门（如建筑、采矿），资金周转慢，其货币流通速度相对较慢；反之，则较快。资本有机构成高的部门，资金占用多，货币流通速度也会慢。但是，从整个社会来看，货币流通速度取决于人的消费习惯，而人的消费习惯相对是固定不变的，因此货币的流通速度也是稳定不变的。而产出（Y）也是不变的，因此，当货币增加的时候必然导致物价（P）同比例上升。

不过，聪明的你一定会发现这里面的一个 bug（漏洞），货币流通速度因为人们消费习惯轻易不会改变而固定不变，古典学派又凭啥说产出（Y）是不变的，明明物价上涨了，厂商就会生产更多的产品吗？这就说来话长了，且听我慢慢道来。

古典学派认为，总产出 GDP 取决于三个因素——生产技术、资本和劳动力，这个看法直到现在依旧被主流经济学沿用。无论是生产技术的进步，还是资本、劳动力的增加都会带来产出的增长。但是生产技术这东西还真不是“日新月异”，大致算起来从第一次工业革命到第二次革命中间隔了八九十年。因此，在古典学派看来短期内生产技术是不会发生变化的。而资本主要是指用于生产的机械设备、厂房等，这些东西短期内也不会有太大变化。最后，劳动人口总量也是不会发生变化的，毕竟人不是孙悟空，不会突然间从石头缝里蹦出很多劳动人口。生产技术不变、资本量不变、人口不变，三个不变的结果就是产出是不变的，完美！

第四节　人多就一定力量大吗

且别下结论，聪明的你还能看出里面的 bug 吗？如果看出来，恭喜你，没看出来也正常。啰嗦了一大堆，该揭开谜底了。bug 就是劳动人口总量不变。这隐含着一个假设，就是所有愿意接受现有工资的人都能得到工作，大街上没有闲游瞎逛的，经济学里对这种理想状态叫作“充分就业”。

古典学派认为人口提供多少劳动力取决于家庭对消费和闲暇的偏好。无论消费还是闲暇——每天睡到自然醒，大把时间趴在窗前神游（我一直渴望而不可得的生活），或是疯狂逛街和购物，给人带来的都是正效用。但是这两者是此消彼长的，鱼和熊掌不可兼得。你想消费，前提是要有钱，没钱还消费那是吃霸王餐。除了富二代以及买彩票中大奖的以外，大部分人赚钱的途径主要就是工作。想多赚点钱就要多工作，这样闲暇神游的时间就少了，一天都是 24 小时。如果工资提高，你的干劲更足了，不用老板督促，你就会主动加班，原来在大街上闲逛的人也会少压马路多干活，这样劳动的供给就会增加，这被称为替代效应，也很符合大家的直观逻辑。不过，即使工资再高，你也不会 24 小时工作，没有休闲，否则赚钱就失去意义了。按通常的话讲就是有命赚没命花。用著名笑星小沈阳的话说就是："人生最可悲的事就是人死了，钱没花了。"

一个人的工作时间是有限度的，总要有休闲的时间（包括睡觉），而且随着收入越来越高，一个人对闲暇的需求也会越来越大。当财务自由的时候，大部分人会选择不上班了，这被称为收入效应。毫无疑问，对于大部分人来说，替代效应是大于收入效应的。工资的上升必然带来劳动力的增加，而工资下降必然导致劳动力减少。

而充分就业时候的工资是多少？是由劳动力的供给和需求决定的。上面提到，在劳动力供给端，随着工资上涨劳动力供给增加。那么，对劳动力的需求是怎样的？古典学派认为尽管劳动力的增加会提高产出，但是这个增加不是固定不变的。比如说，10 亩农田，如果只有一个人耕种，那么它的产出可能是 10 斤粮食。如果增加一个人，它的产出就会是……20 斤。错！两个人耕种的时候就会是 22 斤。平均每个人生产 11 斤，比原来一个人耕种的时候生产平均提高了 1 斤。这第二个人也太厉害了，绝对是个身高马大的干活好手。忘了告诉大家，这里假设这两个人是同卵双胞胎，从体力到干活态度都是一样的。那为啥会产生 1+1>2 的效用？因为原来一个人很难照顾 10 亩地，他可能仅完成播种，至于犁土、施肥、割草等活实在心有力而气不足。多了一个人，就可以时不时松松土、割割草，产量自然带来一个跃升。照此类推，再增加一个人，可以开展精细化耕作，总产量就是 36 斤，平均每人产量就是 12 斤……如果你以为不断加人的结果就是粮食产量可以长到天上去那就错了。凡事都有个度，超过这个度就是负效用。还是回到 10 亩地农田，当 5 个人同时耕作的时候，每个人都正好安排满满一天的劳动量，而且大家彼此协作的很好，农场主也好监督，谁干活偷懒一目了然。此时效率是最高的，平均每个人的粮食产量达到 14 斤，总产量达到 70 斤。如果再增加一个人呢？那么其他 5 个人就会把手头的工作分一些给他，大家就有时间吹牛或者神游，农场主也不好监管了，毕竟人多了，两个眼睛看不过来。尽管产量还是会增长，但是这第 6 个人只会带来 10 斤的增量。以此类推，可能增加到第 10 个人，产量不仅没增加还会减少。每增加 1 个人所带来的产出增长，经济学里有个专有名词叫劳动力的边际产出，比如，第 2 个人的边际产出是 11 斤粮食，第 3 个人的边际产出是 14 斤粮食，边际产出在第 5 个人的时候达到最大，此后开始下降，此前的叫做“边际产出递增”，此后的叫做“边际产出递减”。那么，10 亩地所雇佣的最佳劳动力数量是不是应该是 5 人？不是。农场主雇佣多少人不是取决于边际产出而是取决于利润。假设工人的工资是 5 斤粮食，那么雇佣超过 5 人时，尽管边际产出是下降了，第 6 个人的边际产出是 10 斤粮食，大于他的工资，农场主还是有的赚。因此，对于农场主来说，他雇佣的劳动力最佳数量是当边际产出等于劳动力工资的时候。

第五节 工资不能降，工作不用愁

现在回到城里，把上述种田的原理套到工厂上。假设工厂生产的猪柳汉堡是 10 元 1 个，而此时愿意接受 10 元 / 小时工资的劳动力是 10 人，而第 10 个人的边际产出是 1 小时 1 个猪柳汉堡，或者说边际产出是 10 元（1 个汉堡 ×10 元），此时边际产出等于工人工资。如果工资降到 1 小时 8 元，那么此时愿意进厂的工人就只有 8 人，但是这第 8 个工人的边际产出是 15 元（1.5 个汉堡 ×10 元）远高于工人的工资，工厂一定会拼命招人。大家竞相招人的结果就是工资上涨。原来嫌工资低压马路的人又回来上班了，工资一直涨到 1 小时 10 元钱，经济重新回到充分就业状态。反过来如果工资上涨，譬如 1 小时 12 元，这太好了，简直就是天上降馅饼，愿意工作的工人是 12 个人。别高兴的太早，企业主们会觉得劳动力成本太高了，这么生产下去估计就破产了，因此就会减少工人（降低产量），直到工资降回到 10 元 / 小时。天上降馅饼的事只会在梦里出现！

这样看来工作是有保障了。对于企业主们来说，他们可不管工人们有没工作，他们雇佣工人是为了赚钱，而赚钱的前提就是商品能卖得出去。要是大家的口味突然来个乾坤大挪移，觉得猪柳汉堡简直难以下咽，生产出来的猪柳汉堡一个都卖不出去，那可就抓瞎了。然而，在古典宏观经济学派看来这是不会发生的，因为他们相信供给自身就创造了需求。而这一论断被称为“萨伊定律”。萨伊是 19 世纪法国著名的经济学家。如果你认为这句话是说不管你生产啥都能卖出去，那就错了。

这个论断并不是萨伊首次提出，其首创者是詹姆斯·穆勒，他是这样说的：“生产，分配，交换只是手段。谁也不为生产而生产，所有这一切都是中介的活动，目的是消费。生产者是为求达到消费目的，形成对其他商品的需求才进行生产性的劳动，至于为何创造了自己的需求？因为在商品的流通过程中，生产者的生产引起了对其他生产者的商品需求，整个经济体系也就达到循环，某一数量商品的供给也就带动了对相同数量商品的需求。”萨伊进一步将这句话精炼为“一个产品一旦被创造出来，从那一刻起，它就以自身的全部价值为限，为其他产品提供了市场。”

还是以咱们最爱的猪柳汉堡为例，汉堡店生产汉堡需要购买猪肉、面包和酱料。而农场主养猪不是为了直接吃猪肉，面包师傅做片状面包不是为了给自己当早餐，酱料生产工人也不是为了自己吃酱料，他们生产这些汉堡原料的目的是为赚钱换取汉堡填肚子。汉堡店生产汉堡是因为老板知道农场主、酱料工人都爱吃汉堡，而生产汉堡本身就会带动对他们生产的产品的需求。因此是不会有需求不足这种情况出现的，世界是如此的美好！

第六节　不妨做个白日梦

唠叨了那么多，回到起点——费雪方程。现在，请闭上眼睛，和我一起做个白日梦。梦到有一架满载货物的直升机从头顶飞过，直升机突然出故障了，载不了那么多货物，为了不机毁人亡需要给直升机减重，机上的人开始将货物往外抛，抛出的货物不是别的，而是花花绿绿的钞票，这些钞票飘啊飘啊，平均地飘到大街上每一个人的手上，这太好了，千万别醒，继续下去（图 2–3）！

图2–3　直升机撒钱

大家钱多了，自然就会多购买商品。像我这样的吃货，拿了这笔钱就会去买猪柳汉堡，原先一天吃一个，现在变成一天吃 2 个。需求多了，价格自然上涨——原来 10 元 / 个，变成了 12 元 / 个。按理说，这是好事，汉堡店老板利润多了，就会雇佣更多的工人生产更多的汉堡。问题是工人不答应！为啥？原来我干 1 小时可以买一个汉堡，现在干 1 小时只能买

5/6 个汉堡（10 元 /12 元），这等于是变相降工资。不行，必须找老板加工资，物价上来了我的工资也要上来，否则就辞职（现在 10 元 / 小时的工资相当于汉堡涨价前 8.3 元 / 小时），干 1 个小时的活必须要能买得起一个汉堡，老婆孩子还在家里等着吃汉堡呢！你也许会认为老板一定会说不干就不干。错了，上面分析过了，比起 8 个人干活（第 8 个人的边际产出是 1.5 个汉堡 ×12 元 =18 元，远大于其工资 10 元，增加工人还能赚钱），10 个人干活才是赚的最多的。以利润最大化为目标的企业主是不会意气用事的。工资涨到 12 元 / 小时，汉堡价格涨到 12 元。然而，就业人数（10 个人）、工人的实际工资（1 小时 1 个汉堡）以及产出（汉堡的产量）等实际经济变量都没有发生变化。直升机撒钱并没有给你带来啥实惠。这是在逗我吗？是的，在古典学派看来，直升机撒钱并没有什么值得庆祝的，带来的只是物价和工资的等比例上涨。梦该醒了！

第七节　永远解不完的问题

不过要说明一点，古典学派不是认为没有失业。他们认为失业是会有的，主要是两种失业——自愿失业和摩擦性失业。自愿失业就是觉得现工资（干 1 个小时换 1 个汉堡）无法接受，宁可不上班也不愿意接受这样的工资。摩擦性失业是指由于技能转换而造成的暂时失业。比如一个打铁的想转行跳芭蕾舞，那么他要先去学习如何跳芭蕾，毕竟之前打铁的把式在跳芭蕾上可是一点也用不上。而他学习跳芭蕾的这段时间是无法登台赚钱的。除此之外，任何愿意接受现行工资的劳动力都能找到工作。

古典学派结论引申出来一个重要的政策含义：市场是完美的、万能的，市场的“无形之手”简直就是“上帝之手”。在这只“手”的调控下，每一个想工作的人都能找到工作，产出和实际工资是不会因为票子多了就发生变化，唯一变化的只是价格和货币工资。而政府是不应该进来添乱的，政府只要当好“守夜人”就行。

问题都解决了。可是为什么感觉那么不真实，仿佛在梦境里，仿佛是雾里看花……是的，你的感觉没错。20 世纪 20 年代，席卷世界的大萧条把人们从梦境中敲醒了。市场不是没有问题，而是人们长期以来对这些问题视而不见。纵观经济史，每一次危机也会带来经济理论的重大创新，这场 20 世纪最严重的危机造就了 20 世纪最伟大的经济学家。

第三章

长期来看，我们都消失了

第一节　无法解释的大萧条

“从未遇到过比现在更加令人鼓舞的繁荣景象。在国内方面，人民安居乐业……我们迎来了前所未有的繁荣年代……对目前的形势感到满意，并且以乐观的态度展望未来。”这段充满乐观和对未来美好憧憬的讲话，来自美国总统柯立芝于 1928 年 12 月 4 日发表的最后一次国情咨文。此时，距离席卷全球的大萧条只有不到一年的时间。

整整一代历史学家都指责柯立芝由于盲目乐观，而看不见国内外经济正暗流涌动，一场前所未有的暴风骤雨即将到来。其实，这样的指责只是马后炮。就当时的美国情景，柯立芝总统是有理由乐观的。他执政的时期（1923 ～ 1929 年）正值第一次世界大战结束，国际环境稳定，国际贸易复苏。在此前的一战中，美国利用“中立”的有利地位，向欧洲大陆输送大量军需物品，充当交战双方的兵工厂，迅速扩大军工生产和重工业生产。1918 年后，利用欧洲交战国在世界市场上竞争力减弱的良机，在全球进行商品输出。短时间内，美国实现了从资本输入国到资本输出国，从债务国到债权国的转变。到 1924 年，美国掌握的黄金总额已达世界黄金储存量的 1/2。1925 ～ 1929 年期间，制造企业从 18.39 万家增加到了 20.67 万家，产值由 608 亿美元增加到了 680 亿美元。美国联邦储备工业生产指数在 1921 年只有 67 点，到 1929 年 6 月已高达 129 点，8 年间翻了一倍。1926 年，美国生产了 430.1 万辆汽车。而 3 年以后的 1929 年，美国的汽车产量达到了 535.8 万辆，比 1926 年增加了 100 多万辆。前几年热播的好莱坞电影《了不起的盖茨比》里面繁华的都市，现代化的车水马龙的街道，衣香鬓影的派对，纸醉金迷的生活，正是当时繁华社会生活的剪影。这一时期也被称为“柯立芝繁荣”。

作为一位信奉古典自由主义的保守主义共和党人，柯立芝对自由市场、“看不见的手”有着近乎痴迷的信仰，这反应在其经济政策上就是四个字——自由放任。一个典型的例子就是其对农业补贴的态度。1926年，柯立芝否决了由农业部长等人支持的麦克纳利-豪根农田救济法案。该法案动议联邦政府花钱在农业丰产的时节购买农民卖不出的农产品，以待日后再销售，或在国外低价销售。柯立芝否决的理由是政府不应通过操纵市场价格来增加农民的收益。要知道柯立芝本人就出身于农民之家！

繁荣最具代表性的特征就是股票价格的节节攀升。1924年5月底，《纽约时报》25种工业股票价格平均指数为106点，到了这一年年底上涨到了134点。一年后的1925年12月31日，股价指数几乎又上涨了50点，达到181点。按常理来说，当经济出现过热的时候，货币当局应该采取紧缩的货币政策为经济降降温。然而，前宗主国英国不自量力的行为却把美联储推向了进一步宽松。1918年后，为了重现英国昔日的荣光，时任英国财政部长丘吉尔恢复了1914年前的金本位制度。无疑，在丘吉尔眼里，英国昔日荣光代表之一，就是1英镑可兑换4.86美元。然而理想很丰满现实却很骨感，此时的英国已经开始走下坡路了，高估汇率带来的结果就是本国出口竞争力的减弱，贸易出现逆差（进口大于出口），大量黄金流到其主要贸易国美国手中。

1927年春天，英德法三国央行行长到访美国，他们此行的目的就是说服美联储降低利率，以缓解自己国内黄金流出的尴尬局面。美国联邦储备银行同意了。纽约联邦储备银行的再贴现率从4%降低到了3.5%。此外，政府大量买入发行在外的证券，大量资金流入市场。廉价的资金不是用于投资股票，就是用于借钱给别人买股票。从1928年3月开始，股票价格开始快速上涨。1928年3月12日，股市成交量达到了387.591万股，创下了新高。但是，到了 3 月底，这样的成交量已经成了家常便饭。3 月 27 日，成交量达到了 479.027 万股；而 6 月 12 日则有 505.279 万股股票换手。1929 年，柯立芝总统在卸任前的讲话中仍然乐观地认为经济状况“绝对健康”，股票“按现行价格来衡量还算是便宜的”。投机商人大量从经纪人那里借钱买入股票，借贷利率一度突破 20%。美联储不是没有注意到股市越吹越大的泡沫，但是作为货币的掌控者，联储的大人物们不是采取措施，而是忙于“甩锅”。

1929 年 2 月 2 日，美联储发表声明：会员银行（商业银行）出于提供投机性贷款，或维持投机性贷款的目的，不得向其隶属的联邦储备银行借款。这份声明隐含的意思是银行可用自己的钱或储户的钱去借给投机者，而不要用联储借给银行的钱。但联储借给银行的钱，因为缺少监管手段，也无法保证就不会流入股市。整个声明唯一的意义就是推卸自己对不断加剧的投机行为应负的责任。

然而泡沫总会有破裂的一天。1929 年 10 月 24 日，美国迎来了它的“黑色星期四”，同时也拉开了长达 10 年的大萧条序幕。从 1929 年 10 月 29 日到 11 月 13 日，短短的两个星期内，共有 300 亿美元的财富消失，相当于美国在第一次世界大战中的总开支。关于股市突然间崩溃的原因，至今众说纷纭，莫衷一是。对于大萧条的研究至今仍是经济学里的“圣杯”。但无论原因是什么，后果都是极其严重的。随着股票市场的崩溃，美国经济随即全面陷入毁灭性的灾难之中，可怕的连锁反应很快发生：疯狂挤兑、银行倒闭、工厂关门、工人失业、贫困来临（图 3–1）。大家最熟悉的画面就是奶农将刚挤出的牛奶倒掉，因为没有几个人喝得起牛奶。大萧条不仅在美国蔓延，它仿佛就是感染率超强的病毒，迅速传播到西方各主要发达资本主义国家。席卷世界的大萧条成为第二次世界大战爆发的一个重要根源。

图3-1　大萧条时期寻找工作的人们

按照古典宏观经济学派的理论，大萧条是不可能发生的。因为在万能的市场机制下，那只“看不见的手”会自动将非自愿失业扫除，经济总是处于充分就业的状态。成千上万的失业工人难道都是因为不愿接受现行工资而自愿失业的吗？最高峰时，美国失业人口总数达到了830万人。在美国一些城市，排队领救济食品的穷人长达几个街区。美国著名社会纪实作品《光荣与梦想》中曾这样写道：“千百万人只因像畜生那样生活，才免于死亡。”这无疑是对当时情景最真实的写照，也是对古典宏观经济理论的否定。

就当大家苦苦思索经济理论到底是哪里出现了问题，以至于与现实的差距如此之大时，剑桥大学的一位教授敏锐意识到了资本主义的脆弱性。他在书中写道：“世界不再容忍失业，除了骚乱短暂间隔，失业与当今资本主义的个人主义相关联，以我的观点看来是不可避免地相互关联。”此人就是被誉为“宏观经济之父”的约翰·梅纳德·凯恩斯。

第二节　精英教育下的精英

如果要问20世纪最伟大的经济学家是谁，大部分的经济研究者都会认为非凯恩斯莫属。倘若凯恩斯能活到诺尔贝经济学奖创设的时候，那么第一个获得诺尔贝经济学奖的人一定是凯恩斯。

凯恩斯于 1883 年出生于英国剑桥。大概是沾了剑桥大学的“地气”，凯恩斯不仅是典型的“别人家的孩子”，而且还是精英教育下的精英（图 3–2）。他的父母都是在政治舞台上非常活跃的学术人士。或许是耳濡目染受父母的影响，凯恩斯终其一生都信奉 19 世纪的实证主义科学世界观。14 岁那年，凯恩斯考入英国著名的伊顿公学主修数学，并获托姆林奖金。至于大学，按照“就近入学”的原则考取了剑桥大学国王学院，而且是拿着数学及古典文学奖学金入学。1905 年，凯恩斯获剑桥文学硕士学位。很多人会认为他一定是一路硕士、博士、教授这么走下去。但是，出乎意料的是凯恩斯此时决定走出象牙塔，看看外面的世界。

图3–2　约翰·梅纳德·凯恩斯

这个外面不是剑桥外面，也不是英国外面，而是欧洲外面——亚洲的印度。去印度不是像亚当·斯密的学生布莱克公爵那样修业旅行，毕竟凯恩斯虽然衣食无忧但也不是地主贵族，自食其力混口饭吃还是要的。他准备参加英国文官考试成为公务员。作为英国的殖民地，当时印度政府事务主要是由英国官员来负责。为了通过英国文官考试，凯恩斯滞留剑桥大学一年，师从古典经济学派大师马歇尔和庇古攻读经济学。不知道该如何评价马歇尔和庇古两位老师，要说是成功的老师，他们的学生后来却推翻了他们所教的理论；要说没教好，教出来的学生却成为20世纪最伟大的经济学家（很可能没有之一）。只能说应了一句话——长江后浪推前浪，前浪被拍死在沙滩上。

一年后考试结果毫无悬念，凯恩斯以总成绩第二名通过了文官考试，入选印度事务部。换作其他人去印度，日子很可能就在骑骑大象，看看猴子中度过。尽管凯恩斯大象也骑了，猴子也看了，但他还多干了一份活——写了一本名为《印度通货与金融》的书，足见其对印度经济做了细致的观察和研究。在印度待了两年以后，凯恩斯回到自己的母校剑桥大学任教。

1909年，仅返校一年的凯恩斯以一篇概率论论文入选剑桥大学国王学院院士。1919年，声名鹊起的凯恩斯作为英国财政部首席代表出席了中国人所熟知的巴黎和会。在此次会议上，凯恩斯明确反对对战败国德国要求极其苛刻的赔偿条件，并因此愤而辞去和会代表职务，复归剑桥大学任教。此后，他将有关战争赔偿的观点写入了《和平的经济后果》一书。他认为，战前繁华的欧洲是由全球一体化的自由贸易所维系的，当战争结束后，应该尽快把战争对贸易的破坏消除，而不是用老旧的帝国主义战争方式，以政治经济手段压迫对手。会议中确定的对德国经济近乎毁灭性的赔偿要求，无疑只会导致德国经济凋敝、民不聊生，并在日耳曼民族心中种下仇恨的种子。后来，纳粹德国崛起和希特勒上台应验了凯恩斯的预言。著名经济学家，也是后来成为凯恩斯论敌的哈耶克谈到这段历史时，敬佩地说："只有凯恩斯才有勇气抗议1919年凡尔赛和约中有关经济问题的条款……这本文采斐然的书（指《和平的经济后果》），因为它直言不讳，思想独立。"

继《和平的经济后果》后，凯恩斯的第二本重要著作是《货币改革论》。撰写这部书是为了批判当时英国以汇率为目标的货币调控方式。上面谈到，当时英国财政大臣丘吉尔为了重现昔日英国的荣光，恢复了金本位制度。而当时正处于战后经济恢复的时期内，英镑的价值只及战前平价美元的10%。要弥补这么大的缺口，就需要提高利率实行通货紧缩政策，而这又会进一步打击本已陷入困境的英国经济。凯恩斯在书中猛烈地抨击了恢复金本位这一做法，他提出应该放弃金本位制度，实行纸币流通制度，使货币发行脱离黄金的束缚，以便中央银行可以控制货币总量，通过调控货币来稳定物价，实现国家对经济生活的调节。这部书初步体现了凯恩斯关于政府应该干预经济的货币思想，但是整个凯恩斯体系此时尚未成型，此后他又出版了《货币论》，直到1936年，那本对宏观经济学的发展，以及宏观经济政策制订具有深远影响的书出版面世。

第三节 《通论》的魔力

任何一本经济学教科书都不能不提到《就业、利息和货币通论》[1]（以下简称《通论》）这本书。这本书自出版那一天起就伴随着巨大的争议。不仅反对者对其争议，即使是凯恩斯的追随者对这本书也有巨大的分歧。一类追随者认为《通论》引出的政策含义相当保守；另一类则认为这本书代表着对主流的古典和新古典理论的革命性决裂。直到今天，凯恩斯主义学派分化出许多不同的流派，每一派都能从《通论》中找出支持自己观点的阐述，他们也都认为自己才是凯恩斯在《通论》里所表达的经典思想的代表。经济学家阿克洛夫在获得2001年诺贝尔经济学奖的演讲时说，《通论》仍然是一个“没有被完全发掘的文本”，此时距离该书的出版已有67年。

[1] 鉴于这本书的书名有点长，下文简称《通论》。

之所以如此，是因为凯恩斯的写作手法晦涩难懂，《通论》的结构也极其混乱，各种思想观念散乱在不同章节。以反对凯恩斯主义并提出卢卡斯批判而著名的经济学家卢卡斯认为，这部著作“草率成章”“无法阅读”；连当代集凯恩斯主义大成者萨缪尔森（没错，就是那本经典教科书《经济学》的作者）都认为《通论》“结构松散”“文字粗糙”“因其模糊性和争议性而长期影响经济学的发展”。凯恩斯自己谈到起初撰写《通论》的经历也说，最初的思想是“灰色的、毛绒绒的怪物”。短短九个字足见凯恩斯的文字风格。然而，恰恰是这些缺点使它成为20世纪最“吸粉”的经济学书。因为每个人读了《通论》都会对此书有不同的理解，“在付出大量的努力后终于弄懂的时候，读者都会坚定自己的信念，他们会认为，这种艰辛是值得的，而且如果其中有着足够的矛盾和模糊，就像在《圣经》中那样，每个读者都能找到他们想要的东西，这也就赢得了追随者。”

凯恩斯撰写的三部重要著作书名都有货币两个字，足见其对货币在经济中作用的重视，而不像古典学派所认为的那样仅是“一层面纱”。凯恩斯并不否认古典学派关于经济“充分就业”状态是存在的，但是他认为这种状态绝不会是常态，而只是一种特殊情况。

凯恩斯与古典学派最大分歧点，是经济到底是受到供给的约束还是需求的约束。古典理论根据萨伊定律认为，不会存在总需求不足，因为供给自己创造需求。从宏观角度看，生产出来的商品用途可以分为两类：一类是用于消费（如猪柳汉堡），另一类是用于投资（如厂房、机械设备）。而两者之间的需求会通过利率连接起来。

不妨举个例子来解释。隔壁家老王是个单身汉，一人吃饱全家不饿，因此是个“月光族”，每月工资都用来买猪柳汉堡，是汉堡店的黄金加钻石会员。去年，老王成功脱单，今年媳妇又给他生了个大胖小子，可谓喜事连连。可是这老婆孩子热炕头的日子可不能再“月光”了，毕竟将来孩子早教、读书也是一笔不小的开支，现在一房一厅的房子也显小了，要换个两居室或者三居室。于是老王开始存钱。鉴于老王工作态度不咋样，老板一直没有给他涨工资，所以要存钱唯有少消费。于是，汉堡店就很少见到老王的身影了，因为萝卜青菜现在是老王一日三餐的主食。猪柳汉堡的需求一下子少了，汉堡店的老板也开始减少雇佣工人。这不就产生失业了吗？别急，咱们中国有句俗话："此处不留爷，自有留爷处"。老王存钱使得银行用于贷款的钱多了起来，这样利率就降了下来，从原来 8% 降到现在 5%。住隔壁的老李可就开心了，自己正想扩建厂房，可原来由于找银行借款的利息太高，扩建厂房赚的那点钱全给银行了。现在利息降下来了，有赚头，于是他赶紧找银行贷款扩建厂房。扩建厂房需要搬砖、搅水泥、刷墙的工人，原来做汉堡的人就都来工地上班了，于是也就没人失业了。因此，在古典学派看来，消费需求的减少会使得储蓄增加，储蓄增加会降低利率，利率降低投资就会增加，横竖储蓄等于投资，减少的消费需求被增加的投资需求顶上了，总需求不变，有效需求不足的情况是不会出现的。

第四节 未来预期影响现在的决定

凯恩斯并不认同上述观点。在他看来，企业家做出投资决策的时候并不是仅取决于利率水平，而是由利率水平和对投资后收益的预期共同决定。其中，投资预期并不稳定。企业家做出投资决策，购买机器和扩建厂房是现在的行为，但是这些投资所得到的收益是未来的事情，因此做出投资决策是困难的，这要评估未来产品的需求和成本。如果你要跳槽却又担心跳槽后失去工作、如果你想买房但总搞不清楚房价走势、如果你想投资股票但又怕股市暴涨暴跌、如果你想为未来储蓄但又想现在多消费，这些就是未来不确定性给你的决策所带来的困难。凯恩斯曾经谈道："我们用于估计铁路、铜矿、纺织厂、专利药品的商誉、大西洋邮轮或伦敦市内某栋建筑未来 10 年收益的这些基础知识并没有多大意义，有时甚至毫无用处。"

预期是人的心理活动。经济动机固然是驱动人行为的主要动因，但是人并不是完全理性的，大部分时间人都是非理性的。毕竟人也是动物，尽管漫长的进化使人类的智商远超其他动物，但是进化并没有完全抹灭"动物精神"在人大脑中的痕迹。人们会恐惧或会过度乐观，"日本第一""东亚奇迹""美国新经济"都反映了投资者的乐观情绪，每次人们都会为经济的繁荣前景找到充足理由，"这次不一样"是经济繁荣时每个人的口号，而每次结果都是一样的。这就是非理性精神主导着人们的行为。

看看股票市场就知道，当股市一路高歌猛进的时候，人们对股市的未来预期充满了乐观，大家纷纷开户买入股票，生怕错过这趟财富直通车，街头巷尾都在谈论股票，每个人都仿佛是股市高手。当股市暴跌的时候，人人争相抛售，生怕再晚一点，手中的"烫手山芋"就卖不掉了。股神巴菲特有句名言：别人恐惧的时候我贪婪，别人贪婪的时候我恐惧。可真正做到的又有几个人。人类贪婪与恐惧循环上演着。在距大萧条不足一年的 1928 年，柯立芝总统还在大谈股票便宜，经济向好；而在 1933 年，即大萧条最严重的那一年，富兰克林·罗斯福总统在就职演说中则说："因此，首先请允许我表明自己的坚定信念，即我们唯一需要恐惧的就是恐惧本身，一种无以名状、失去理智和没有道理的恐惧。这种恐惧阻碍了我们将退却转化为前进的必要动力。"

如此看来，关于隔壁老王的故事应该换一个版本。老王开始存钱了，尽管利息是降下来了，可是隔壁老李觉得，老王这样的"月光族"都开始存钱了，自己如果扩建厂房，生产出来的面包片还能卖出去吗？于是老李也不扩建了，那么汉堡店下岗的工人就没有再就业的地方。工人失业导致需求的进一步萎缩，需求的萎缩又反过来导致更多工人失业，如此恶性循环下去。

凯恩斯认为对投资未来收益的预期比利率重要的多，而未来的预期又是极端不稳定的，产出和就业水平总体上都取决于投资量。除了投资的不稳定导致需求不稳定，进而影响产出外，凯恩斯进一步从消费分析入手，发现投资还对产出有乘数效应。这个应该怎么理解？我先介绍一下消费倾向这个概念，它代表每增加 1 元收入，其中有多少会用来增加消费。假设消费倾向是 0.8，那就代表一个人每增加 1 元收入，就会有 8 毛钱用来消费，2 毛钱用来储蓄。一般来说，随着收入的增长，消费倾向会逐渐降低。一户月收入 2000 元的家庭，倘若在一线城市生活，他的消费倾向会是 1，因为 2000 元仅能勉强维持一个家庭的温饱，不可能还有什么剩余储蓄，即使收入增加 1 元变成 2001 元，那 1 元也还是用来消费。而对于年收入 2000 万元的家庭，其消费倾向可能只有 10%，毕竟买豪宅买游艇这事儿不可能年年都发生；而对于年收入 2 亿元的家庭，其消费倾向也就 2% ～ 3%。请记住这个概念，我们以后会经常用到。

还是回到隔壁老王的故事，老李不愿意扩建工厂，这时候政府说，我出钱雇佣汉堡店下岗的工人在老王和老李居住的小区门口修马路会怎样呢？假设政府为修路出资 10 元，工人们修好路得到这 10 元后，按照消费倾向 0.8 来算，有 8 元用来买衣服；这导致服装厂工人收入增加 8 元，服装厂工人增加 6.4（8 元 ×0.8）元的消费用来买鞋子；鞋厂工人增加收入 6.4 元，鞋厂工人又会增加消费 5.12 元用来买猪柳汉堡……政府初始 10 元的投资，带动产出增长 8+6.4+5.12+…=10/(1−0.8)=50 元。因此，凯恩斯认为当经济不景气，企业家对前景悲观的时候，政府应该加大投资以弥补私人投资不足。但是，必须记住，这一投资乘数效应是有使用条件的，也就是社会要有大量资源闲置，如果处于充分就业的状态则没有效果。

第五节　货币的“陷阱”

未来的不确定性不仅影响企业家的投资决策，还会影响到货币需求。古典学派认为，由于货币仅仅是一种交易媒介，因此人们对货币的需求短期内是不会发生变化的，也就得出了货币流通速度不变的结论。人见人爱的货币难道真的只有交易媒介的功能？是不是所有的货币每时每刻都在执行交易的功能？

“此地无银三百两”这句话大家都很熟悉，被埋在地下的那三百两白银显然就没有成为交易的媒介。我们平常说的“有钱人”是指这个人仅从事买卖交易吗？显然不是，这里的“有钱”是指对社会财富的占有。货币作为社会财富的一般代表，拥有货币就意味着占有社会财富，这就引起了人们对储藏货币的欲望。当货币退出流通领域，处于静止状态时凸显出价值储藏职能。货币的价值储藏功能显然是古典学派所没有意识到的。

凯恩斯将货币的这一职能引入了货币理论，并与未来的不确定性相结合，发展出了货币需求理论。他认为，人们的货币需求是由三种动机决定，即交易动机、预防动机和投机动机。交易动机，是指人们为了应付日常的商品交易而需要持有货币的动机，也就是古典学派所认为的交易媒介。预防动机，是指人们为了应付不测之需而持有货币的动机。生活中经常会出现一些未曾预料的、不确定的支出和购物机会。为此，人们也需要保持一定量的货币在手中，这类货币需求可称为货币的预防需求。从这个角度看，老王这样的“月光族”显然对未来有很准确的预期，相信每个月的工资都能应付未来的支出，不会有突然的急需之用。当然，随着现代社会的金融体系日益发达，也可能是老王认为未来要是有应急之需，可以通过找银行借钱解决。最后一个动机是投机动机。投机动机，是指人们根据对市场利率变化的预测，需要持有货币以便满足从中投机获利的动机。因为货币是最灵活的流动性资产，具有周转灵活性，持有它可以根据市场行情的变化随时进行金融投机。投机动机的货币需求是一种随利率变化而变化的需求，它与利率成负相关关系，利率上升，需求减少；反之，则货币需求增加。这一动机在凯恩斯的货币理论中发挥着非常重要的作用，后面还会分析到。总体而言，由于交易动机而产生的货币需求，加上出于预防动机和投机动机而产生的货币需求，构成了货币总需求。

讨论货币自然离不开货币的价格——利率。凯恩斯对利率的解释也标志着与古典前辈们决裂。在古典学派看来，利率是由人们的节俭程度决定的。在他们看来，隔壁老王从吃猪柳汉堡变成每日吃萝卜青菜的节俭行为，带来的是储蓄的增加，储蓄的增加会降低利率导致投资的增加，而投资行为会提高生产，因此，节俭是一种值得赞扬的品德。这与当时新教伦理所倡导的一样，这也再次说明任何经济理论都离不开当时的社会背景。从上面凯恩斯理论关于有效需求不足的分析中就能发现，在他看来，减少消费导致的总需求减少，而这部分减少的需求并不一定会被自发的投资需求所弥补，所以节俭的后果是总需求不足，这被称为“节俭悖论”。

利率在《通论》中被看做是一个纯粹的货币现象。它取决于公众对流动性（可以迅速转化为现金的资产）的偏好。凯恩斯否定利息是对推迟消费（节俭）予以补偿的这一观点。他认为，利率是对放弃流动性的补偿，因为货币是最灵活的流动性资产，由于对未来的不确定性，人们总是偏爱流动性最高的货币（预防动机和投机动机），放弃这种流动性需要给予补偿。人们会不会因为预防动机和投机动机而对流动性或者说货币需求产生无限大的欲望呢？凯恩斯认为，这种极端情况是可能存在的，并将这种极端情况称为“流动性陷阱”。它是指即使货币管理者无限扩大货币供应，并将名义利率降低到无可再降低的地步，甚至接近于零时，从预防动机的角度看，由于人们对未来前景悲观，对流动性最强的货币拥有很强的偏好，所以，宁愿以现金或储蓄的方式持有财富，也不愿意把这些财富以资本的形式作为投资消费出去；从投机动机看，人们预计未来利率只会上升不会下降，债券的价格只会下降不会上涨，因此都持有现金等待债券价格下跌后买入。人们的这种偏好仿佛是一个巨大的黑洞，任何货币供给量的增加，都会被这个黑洞吸收，掉入了“流动性陷阱”。

在“流动性陷阱”提出后相当长一段时间里，许多反对者质疑这种极端情况是否会真的存在。比较有趣的是，凯恩斯也只是把它作为理论上的可能性提出来，并且声称他自己也不确定这种陷阱在实践中是否会存在。事实证明，凯恩斯关于“流动性陷阱”的阐述在现实世界中是完全存在的。日本就是一个典型的例子。自 20 世纪 90 年代初，金融泡沫破裂后，日本通胀率多年在零利率附近徘徊，时不时还来个通缩。为了把通胀弄上去，日本央行可谓使出了浑身解数。量化宽松政策（QE）一轮又一轮，要知道第一个玩 QE 的不是美国而是日本！安倍政府上台后，提出所谓刺激经济的“三支箭”，第一支箭就是“撒钱”，为此安倍不惜换掉不愿意配合的央行行长。为了更高效的“撒钱”，日本央行可谓无所不买，连股票基金（ETF）都是买入对象。可是日本通胀依旧难见起色。

另一个例子就是美国。2008 年次贷危机后，美联储搞了几轮 QE，钱可谓“撒”的不少。资产瞬间膨胀到危机前的 5 倍！然而效果不好，否则也不会连续搞上几轮了。为啥？因为经济形势不好，银行一方面贷款动机不足，另一方面忙于修复自己的资产负债表，舔舐在次贷危机时留下的伤口，中央银行的钱都被商业银行放回了在中央银行开立的准备金账户上。

第六节　老王的托儿互助社

关于货币在经济中发挥的重要性，有一个非常形象的小故事。这个小故事发表在一本学术期刊上，文章的名字叫做《货币理论与大国会山托儿合作社危机》。毕竟美国的国会山离咱有点远，还是换个马甲以隔壁老王为主角吧。

老王的孩子转眼就到上幼儿园的年纪了。只是老王小区的幼儿园实在太贵了，一个月学费4000元，老王吃萝卜青菜剩下那点钱都不够交学费的。最关键的是小区幼儿园收4000元的学费，却提供400元的服务，孩子吃得差不说，还没学到任何东西。于是老王、老李建了个微信群，把小区适龄儿童的家长都拉了进来。老王在群里提议说，咱们别去小区幼儿园交那个冤枉钱了，大家组成一个幼儿托管互助社吧。这个互助社以发行托儿票的方式来建立一套互助共享的机制。每张托儿票可以换取1小时的儿童看护服务。托儿票是不能用钱买的，每对夫妇每次帮别的家庭照顾孩子1小时，就会从对方那里得到1张托儿票。大家伙一听这个提议不错，于是就纷纷退园，加入老王的互助社。

仔细思考一下，你会发现，要让这个体系顺利运转，必须要有一定数量的托儿票流通。对于具体的每一个家庭来说，哪天有急事要出门，哪天突然要加班都是不确定的，所以他们会利用空余时间帮别人照顾孩子，多储备一些托儿票以备不时之需。如果一个家庭这样还好，要是大家都这么想就麻烦了。一时间大家都想提供托儿服务以储备托儿票，服务的供给多，但是需求却少了，赚取托儿票的机会也就越来越少。这样又反过来导致大家都尽量减少外出以节省宝贵的托儿票。互助社自己创造了一场衰退。老王眼看自己提议的互助社快办不下去了，孩子又要送回那个“坑爹”的幼儿园，开始着急上火。这时老李给他出了个主意，让老王增加托儿票的供应，同时给大家伙定了个规矩，要求每个家庭每月必须使用两张托儿票。这规矩反对的人不多，毕竟整天在家看娃，和老婆看场电影，吃个烛光晚餐的时间都没有了。慢慢的，流通的托儿票开始增多，大家有了一定的托儿票储备，就开始积极出去看电影、吃烛光晚餐了，这反过来又增加了大家获得托儿票的机会，如此循环往复的结果就是小区幼儿园关门了。

老王幼儿托管互助社就是经济运行的一个微缩版，托儿票就是货币，把孩子给别人照看就是消费，替别人看孩子就是生产。而最早的时候大家都不出门的结果就是有效需求不足。老李出的主意就相当于政府增加投资扩大需求。而老李一定是凯恩斯的铁粉！

当然，“流动性陷阱”不会是经济的常态，它往往伴随着经济萧条而出现。在正常情况下，当收入增长的时候，人们一方面有钱了会多消费，这会增加对货币的交易性需求；另一方面也会有闲钱存款，增加对货币的预防性需求。如果这个时候货币供给没有增加，就会导致利率的上涨。

当然利率上涨的副作用是私人投资会减少。在一般情况下，如果政府增加投资，比如在老王的小区外修路，这会提高工人们的收入，增加货币需求导致利率上升，利率的上升使得老李减少银行借款，缩小厂房扩建的规模。这一结果造成政府投资的增加和老李投资的减少，那最终总投资是增加了还是减少了？这取决于利率变化程度，以及利率上升后老李投资减少的数量，经济学称为利率敏感度。

现在我们让时光倒流，回到老王还是单身汉的时候，他每天吃着猪柳汉堡，而老李也打算继续扩建厂房，此时就处于古典学派所说的充分就业状态。如果这个时候，政府打算在老王小区外修路，就需要投资花钱。而政府修路的钱来源于两种办法，要么发债借钱，要么加税。无论是借钱还是加税都会导致居民存款的减少，其结果是利率上升。老李一看这么高的利率不投资扩厂了，原本打算去老李那垒砖头的工人也都被政府雇佣，跑去老王的小区外面铺路了。政府增加的投资被老李减少的投资完全抵消，经济仍旧处于充分就业状态，产出没有增加，增加的只有利率。从这个例子也可以看出，凯恩斯理论并不否认充分就业状态是有可能存在的，在这种状态下，政府投资会将等量的私人投资挤出，因为劳动人口就那么多，现在没人失业，大家伙都有活干。政府投资雇佣的工人只能从私人投资雇佣工人的减少来补充。因此，在充分就业状态下，政府增加投资并不会带来产出的增长。凯恩斯并不主张任何时候政府都要干预经济，只有在需求不足，特别是经济处于萧条的时候，才应该干预。

从老李投资扩建厂房的故事可以看出，利率和对未来经济的信心都会影响其投资决策，但是哪个影响更重要？凯恩斯认为，信心对投资的影响远大于利率。其实环顾现在的世界就知道，凯恩斯的看法是正确的。日本、欧洲已经史无前例的把利率降为负值，美国也把利率降为0，可是这些国家的投资依然疲软，正所谓“信心比黄金还重要”。

第七节　工资的刚性如何解释

你也许会想到，如果需求不足，可以降价促销，工人可以降工资，这样就不会有失业了。你想得不错！古典理论就是这么认为的。在古典学派看来，价格和工资是可以随时根据宏观条件调整的，在经济学里这被称为价格和工资具有弹性。弹性这个词非常形象。这是货币“面纱”论的重要假设条件。现实是这样的吗？你自己就可以回答这个问题。通胀的数据每月都会公布。你会每个月看完数据后找老板说：“亲，这个月 CPI 上涨了 5%，工资加 5% 呗”，或者老板找到你说：“那谁，这个月 CPI 是负数，本月工资少发点”。显然这些都是不可能的。大多数人甚至都不会关注每月公布的 CPI 数据。工资的多少更多的是和个人绩效、公司盈利以及老板的人品挂钩，而不是和通胀挂钩。同样，大部分商品也不是能及时根据 CPI 指数做出调整。至少，我爱吃的猪柳汉堡就没因为猪肉价格上涨而马上涨价。凯恩斯主义者给这一现象也取了一个非常形象的名字，工资刚性和价格黏性。商品价格黏性很好理解，毕竟大部分商品都是事前和供货商签好协议，议定好价格的，不是说变就能变的，弄不好是要打官司的。

那工资刚性怎么解释？涨工资是不会有人反对的，问题是降工资。公司赚不赚钱那是老板操心的事，降不降工资可事关个人。在西方，工人背后还有强大的工会，别说降工资，到点不涨工资就给你来场罢工，降工资可是难于上青天。是这样吗？是，也不是。

凯恩斯认为，普通大众是有货币幻觉的。“货币幻觉”一词并不是由凯恩斯提出来的，而是美国经济学家欧文·费雪于 1928 年提出来的，它是指人们只是对货币的名义价值做出反应，而忽视其实际购买力变化的一种心理错觉。咱们还是以上面谈到的汉堡店为例。在“直升机撒钱”的效应下，猪柳汉堡涨到 12 元 / 个，在古典学派看来，这时候工人也会要求将工资涨到 12 元 / 小时。反过来，如果猪柳汉堡要降价到 8 元 / 个，工人也不会介意把工资降到 8 元 / 小时，横竖干一个小时的活必须要能赚一个猪柳汉堡，这就叫实际购买力不变，其反映出来的就是工资富有弹性。但是，在凯恩斯看来不是这样的，工人只会看重名义工资。猪柳汉堡涨到 12 元 / 个的时候，工人并不会要求工资立即上涨，仍然能够接受 10 元 / 小时的水平，尽管此时他们的实际购买力下降了。反过来，汉堡要降价到 8 元 / 个，工人会拒绝将工资同比例下降，因为工人只看重名义工资，拒绝任何名义工资的下降，即使将名义工资降到 9 元 / 小时（实际工资是上涨的），工人也是会拒绝的。这就是所谓的“货币幻觉”，其反映出来的就是工资刚性。

初看起来，这个概念感觉是在说劳动大众都是容易受到愚弄的傻瓜。其实并不是，这和智商没有关系。这和人的大脑结构有关，也就是古老的“动物精神”体现。脑科学家对人类的腹内侧前额叶皮层及颅内其他区域进行过扫描研究，检测结果也支持这一观点。据 2009 年 3 月《美国国家科学院院刊》报道，德国波恩大学和美国加州理工学院的研究者通过大脑扫描仪，观察到人脑部分决策回路有发生货币幻觉的迹象。如果受试者获得一笔金额更大的钱，即使因为物价上涨，多出来的这部分钱并没有带来更大的购买力，腹内侧前额叶皮层部分区域的活动也会异常明显，在大脑扫描图上显示出来的就是这部分区域被点亮了。

你可能会认为这只是个实验，不一定具有代表性。我们可以看看历史数据。在 1976 ～ 2000 年加拿大工会合同的大样本中，只有 19% 的工资合同与通胀指数挂钩。即使是这些合同，工资与通胀水平也非一一对应关系，只有在通货膨胀率超过某一设定的目标值时，工资调整才会发生。在到达该目标值之前，通货膨胀对工资没有任何影响。美国经济学家安东尼·奥布赖恩发现，在大萧条的头两年里，名义工资几乎没有变化。比如，1931 年 1 月，消费品价格下降了 8.1%，而名义工资只下降了 2%，相当于实际工资增长了 6%。同年 8 月，制造业的工资总共才下降了 3.5%，而消费品价格则下降了 12.7%。尽管整个大萧条期间名义工资的确有所下降，但是远远赶不上物价下滑的幅度，到 20 世纪 30 年代结束时，实际工资资增长达 20%（名义工资增长率 – 物价增长率）。这证明古典学派关于工资弹性的假设是错误的，这是其理论的一个 bug。在凯恩斯看来，名义工资的刚性是大萧条期间大规模失业的重要原因。

现在可以总结一下凯恩斯的货币理论了。当社会还有闲置资源或者说没有达到充分就业的时候，货币当局投放货币会降低利率，这会导致投资增加，同时带来就业和产出的增加，但同时也会带来物价的上涨。而增加货币供应带来的产出多还是通胀多？这取决于两点。第一点，是一定数量的货币增加会导致利率下降多少，这被称为货币需求的利率弹性。假设增加 100 亿元的货币投放，利率下降会导致货币的预防和投机需求增加（购买债券，债券价格上升，利率下降），直到增加的货币需求完全吸收新增的 100 亿货币时，利率便不再下降。上面介绍了，当出现“流动性陷阱”的时候，投放再多的货币都会被无限的货币需求所吸收（人们只会持有现金而不会去购买债券），使利率无法下降。第二点，就是利率下降 1 个单位（比如 1%）会带来多少投资的增加，这被称为投资的利率弹性。当一定数量的货币增加导致利率下降的越多，投资对利率越敏感的时候，产出越多，通胀越低。

当经济处于充分就业状态的时候，由于已经没有闲置资源以及劳动力，增加货币供应只会带来物价上涨，并不会导致产出的增加。这与古典学派的结论是一致的。凯恩斯并不否认古典学派所说的充分就业状态，只是他认为这是一种特殊的情景，并不是常态，用咱们的话来说，就是“可遇而不可求”。

由于企业家对未来预期的不稳定以及“动物精神”的作用，经济是处于不断变化的动态。当对未来的预期悲观的时候，投资就会减少，有效需求就会不足，导致资源未被充分利用和工人失业。在如大萧条那样的极端条件下，一方面因为“流动性陷阱”，即使增加货币供应也不会降低利率；另一方面，由于悲观的预期和“动物精神”带来的恐慌，即使利率降下来（甚至降到负值）也不会带来投资的增加。因此在大萧条期间，货币政策是完全无效的。

第八节　政府投资的特殊作用

那么，怎么才能把国家从大萧条的“泥潭”里面拉出来呢？在凯恩斯看来，这个时候唯有国家出面干预经济才行。具体的干预措施就是实行积极的财政政策。咱们还是回到隔壁老王的故事，不过这次主角是老李，毕竟老叫人家跑龙套实在过意不去。

假设现在全社会进入大萧条的状态，老李别说扩建工厂，现有的工厂都关门了，好歹靠着多年的生意攒下了一点积蓄勉强糊口。这个时候政府出钱在老李小区门前修路。很多人看到这里会说，有这点钱修啥路，还不如发给下岗工人呢。先别急，且听我细细说来。政府修路，先是要购买机械设备，这使老李的机械设备厂开始有了订单，话说老李一个人干是不行的，毕竟上了岁数，于是老李叫上了失业在家里的老王。这样老李、老王卖出机械后好歹有了钱。尽管这些钱谈不上让老王顿顿吃猪柳汉堡，但是偶尔还是可以解解馋。这样一来，汉堡店也有生意了，也开始雇佣工人生产汉堡……政府修路也不是光有机械就可以，也要雇佣工人操作才行，于是一部分失业工人有了工作，有了工作就可以吃点汉堡。汉堡店的生意逐渐有了起色，可以去老李那买点机械设备改造厨房，老李、老王有了订单可以多招几个帮手，老王也能多吃几顿汉堡。于是，汉堡店的需求又扩大了……归结起来可以用七个字表达——投资的乘数效应，这个概念上面已经介绍过。在这一效应下，经济开始逐渐复苏。

等等，打住，上面不是说政府投资会导致利率上升将私人投资挤出吗？是的，但大家别忘了，这个挤出是有前提条件的——正常时期。在经济萧条期，由于物价下跌，人们手中的货币实际上是变得更值钱，原来 10 元钱现在能当 20 元用，这样等于全社会的货币余额是增加了的，记得吗？在凯恩斯理论中，利率是一种纯货币现象，政府增加投资并不会带来利率的变化，或者说只有很小的变化。同时，由于大量失业工人和闲置资源，政府投资也不会带来物价和工资的上升。此时，政府拉动投资不会导致物价、工资和利率的上升，而是带来失业减少和产出的增加。这就是凯恩斯为医治经济萧条所开出的药方。

凯恩斯并不否认靠市场自发的力量，经济也能最终恢复。但问题是，这一过程需花费大量的时间。在他看来，这一自发恢复过程是漫长的，期间要忍受经济萧条和失业。作为经济学家，不能说句“经济终会恢复的”就算交差了。就好比问一个气象学家暴风雨什么时候结束，他回答“暴风雨终会过去的”，这话说了等于没说。因此，凯恩斯认为经济学家的责任是要“烫平经济周期”，保证充分就业。有限的生命是经不起长期的等待，正如本章的标题引用凯恩斯“金句”——长期来看，我们都消失了。

第九节　大名鼎鼎的罗斯福新政

凯恩斯经济学说为政府干预经济，以政府投资弥补需求不足，拉动经济增长提供了理论支持。1933 年，富兰克林·罗斯福胜选就任美国第 32 任总统，他抛弃前两任总统“自由放任”的政策，出台了一系列政府对经济直接或间接干预的经济政策。政策核心是三个 R：救济（Relief）、复兴（Recovery）和改革（Reform），因此当时也称“三 R 新政”。

1934 年美国政府把此前的单纯救济改为“以工代赈”，给失业者提供从事公共事业的机会。第一项内容就是通过民间资源保护队计划。该计划专门吸纳年龄在 18 ～ 25 岁、身强力壮而失业率偏高的青年人，从事植树护林、防治水患、水土保持、道路建筑、开辟森林防火线和设置森林瞭望塔等工程建设。第一批招募了 25 万人，在遍及各州的 1500 个营地劳动。由财政拨款，全国范围内兴建了 18 万个小型工程项目，包括校舍、桥梁、堤坎、下水道系统及邮局和行政机关等公共建筑物，先后吸引了 400 万人工作，至 1939 年前夕修筑了近 1000 座飞机场、12000 多个运动场、800 多座校舍与医院。除了积极的财政政策，不可忽视的一项重要货币政策就是放弃金本位制，宣布禁止私人储存黄金和黄金证券，美钞停止兑换黄金，公私债务废除以黄金偿付，使美元贬值以刺激出口。

新政取得了巨大成效，从 1935 年开始，美国几乎所有的经济指标都稳步回升，国民生产总值从 1933 年的 742 亿美元又增至 1939 年的 2049 亿美元，失业人数从 1700 万人下降至 800 万人。罗斯福也因此成为自亚伯拉罕·林肯以来最受美国和世界公众欢迎的总统而永载史册。

不过就如凯恩斯本人和凯恩斯主义具有争议一样，以凯恩斯主义为指导的罗斯福新政，对推动美国经济复苏究竟起了多大作用一直存在争议。有学者认为，在新政推出的时候，美国经济已经开始稳步复苏了，而真正将美国拖出萧条“泥沼”的是第二次世界大战，罗斯福新政的作用有限。

20 世纪 40 年代至 70 年代中期，西方国家普遍施行以凯恩斯理论为指导的宏观经济政策。这一时期西方资本主义国家经济高速发展，凯恩斯理论赢得了空前声誉。许多经济学家甚至认为经济学已经发展到顶了，剩下的只是在一些技术细节上的修补。尼克松总统在 1971 年说过一句名言——“我们现在都是凯恩斯主义者了”。

第十节　何为菲利普斯曲线

最为凯恩斯主义者所津津乐道的就是著名的“菲利普斯曲线”，它被看为是凯恩斯理论的实证检验（图 3-3）。新西兰经济学家威廉·菲利普斯根据英国 1861 ～ 1913 年失业率和货币工资变动率的经验统计资料，提出了一条用以表示失业率和货币工资变动率之间交替关系的曲线。这条曲线表明：当失业率较低时，货币工资增长率较高；反之，当失业率较高时，货币工资增长率较低，甚至是负数。如果把工资增长看做是通货膨胀的代表（尽管短期内工资具有刚性与通胀不是一一对应关系，但是长期看，工资会随着通胀变化而变化），这条曲线就可以表示失业率与通货膨胀率之间的交替关系。这一研究成果于 1958 年在《1861 ～ 1957 年英国失业和货币工资变动率之间的关系》一文中提出。

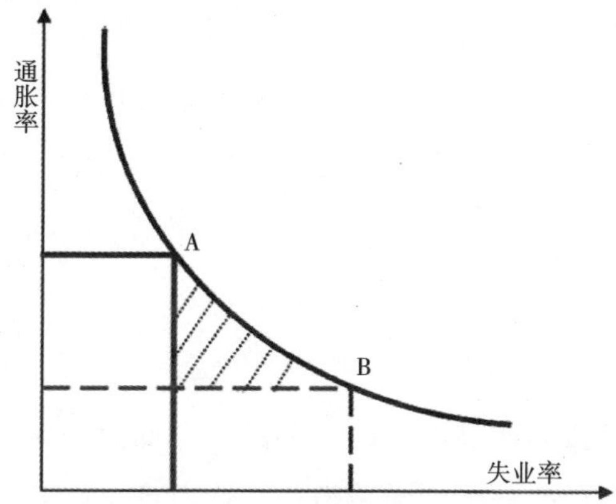

图3-3　菲利普斯曲线

凯恩斯理论可以很好地解释这一通胀与失业的对应关系。上面谈过，当价格水平低于充分就业的时候，这意味着此时社会上有闲置资源和失业工人。政府实施扩张性的财政政策和货币政策以弥补有效需求不足，需求增加会导致产品价格上涨，而由于工资具有刚性，并没有随物价上涨，企业就会多招工人，社会整体产出和就业就会持续增加，直至实现充分就业。按照这个解释，通胀和失业是不会并存的，这与菲利普斯所反映的统计关系一致。这就为政府的宏观经济政策提供了一个“通胀—失业”选择的菜单。长期低水平的失业可以通过承受高水平的通胀而得以实现。而在依靠选票上台的西方国家，这一点具有重要的政治意义，毕竟没有哪个政府会因为高失业率而获得选票。

第十一节 永不停歇的争论

时至今日，尽管经历多次起伏，凯恩斯理论和凯恩斯本人依旧是经济学界甚至普通大众所津津乐道的话题。凯恩斯不仅是一位成功的经济学家，也是一名成功的投资家（当然也有投资失利的时候）。在股票投资方面，他提出了著名的“选美”理论。这是他总结自己投资经验时的形象比喻。在选美比赛中，如果猜中了谁能够得冠军，你就可以得到大奖。你应该怎么猜？他认为别选你认为最漂亮的美女，而应该猜大家会选哪个美女做冠军。即便你觉得那个女孩很丑，只要大家都投她的票，你就应该选她而不能选那个长得像你梦中情人的美女。简单说就是要随大流。金融市场投资问题上，不论是炒股票、炒期货，还是买基金、买债券也是一个道理，不要去买自己认为能够赚钱的金融品种，而是要买大家普遍认为能够赚钱的品种，哪怕那个品种根本不值钱。这一理论堪称近些年流行的行为金融学（将金融学与心理学相结合）的鼻祖。

在歌舞剧、收藏等领域，凯恩斯也有涉足。哈耶克就曾被他能“教授经济学，组织芭蕾舞演出，从事金融投机，收藏绘画，开办投资信托公司，为剑桥学院筹集资金，同时还担任一家保险公司的董事，实际经营着剑桥艺术剧院，亲临剧院关心旅馆提供的食物和酒水这样的细节问题”而震惊。

凯恩斯的婚姻也是当时大众茶余饭后的谈资。他这样出身知识贵族之家、蜚声海外的著名公知，堪称标准的“高帅富”（至于帅这点就仁者见仁了）。按照中国人才子佳人的眼光，配得上凯恩斯的不是名门闺秀也至少是才女佳人。然而让人大跌眼镜的是，凯恩斯爱上了一位俄罗斯舞女——莉迪娅。

莉迪娅比凯恩斯小八岁。她出身于俄罗斯的一个清寒家庭，从小就在圣彼得堡的帝国芭蕾舞学校接受了严格的训练。作为一个独立而不安分的女孩，年轻时就孤身一人离开俄国，到伦敦跳舞。此后又先后去过美国和法国。在与凯恩斯相爱的时候，她还是个有夫之妇。

在遇到莉迪娅之前，凯恩斯是一个特立独行的精英小团体——布鲁姆斯伯利的成员。这个小圈子的成员个个自视甚高、桀骜不驯，号称“无限的才华、无限的傲慢、无限的激情”。当凯恩斯把莉迪娅带入这个圈子的时候，可想而知大家对莉迪娅的鄙夷。有一位成员曾这样讽刺道：“莉迪娅的灵魂是一只松鼠。她坐在那里，用前爪不停地两边擦鼻子。可怜的小东西，掉进了布鲁姆斯伯利的陷阱里。她在这里唯一能做的事情也只有用心默诵莎士比亚了。看到她坐下来读《李尔王》，这才是真正的悲剧。”大家都不看好这段婚姻，认为莉迪娅不过是贪图凯恩斯的钱。然而，凯恩斯和莉迪娅用二十年相亲相爱的生活回应了这些质疑。

1946 年的复活节，一代经济学巨匠凯恩斯离世。凯恩斯去世之后，莉迪娅过上了隐居的生活。她拒绝见记者，不写回忆录，不谈凯恩斯，也不关心芭蕾舞。她只在乡下过起了田园生活，头上顶着篮子去买菜，以及几乎一丝不挂地在自家院子里晒太阳。有一次，一群访客执意要来见她。莉迪娅看了看一屋子的人，开始用俄语自说自话。有人提醒她，来的没有一个人懂俄语。莉迪娅漠然地看着窗外，轻声说："我懂。"

尽管凯恩斯离去，但是关于《通论》和凯恩斯经济学的争论从没离去，对于凯恩斯经济理论，恐怕没有一个人能像莉迪娅那样说"我懂"。

第四章

通胀在任何时间任何地点都是货币现象

第一节 石油的威力

1973 年 10 月 6 日是犹太人一年中最重要的圣日——赎罪日。虔诚的犹太教徒在这一天完全不吃、不喝、不工作，并到犹太会堂祈祷，以期赎回他们在过去一年中所犯下的罪过。这本该是个平静祥和的日子，然而古老的西奈半岛却在这一天战云密布。下午 2 点，随着叙利亚和埃及军队同时从北部和南部向以色列发动进攻，第四次中东战争爆发（又称“赎罪日战争”）。埃及和叙利亚意在夺回 6 年前被以色列占领的西奈半岛和戈兰高地。在战争打响后的最初几分钟，埃及向以色列倾泻了上万发炮弹。开战前的头几天，以色列军队损失惨重。

早在 1972 年，新上任的埃及总统萨达特就在为这场战争做准备。除了从苏联购进大量先进武器，撤换六日战争中无能的军队高级将领，积极整军备战外，在外交上，萨达特积极穿梭于中东阿拉伯国家，以期得到阿拉伯国家的支持，建立阿拉伯统一战线。这其中最重要的一次外交突破就是 1973 年访问利雅得，说服沙特人动用一种新武器——石油，以支持埃及。

美国石油产量在 1970 年达到峰值，其后逐年减少。沙特随后取代美国主要产油地区德克萨斯，成为全球石油生产的掌控者。至战争爆发的 1973 年，美国、日本和欧洲从中东阿拉伯国家进口的石油占其石油进口比重分别高达 28%、44% 和 75%。作为一名坚定的阿拉伯民族主义者，时任沙特国王费萨尔承诺将在战争爆发后以石油为武器，支持埃及。

战争的头两天埃叙联盟占了上风，但此后战况逆转。10 月 14 日，美国开始秘密向以色列空运武器弹药，在装备了全新的美国坦克和火炮之后，以色列人开启了反攻。至 16 日，战场北线，以色列在与叙利亚军队的战斗中取得了压倒性胜利；在南线，则将埃及军队主力包围在苏伊士河西岸。同一天，阿拉伯国家石油部长齐集科威特。在科威特会议的第一天，部长们就宣布将油价在前一日基础上提高 17%，他们甚至都没有将这个决定提前通知西方的石油公司。沙特石油大臣对一名与会代表说："这一刻我已等待了太久，现在我们是自己商品的主人。"这一措施取得了立竿见影的效果，每桶石油价格提升至 5.11 美元。由此引发了世界历史上著名的"第一次石油危机"（图 4–1）。

10 月 18 日，尼克松政府批准了一个向以色列提供价值 22 亿美元武器装备的法案。美国这一公然倒向以色列的行为彻底激怒了阿拉伯世界，阿拉伯国家一个接一个地宣布对美国实行石油禁运，引发了石油危机（图 4–1）。整个阿拉伯世界石油产量减少了 25%，油价开始像"踩了油门"般的飙升，至同年 12 月达到每桶 11.65 美元。

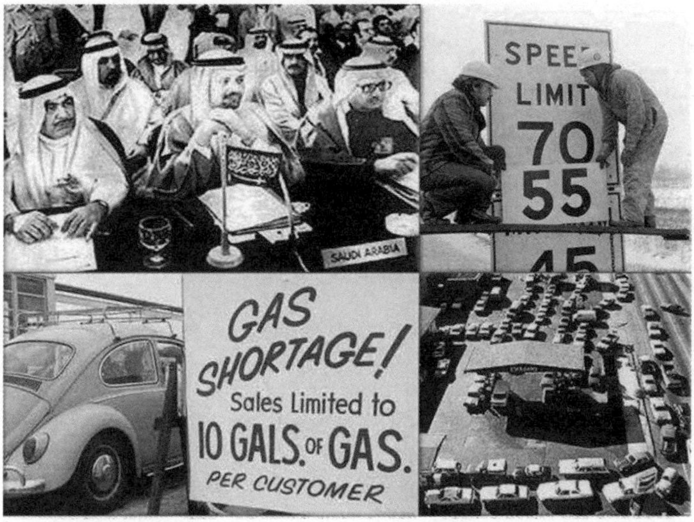

图4–1　第一次石油危机

阿拉伯国家的石油武器，显然要比大炮更起作用，高油价对美国经济的冲击非常大。此前的20世纪60年代，美国的失业率大多保持在4%以内，通胀也维持在1%～4%。按照之前测算的菲利普斯曲线显示，如果美国愿意承受3%～4%的通胀率，那么它的失业率将在4%。然而凯恩斯主义者引以为傲的菲利普斯曲线变形了——由一条曲线变成了垂直线。1973～1975年美国失业率分别为4.8%、5.5%和8.3%；通胀率则分别为6.2%、11%和9.1%。

此时，凯恩斯主义面临着大萧条时古典宏观学派一样的尴尬，无法解释这一通胀与失业率“比翼双飞”的现象。按照凯恩斯主义的解释，通胀是由需求拉动的，当需求增加的时候会推动价格上升，与此同时失业将下降。政府宏观政策的菜单选项是：A.适度通胀和低失业，B.低通胀（通缩）和高失业，并且这还是个单选题。怎么突然间A、B选项没了，有且只有一个C选项——高失业率和高通胀率。经济学里用一个简单的词形容C选项就是“滞涨”——经济停滞，通货膨胀。

第二节　草根是这样逆袭成功的

早在凯恩斯主义大红大紫、一统江湖的时候，经济学界并不是没有反对和抨击的声音。只是那时候凯恩斯主义堪称是治理经济的“灵丹妙药”，这些抨击和反对自然得不到关注。但是坚守个人信念，敢于“反潮流”的经济学者不是没有，米尔顿·弗里德曼以及他所领衔的芝加哥大学货币主义学派就是其中的佼佼者。弗里德曼在被问到自己第一次阅读《通论》时的印象时回答道：“我在1938年花了1.8美元买了它……在1940年初我写了一篇《通论》的书评，我尖锐地批评了包含在《通论》中的凯恩斯主义分析方法。”

与出生于富裕家庭、从小接受精英教育的凯恩斯相反，弗里德曼出身寒门，可谓是“草根逆袭”的典范。米尔顿·弗里德曼1912年出生于美国纽约，他的父母是犹太人，从原属奥匈帝国的一个地区移民到美国（图4–2）。与20世纪初美国的绝大多数移民一样，弗里德曼家一贫如洗，只能靠不停的工作赖以生存。弗里德曼有三个姐姐，而他是家中唯一的男孩。重视教育是犹太人一直以来的传统，尽管收入微薄，老弗里德曼和妻子仍然设法筹足钱，送四个孩子去接受最好的教育。但是家中经常为钱而争吵的场景，也让几十年后的弗里德曼记忆犹新。

由于家境贫困，小学和中学的弗里德曼接受过犹太教会的资助。然而，小弗里德曼却未因此成为一名虔诚的犹太教徒，反倒是觉得宗教理论纯属一派胡言，宁可失去资助也要退出教会。从幼年的弗里德曼身上已经依稀可以看到他忠于自己信念，敢于“反潮流”的珍贵品质。

图4–2　米尔顿·弗里德曼

非常不幸的是，在小弗里德曼成年以前，老弗里德曼就去世了，这使得原本贫困的家庭雪上加霜。小弗里德曼不得不边工作边读书。他做过百货商场的售货员、餐厅服务员，还卖过袜子、领带以及鞭炮。艰辛的生活并没有磨灭其意志。从小学到初中、高中直至大学，弗里德曼都是“学霸”，据说他读遍了家庭所在地公共图书馆的藏书。高中毕业后，弗里德曼同时获得罗格斯大学和宾夕法尼亚大学的奖学金，丰厚的奖学金使他最终选择了罗格斯大学。大学毕业后，弗里德曼又获得芝加哥大学奖学金，得以进一步深造。在芝加哥大学期间，弗里德曼师从著名的古典主义经济学家弗兰克·奈特、亨利·西蒙、亨利·舒尔茨等人。从他们那里，弗里德曼不仅得到了系统的经济学理论训练，更是继承了古典自由主义的哲学精神，此后他对政府干预市场的行为始终抱有深深的怀疑。

由于芝加哥大学提供的奖学金并不充裕，兼职的收入也只是杯水车薪，弗里德曼还是没有摆脱经济困境。但幸运女神再次眷顾了他，弗里德曼的老师舒尔茨和伯恩斯帮助他在哥伦比亚大学获得了年薪 1500 美元的助教职位（当时芝加哥大学提供的奖学金是 300 美元）。在芝加哥大学读书期间，不仅幸运女神眷顾了弗里德曼，爱神丘比特的金头神箭也射中了他。在一次经济学理论课上，授课教授别出心裁，要求学生按照姓名首字母的顺序就坐。这样以 F 开头的弗里德曼就和以 D 开头的罗斯·迪莱克勒坐在了一起。6 年后他们结为夫妻，并在此后 70 年相濡以沫。

离开哥伦比亚大学后，弗里德曼作为舒尔茨的助教在芝加哥大学度过了短暂的时光，不久就去华盛顿的全国资源委员会从事研究工作。1939 ～ 1945 年，弗里德曼先后在财政部和哥伦比亚大学工作。1946 年，他回到了自己的母校芝加哥大学。此时的芝加哥大学已不复当年盛名，许多知名教授或已逝世，或已离开。弗里德曼担负着重振学校声誉的重任。

第三节　不变的货币需求

凯恩斯与弗里德曼都在数学和数理统计上有很深的造诣，不过凯恩斯并没有在《通论》中使用数学，恐怕这也是《通论》备受争议的原因之一。弗里德曼是一位实证主义者，他将自己数学的优势充分用在了经济数据分析中。

1956年，弗里德曼发表了《货币数量的重新表述》，这篇文章为以后货币主义学派的兴起奠定了理论基础。由于当时正是凯恩斯主义盛行的时候，而且通货膨胀率不高，因此并没有引起广泛的关注。

现代货币主义学派在一定程度上继承了古典学派的货币数量论，其得出的政策含义也与古典学派相似。但是货币主义学派对货币的认识和作用有了更深的认识。两者的区别在于，货币主义学派认为货币数量并不是关于产出、收入以及物价的理论，而是关于货币需求以及影响货币需求因素的理论。关于货币需求的阐述可以说是货币主义学派的核心，也是其与凯恩斯主义最主要的区别。

第三章介绍过，凯恩斯主义认为人们的货币需求不稳定，在预防性需求和投机性需求的作用下，货币需求对利率非常敏感，一个典型的例子就是"流动性陷阱"。与此相反，货币学派认为货币需求是稳定的。

弗里德曼从人们对货币需求的原因入手。他认为，影响就像人们对商品和劳务的需要一样，人们对货币的需求主要受三种原因影响：第一，人们的财富水平；第二，货币相对于其他金融资产及商品的收益；第三，货币的效用。

人们的财富水平对货币需求的影响比较好理解。这里再次应用上一章讲解边际消费倾向的例子。一户月收入 2000 元的家庭，倘若在一线城市生活，他的消费倾向会是 1，因为 2000 元仅能勉强维持一个家庭的温饱，不可能还有什么剩余储蓄。财富水平低的人货币需求小，因为他赚的每一分钱都用来消费了，手中没有持有货币。而对于亿万富翁来说，他会有很多存款，因为相对他的收入来说，消费仅占用很小一部分，大量财富以货币形式存在，他的货币需求就大。这一点也在弗里德曼的研究中得以体现。在 20 世纪 60 年代，他对各收入阶层人群的收入和消费水平进行研究发现，不同收入阶层人群的消费 / 收入比例都是 80% ～ 85%。唯一的例外是，收入最高与收入最低的阶层剩余的钱不同，也就是说，最高收入人群的消费太少了，贫困人群的收入几乎全都用于消费，即富人剩下的钱太多了，穷人剩下的钱太少了。

你也许会说，我的收入是经常变化的，这个月我签下了一笔大单，老板发了一大笔奖金，显然这个月的存款会增加，我的货币需求也增加了。从短期来看你说的没错，但是长期来看就未必。弗里德曼提出了永久性收入假说来解释财富水平对货币需求影响是稳定的。这一假说将家庭收入分为永久收入和暂时收入。永久收入是指在相当长时间里可以得到的收入；暂时收入是指一种暂时性偶然的收入，可能是正值（如奖金），也可能是负值（如炒股赔本）。弗里德曼教授认为，只有永久收入才能影响人们的消费。他进一步将人的财富分为人力财富和非人力财富。非人力财富是指各种财产，这一部分只有少部分人拥有，大部分人的收入主要靠人力财富。用大白话说，大部分人都不是富 *X* 代，而是朝九晚五的工薪阶层。而人力财富取决于先天因素（如智商、情商）和后天因素（如受教育水平）。你的工资标准是长久收入，而加班的补贴或者偶尔签大单拿奖金则是短暂收入。你不会因为一次奖金而改变消费习惯。

同样的道理，当经济繁荣的时候，你的收入会上涨，但你的消费并不会因此而增加很多；当经济萧条的时候，尽管收入变少，你也不会把消费标准降低太多，因为你的消费水平是依据长久收入决定的，而不是眼下短期的收入。这也是弗里德曼与凯恩斯关于消费变动有分歧的地方。第三章我们讲过，凯恩斯主义强调消费的边际倾向，随着收入的增加，人的边际消费倾向会降低。从永久性收入假说得出的结论就是，财富水平这个因素并不会导致货币需求的变动。

凯恩斯的货币理论里，金融资产是由债券来代表，所以他认为，金融资产的收益都是一起波动的，人们只有在货币和债券之间做选择。而弗里德曼将资产分为三大类：债券、股票和商品。持有哪一类资产多，取决于这些资产相对于持有货币的收益率，而商品的收益就是通货膨胀率。当通货膨胀率高于存款利率的时候，人们就会持有更多的商品，减少手中的货币。1948 年的中国就是一个典型，当时，由于连年内战，国民政府依靠印钞解决财政困难，金圆券几乎就是废纸一张，政府职员都是前一秒钟领了工资，后一秒钟就跑步到粮店买大米，货币需求几乎为零。

对于债券和其他金融资产的变动，货币主义学派则认为不会对货币需求产生太大影响。比如，当利率上涨的时候，尽管债券的收益率会增加，但是由于银行贷款利率也会增加，银行就会争夺存款，从而导致存款的利率也会涨上来。这就引申出货币主义学派一个重要结论，利率变动几乎对货币需求没有什么影响。这是货币主义和凯恩斯主义非常重要的分歧。在凯恩斯理论中，利率是决定货币需求的重要因素。

按照货币主义学派的分析，在影响货币需求中的因素中，利率变动对货币需求函数的影响是不显著的，能够影响货币需求因素的是人们的财富水平，但是根据永久收入假说，人们的长期财富水平也是稳定的，因此货币需求是稳定的。

逻辑倒是那么回事，可是有证据吗？有，作为一名实证主义者，弗里德曼是不会天马行空的。正如《通论》之于凯恩斯一样，作为一代经济学大师，弗里德曼也有自己的代表作——《1867～1960年美国货币史》。凡是看过此书的人，先不说赞不赞成里面的观点，至少会被里面浩瀚的数据和作者严谨的治学态度所打动。要知道，收集1867年及以后若干年美国货币数据是相当不容易的，那会儿一没电脑，二没专业的货币统计部门，想要在留存的浩瀚纸质材料中收集数据，需要巨大的体力付出和耐心支持。弗里德曼根据统计数据分析得出，美国人的货币需求对利率的弹性仅为–0.15，就是说利率上涨1%，仅会使人们货币需求减少0.15%。而货币需求对收入的弹性为1～2，收入（永久的）增加1%会使货币需求增加1%～2%。好吧，这只能说明永久收入对货币需求的影响远大于利率，但是并不能说明货币需求是稳定的。别急，弗里德曼知道你会这么说，他在庞大的数据中给你准备好了答案。

直接衡量货币需求是有难度的。但是货币需求有替代数据。在介绍古典主义学派货币数量论的时候，我们谈到过货币流通速度这个概念，并介绍了它的计算方式。根据古典学派以及货币主义学派的模型，货币需求是货币流通速度的倒数，当货币需求函数稳定的时候，货币流通的速度是稳定的。货币流通速度是衡量货币需求稳定性的最好指标。弗里德曼对流通速度做出了实证研究，其结论是，在将近100年的时段上，美国货币流通速度大致以每年1%的速度减慢。具体情况为：1880～1914年货币流通速度从4.97下降到1.91；1914～1929年货币流通速度无明显变动；1929～1946年货币流通速度有所下降；1946年以后开始回升，但仍低于1920年的水平，也低于1914年的水平。弗里德曼认为货币流通速度的趋势是会下降的，因为经济是在增长的，经济增长意味着人们的永久收入会增加，从而导致货币需求增加，但总体波动不会很大。

当然，货币流通速度本身的计算方式也有问题，通常经济学家用货币的倒数来推算货币流通速度（经济总收入-通常为国内生产总值与货币供给量的比率），这就带来一个明显的循环论证问题，即货币供给多了，货币流通速度肯定会降低；货币供给少了，货币流通速度就会提高。那到底是货币流通速度降低，导致货币供给增加了，还是货币供给增加，降低了货币流通速度呢？这个问题我们留到稍后探讨，毕竟在介绍货币学派观点的章节找它的bug，弗里德曼老先生可能会不高兴的。

第四节　谁来决定货币供给

咱们继续顺着弗里德曼的思路，虽然货币需求是稳定的，但是通胀和产出在实际经济中却时常表现的不稳定，有时候甚至给你来一轮“过山车”。这是谁在作怪？别忘了，在经济学里，讨论需求只是硬币的一面，硬币的另一面是供给。凯恩斯不怎么讨论供给，是因为他在关注需求不足引发的经济萧条情况。凯恩斯也承认会有充分就业的“古典情况”存在，只是这种好景通常可遇不可求。在弗里德曼看来，不稳定的因素来自货币供给。

货币供给是由谁决定？政府或中央银行！这个好像大家都知道。问题是中央银行是咋控制的？这里又要名词解释了。首先，要介绍的是基础货币。它还有好几个名字——强力货币、初始货币、高能货币。听这些名字真是牛的不能再牛，简直就是货币中的贵族。没错，它具有使货币供应总量成倍放大或收缩的能力。具体来说就是流通于银行体系之外被社会公众持有的现金与商业银行体系持有的存款准备金（包括法定存款准备金和超额准备金）的总和。

有点吐血的感觉吧？那么，这货币中的贵族就是咱们钱包里的纸币以及硬币吗？是的，不过它们只是其中之一，主要的形式就是存款准备金。貌似基础货币的名词解释还没完，又冒出一个新的名词！不过这个词大家很熟悉，报纸新闻常见——存款准备金。它是指金融机构为保证客户提取存款和资金清算需要而准备的在中央银行的存款，中央银行要求的存款准备金占其存款总额的比例就是存款准备金率。

咱们还是以熟悉的老王来做例子。顿顿萝卜青菜的老王每月能给孩子攒下 100 元。老王存入银行这 100 元，银行是不能全拿去贷款给老李的。因为中央银行规定存款准备金率为 10%，也就是老王存的这 100 元，银行要将其中 10 元存入其在中央银行的账户，剩下的 90 元才能用于贷款。存款准备金开始是为了银行流动资金无法应付客户提款和清算需要时而准备的。比如，银行要是把老王存的 100 元都借给老李了，万一老王的媳妇要买钻戒，老王来取钱，银行总不能说现在没钱改天您再来。现代银行制度下，中央银行充当最后贷款人，可以在挤兑发生时无限量提供货币支持。而现在，存款准备金已成为一个重量级的货币调控手段。

接下来，我们介绍一下中央银行是如何控制货币供给的。看看下面的银行会计分录。假设张三存了 1000 元到 A 银行，A 银行分录为（表 4–1）：

表4–1 第一阶段

银行A	
借	贷
现金 1000元	活期存款 1000元

银行经理把 900 元借给了李四，剩下的 100 元应付张三的不时之需。李四借到 900 元后，作为工资给了王五，王五把这钱又存到了 A 银行，银行分录为（表 4–2）：

表4–2 第二阶段

银行A	
借	贷
借贷给李四 900元	王五活期存款 900元

此时银行的资产负债表为（表 4–3）：

表4-3　第三阶段

银行A	
资产	负债
现金　1000	活期存款1900
借贷　900	
总资产　1900	总负债1900

现在货币存量不是原来的 1000 元，而是 1900 元。这份资产负债表清楚地显示，银行在放出 900 元贷款的那一刻，同时也无中生有地创造了 900 元存款，与最初的 1000 元相比，这 900 元存款就是派生存款。这一过程继续，银行拿着 900 元中的 810 元（留存存款总额的 10%）去放贷，如此循环往复（表 4-4）：

表4-4　第*N*阶段

银行A	
借	贷
借贷　810元	王五活期存款　1900
借贷　729元	存款　729元
借贷　656元	存款　656元
借贷　590元	存款　590元
借贷　531元	存款　531元
借贷　478元	存款　478元
借贷　430元	存款　430元
借贷　387元	存款　387元
借贷　348元	存款　348元
…	…
…	…

最后的银行资产负债表为（表 4-5）：

表4-5　最终扩张的货币

<table>
<tr><th colspan="2">银行A</th></tr>
<tr><td>资产</td><td>负债</td></tr>
<tr><td>现金　1000</td><td rowspan="2">活期存款10000</td></tr>
<tr><td>借贷　9000</td></tr>
<tr><td>总资产　10000</td><td>总负债10000</td></tr>
</table>

市场的存量货币是 10000 元，银行无中生有地创造了 9000 元货币，货币供给总量翻了 10 倍。

当然以上是一个简化的模型，假设市场上只有一家银行，贷给张三、李四的钱都要存回 A 银行。不过，即使是有多家银行，张三贷了款会把钱存入 B 银行，对于整个银行系统的货币扩张也是和只有 A 银行一家一样的。只是在有多家银行的市场上，每家银行的货币派生能力就不一样了。公式如下：

$$派生存款=最初存款\times\frac{1-C}{1+K\times（C-1）}$$

C 为存款准备金率，K 为该银行贷出款后，该笔贷款作为存款留在该银行的比例。K 取决于银行市场的占有率。比如 A 银行贷款给张三 100 元，张三把 100 元作为货款转给了李四，恰巧李四也是在 A 银行开户的，这 100 元就是李四在 A 银行的存款。这 100 元左右还是 A 银行的存款，不过是从张三的户头到了李四的户头。

对于单个银行是存在市场占有率的，而对于整个银行业就不存在市场占有率的问题。因此，整个货币供给取决于初始存款和存款准备金率。以上就是目前经济学教科书的内容。

不过这里有个问题，张三那笔初始存款哪来的？别和我说是隔壁老王付给他的，或者是银行拿老王的存款贷给他的，因为我又会问你，老王的钱是哪来的？这样就陷入了一种无限循环。好吧，这么绕的问题我们还是放到以后再说。

为了不绕，咱们换个版本，这初始的钱不是张三存的，而是银行从中央银行借来的。至于央行的钱哪来，自己印就是了，在电子化的情况下甚至连印都不用。根据图4–3，从中央银行借入的这500万元就是基础货币，按照上面分析，其派生出的货币为：

$$派生货币=基础货币\times(1-C/C)$$

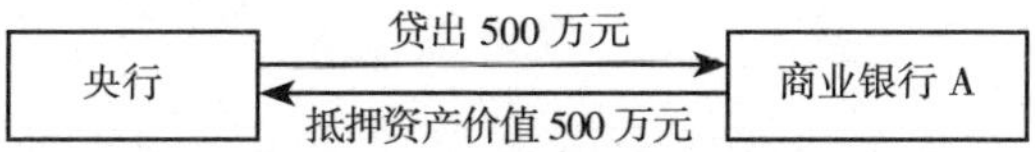

图4–3　中央银行资产买入

当然，这个公式还有一个前提就是大家把钱存入银行，如果大家都将现金藏在床底下或挖坑埋了，银行没有储户存款自然无法贷款。由此可以看出，货币供给取决于三个因素：基础货币量、存款准备金率以及现金持有比率。

那么，三个因素哪个因素最重要呢。现金持有比率受个人的偏好、支付习惯等影响，这个一般不会变化；存款准备金率主要取决于超额准备金，也就是超出政府法定存款准备金要求的那一部分，这取决于商业银行的行为。比如，政府的法定存款准备金率为 10%，老王存了 100 元，银行只需要缴纳 10 元的法定存款准备金，剩余的 90 元可以用于贷款。但是，如果经济不景气，银行不敢贷那么多钱出去，勉强贷出 80 元，剩下的 10 元也存入在中央银行的存款准备金账户，因为存在那里是有利息的，尽管不多。此时银行的准备金率就是 20%，那剩下的影响因素就是基础货币量。弗里德曼通过研究 1881 ～ 1960 年货币供应量变动情况后发现，货币供应量的变化有 86% 是由基础货币的变化引起的，而准备金率和现金持有量的影响仅占 9% 和 3%。

货币供应的变化如何影响产出、就业、物价等实际变量的呢？当货币供给增加的时候，人们持有的货币相对其他资产就会变多，超出了货币需求。大家就会将手中的货币转化为金融资产，这样就会提高债券、股票等金融资产的价格，降低利率。利率降下来就会刺激投资增加产出。但是随着投资增加，信贷的需求也会增加，其结果就是利率上涨和产出的减少，商品供应随之减少，物价上升。物价上升过程直到多出的货币被上涨的物价完全吸收为止。此时，产出和就业没有变化，只有物价和名义利率（实际利率 + 通货膨胀）是上涨。

由此可以看出，以弗里德曼为代表的货币主义学派得出的结论与古典学派货币数量说的结论基本一致。货币主义学派认为持续的高通胀恰恰是因为政府实行了凯恩斯主义的有效需求理论，采用扩张性货币政策的结果。尽管增加货币供应的初期会出现产出增加、失业减少的效果，但是那只是一种假象，经济很快就会进入滞涨，因此，政府又再次增加货币供应，带来新一轮的物价上涨。弗里德曼非常生动地将这种行为比作酗酒。刚开始喝酒的时候，你会感觉痛快兴奋，但是第二天醒来时候，宿醉所带来的头痛、恶心就会发作，这时候忍不住以酒解酒，进一步加深酒精中毒。归结为一句话就是本章标题——通胀在任何时间任何地点都是货币现象。

当然，好的理论是要能够经受历史的检验。理论分析得再好，经不住现实的检验也是白搭。作为 20 世纪影响最大的经济事件，大萧条是每一位研究经济学的人都绕不过的课题。正确解释大萧条也被视为经济学里的“圣杯”。凯恩斯主义将大萧条的原因归结为有效需求不足。那么，货币主义又该如何解释大萧条的原因呢？凯恩斯主义认为大萧条期间利率非常低，足以证明当时货币政策是宽松的，企业在如此之低的利率水平上不愿意投资，完全是出于对未来的悲观预期导致。弗里德曼在其代表著作《1867 ～ 1960 年美国货币史》中对大萧条时期美国的货币做了分析，进而否认凯恩斯的解释。他认为在大萧条期间，由于银行大量倒闭，引起了美国历史上最为严重的货币收缩。尽管从名义利率看，国债利率降低到 1%，但是由于当时是通货紧缩，物价螺旋式下跌，实际利率要远高于 1%。假设当时的通货紧缩是 10%，那么 1% 的名义利率相当于 11% 的实际利率。其次，即使是 1% 的名义利率也仅限于国债这样的高等级债券，而低等级债券的利率达到了历史新高。因此从这两方面看，利率不是降低而是上升了。

更重要的是，大萧条期间，大规模的银行倒闭潮和人们对银行信心的丧失导致货币供给急剧收缩。在 1930 年 11 月，有 256 家拥有 1.8 亿美元以上（那时候的美元还是很值钱的）存款的银行倒闭。如果你觉得这个数字很夸张，那么看了 30 天后的情景，你会觉得 11 月的情况不算啥。因为到 12 月，拥有 3.7 亿美元以上存款的银行又倒闭了 532 家。从 1929 年到 1933 年的四年多时间里，有近一万家银行倒闭。一方面，储户只能从倒闭的银行取回部分存款；另一方面，对于银行倒闭的恐慌使得储户将银行存款取出以现金形式持有。剩下那些没有倒闭的“幸运儿”，为了应付储户的取款在准备金账户上也保留了大量超额准备金，这一系列的连锁反应导致当时货币供给急剧收缩。而美联储不但没有投放货币，降低银行从联储借钱的利率，反而提高了银行借钱的利率（贴现率）。这无疑使本已收缩的货币供给雪上加霜。同期，货币供给减少了 1/3，而这“便是灾难的开端”。

第五节　政府与民众的博弈

对于凯恩斯主义的批判并没有止于弗里德曼的货币理论。在货币主义学派的基础上，货币理论界进一步发展了通胀与货币关系的理论。该理论的特点就是将人们的预期加入经济分析中，并且逐步发展出一个新的学派——新古典学派。然而本书没有将这个学派单独介绍，而是和货币学派一起介绍。这是因为该学派的开创者和核心人物小罗伯特·卢卡斯认为，自己是“20 世纪 60 年代作为货币主义者成长起来的”，并且弗里德曼对他“一直有着巨大的影响”，直至 20 世纪 90 年代，卢卡斯在接受媒体采访的时候仍然认为自己是一个“货币主义者”。

卢卡斯 1937 年生于美国华盛顿州，1959 年于芝加哥大学得到历史学学士学位，1964 年仍于芝加哥大学得到经济学博士，1970 年他在卡内基—梅隆大学得到教授职位，1974 年加入芝加哥大学任教。可以看出，卢卡斯大部分的时间都是在货币主义学派大本营芝加哥大学度过的。而他对货币理论的贡献，最让人所熟知的就是以其名字命名的“卢卡斯批判”。

毫无疑问，“卢卡斯批判”所批判的对象就是凯恩斯主义。他批判了凯恩斯主义企图把市场经济当作一架机器来调节的宏观经济政策。凯恩斯主义有一个隐含的假设，即人们并不会预期到政府扩张性的货币政策会导致未来通胀。人们对未来通胀的预期，是根据对过去通货膨胀率的观察而确定的。事实上，人们总是会去搜集信息，并根据这些信息去评估未来，进而采取对于自己最优的策略。因此，人们会评估政府政策的影响，并依据评估结果“趋利避害”；同样，政府也会评估人们对政策的反应才采取下一步策略。任何政策都会引发政府与民众之间的博奕。

不过，这个理性预期不是科幻电影里巫师手中的水晶球那般全知全能，而是根据前期的预期错误不断调整自己的预期。就像咱们打小就熟知的“狼来了”的故事，其实就是一句话“你可以骗我一时，但你不能骗我一辈子”。比如，对于理性的人来说，完全可以通过获取货币增长率信息来预期未来的通胀率。如果政府按照早期菲利普斯曲线所显示的那样，希望通过拉高通胀来降低失业率，譬如将通胀水平从现在 2% 提高到 4%，人们通过收集货币供应信息，是能充分预期到政府这一扩张性政策的结果的，因此会在和老板的工资谈判中要求将工资提高 4%，老板也会将商品价格提高 4%，从而导致扩张性货币政策完全无效，且会带来通货膨胀的恶果。凯恩斯主义把私人部门当成被动的“机器”来控制的政策假设已经错误了。

由此可见，卢卡斯的理性预期理论比货币主义理论更加激进。货币主义学派认为扩张性的货币政策在初始阶段是会导致产出增加和失业减少的。只是随着通胀上升，政策效果将逐渐消失。而理性预期理论认为扩张性的货币政策连初期的那点“假象”都没有，完全无效。

那么，卢卡斯如何解释20世纪50～60年代凯恩斯主义政策大获成功呢？我国经济学家汪丁丁用了一个形象的例子来解释卢卡斯对这一问题的回答。假如你在美国通过越洋电话，用英语指示你在中国香港的股票经纪人买卖股票，并且你知道你的电话听不大清楚。你打算买卖两种股票，它们在股票市场上的计算机号码分别是15（跌的时候买进）和50（跌的时候卖出）。这时候你听到经纪人说，代号15的股票突然下跌，你会做如下两种设想。第一，实际上经纪人说的是代号50的股票跌了；第二，他说的确实是15号跌了。你会怎样评估呢？首先，估计一下到底你听错的可能性是多大。其次，如果错的可能性不大，你计算买进该号股票的数量，尽量使可能赚到的钱超过可能因为听错而亏损的钱。最后，如果你认为这电话听错的可能性相当大（接近50%），你可以选择啥也不做，等候你的经纪人第二次来电话。经过多次通话，你总可以认定正确信息。

卢卡斯觉得，凯恩斯政策如果短期内有效，那就是因为市场中存在大量“接电话”的噪声使个体听不清信号。当大多数个体因为听不清信号而放弃行动时，政府的扩张性货币政策就可以取得效果。但是上面说了，人们是会根据此前的经验逐步修正自己的预期。到了20世纪70年代，扩张性的货币不灵光恰恰是因为人们根据此前的政策效果形成了正确的预期。套用“狼来了”的故事就是，50、60年代是头两次喊狼来了，而到了70年代就是第三次喊狼来了。政策要有效果必须是超出人们理性预期的“突然袭击”，但是骗人是个技术活，一次有效可能带来此后无效的恶果，还是回到那句话“你可以骗我一时，但你不能骗我一辈子”。

凯恩斯主义无法解释“滞涨”的现象，货币主义又是如何解释的呢？弗里德曼提出了自然失业率的概念来解释滞涨。自然失业率是指在没有货币因素干扰的情况下，让劳动市场和商品市场的自发供求力量起作用时的失业率。也可以说与零通胀率和稳定通货膨胀预期相适应的失业率。在弗里德曼看来这是一个固定不变的概念，它取决于一些长期稳定的因素，比如人口、商品市场的结构性特征，社会风尚和社会制度等。

对于美国20世纪60年代自然失业率的上升，弗里德曼认为主要是有两个原因造成的：第一个原因是妇女和年轻人在劳动人口中的比例不断提高（特别是第二次世界大战和朝鲜战争结束后大量退伍军人进入就业市场），这些人不再像老一辈人一样安于在一个公司长期工作，而是会频繁跳槽，这增加了摩擦性失业。第二个原因就是西方国家普遍建立起来的高福利政策，降低了人们找工作的压力。人们可以为了找一份理想或者满意的工作而长期等待，有的人甚至退出劳动力市场依靠失业保障生活。可以看出，在对待失业的看法上，货币主义学派和古典主义学派相同，他们都认为资本主义具有内在的稳定性，应该相信市场自发的力量，而不需要政府干预。

第六节　治疗通胀的药方

对于治理通货膨胀，货币主义认为有且只有一个方法，那就是扭紧货币的“水龙头”。当然，话说起来容易，做起来难。在习惯了长期货币宽松和高通胀后，骤然关闭货币供应的闸门是痛苦的。这会导致经济萧条和失业增加，而在依靠选票上台的西方，这已经不是一个经济问题而是一个政治问题。但是在货币主义观点看来这是值得的，正如中国那句老话“长痛不如短痛”。尽管短痛不能避免，但是也有办法减轻痛苦的程度。

减轻痛苦的办法关键在于使民众相信政府治理通货膨胀的决心。按照卢卡斯理性预期的理论，就是要改变人们的预期。最理想的情景当然是民众完全相信政府的话。比如，现在的通胀率是每年10%，民众也是按照这个预期跟雇主签订劳动合同的——每年工资涨10%。现在政府说要把通胀降到 2%，如果大家都相信政府的话，将工资和商品都按照这个通胀率来定价，那么政府既能治理通货膨胀又不会导致经济衰退，太好了。如果这么简单，那么人人都可以做中央银行行长了。

现实是很骨感的。这是一个博弈的过程，民众凭啥相信政府的话。那么多年都是靠滚滚货币洪流过来的，你现在说要降下来，可信度我要打个问号。而且，就算我相信你的话，又会引发新的博弈。因为，民众的通胀预期降下来了，这就创造了超发货币拉动经济的条件。比如，我现在通胀预期是 2%，工资和商品价格都是基于这个预期确定的。这时候政府会不会觉得给大家来个“出其不意”，增发货币把通胀弄成 5%，就可以拉动经济降低失业。说到底，政府是完全有动机造这个“出其不意”的。比如，某个时间段恰逢大选，总统急着连任呢，显然繁荣的经济和低失业率比任何竞选广告都有用，至于通胀，等选上再说吧。

因此，为了在民众心中建立可信的承诺，弗里德曼认为，首先必须给予中央银行独立性，使其不受到政治的影响，专注于货币政策。此后，许多国家相继赋予中央银行更多的自主决定权力。这其中最典型的就是美联储。1913 年的联邦储备法明确规定，美联储有权力独立制定和执行货币政策，总统未经国会授权不能对美联储发布指令，美联储也没有为联邦政府提供融资的义务。联储主席只对国会负责，不对总统负责。美联储主席由总统提名，但国会批准才能任命。各国经验也表明，中央银行独立性强的国家，发生通货膨胀率的次数要明显少于中央银行独立性弱的国家。但是，即使是像美联储这样的独立性较强的中央银行也难免会受到政治的影响。有美国学者研究发现，每当进入大选年，美联储的货币政策就总是偏宽松。

其次，弗里德曼认为要建立单一的货币规则。所谓单一规则的货币政策有两层含义，第一层含义是忽略利息率、信贷流量、准备金等因素，而以货币供应量作为货币政策的唯一支配因素及唯一控制指标。1939 年后，美国进入战时体系，联储的目标基本只有一个——压低利率为财政部低成本融资创造条件，这一时期美联储的货币政策的中介目标就是联邦基金利率。到了20世纪60年代末期，滞涨出现后，高通胀率使名义利率和实际利率之间出现严重背离，联邦基金利率作为货币中介目标几乎失效。比如，高通胀带来高名义利率，联储为了降低利率（高利率对经济是严重打击）就不得不投放货币，这又进一步推高通胀，高通胀又推高利率，利率的调控方式进入一个死“胡同”。由于货币主义学派认为造成持续通胀的原因就是货币投放过多，因此货币政策的目标就是盯住货币供应，也就是我们在新闻上常看到的M1、M2、M3等指标。中央银行应该将货币增长指标设定为GDP增长率+通货膨胀率。比如，GDP增长率是3%，设定的通货膨胀率为2%，那么中央银行的货币供应就应该设定为5%。

第二层含义就是反对凯恩斯主义的相机行事的货币政策，而主张以既定的数量规则来防止货币政策的摇摆性。弗里德曼认为货币政策是有时滞的。一方面，货币当局的决策者不是全知全能的，其对当前经济形势的判断需要时间，这被称为认识时滞。很可能当央行行长认识到经济乏力的时候，经济已经准备触底反弹了。另一方面，从采取行动到产生效果是需要时间的。就如病人服药一样，不是一服下药就立马药到病除、生龙活虎的。弗里德曼经过大量的实证研究发现，货币增长的变化需要6～9个月才会引起名义收入的变化，而需要12～18个月才会引起物价的变化，这被称为外部时滞。认识时滞和外部时滞加一起的时间并不短。当货币政策产生效果的时候，经济形势可能与当初采取行动时候的经济形势完全相反。当初为了对抗经济衰退的扩张性货币政策，等政策效果开始显现的时候，经济或许已经触底反弹，扩张性货币政策的效果无疑是给现在已经繁荣的经济“火上浇油”。因此，在弗里德曼看来，凯恩斯主义“相机抉择”的宏观政策是在“帮倒忙”，是扰乱经济的重要因素。为此，弗里德曼认为中央银行需要做好两件事：第一，公开宣布一个货币增长率，稳定大家的心理预期；第二，贵在坚持，以不变应万变，从而防止类似凯恩斯主义那样的“相机抉择”货币政策来扰乱经济。用弗里德曼的话说：“我相信以固定的法则，以一项固定的货币数量增长率来执行货币政策，其结果将会更好。”

第七节 长痛不如短痛

不过，迈出第一步总是困难的，毕竟痛苦可以减轻，但不会没有。玩了那么多年的“相机抉择”，突然说我要“金盆洗手”，嘴上说不行，只有行动才有说服力。而面对经济衰退仍然毫不动摇的坚决反通胀无疑是最有说服力的行动。用美国经济学家K·波尔的话说：“为了证明中央银行是严肃的，衰退可能是必须的”。

由于面对“滞涨”毫无办法，凯恩斯主义逐渐被西方国家所抛弃。而货币主义学派则成为了座上宾。其中，最具有代表性的就是英美两国。由于长期的“滞涨”，民众对政府的不满，经济危机逐渐变成了政治危机。1979年，时年59岁的“铁娘子”撒切尔夫人当选为英国新一任首相。她一走马上任就开始“货币主义实验”，将银行存款准备金率提到10%，贷款利率提高到17%，实际利率保持在0以上。出手很果断，但后果很严重！本来就已停滞的经济瞬间进入严重衰退。1981年3月30日，英国364位经济学家在《泰晤士报》联合发表声明，强烈反对“铁娘子”的经济政策。“铁娘子”名不虚传，顶住压力，随你唾沫横飞，我自岿然不动。坚持终于获得回报，1981年后英国通胀回落，经济开始复苏。

在美国，几乎与撒切尔夫人同时上任的里根总统也面临同样的问题。里根总统邀请弗里德曼参与其经济政策的制定，这一行为本身就说明了里根的态度。而在这一时期，不得不谈一个人，他就是当时美联储的掌舵人保罗·沃克尔。2019年12月9日，保罗·沃克尔逝世，这一消息被各大财经媒体刷屏。大家对他的评价可以归结为一句话：美联储历史上最伟大的主席之一、金融“巨人”。在中央银行家备受质疑的今天，能得到这样的评价的人，恐怕为数不多。沃克尔之所以被称作“巨人”，并不仅仅因为他身高超过 2 米，更因为此人在任时大胆采取措施，不畏压力，成功击退了美国 20 世纪 70 年代到 80 年代初的高通胀，为后来的经济繁荣奠定了基础。

其实在沃克尔之前，美联储不是没有尝试紧缩货币政策，降低通胀，但由于失业率高居不下的代价实在高昂，紧缩的货币政策不得不半途而废。到 1980 年 3 月时，美国的通胀水平已升至 14.8%。在 1979 年联邦市场公开委员会的一次会议上，沃克尔认为“对未来的经济稳定性，（通胀）可能是最大的问题，并带来最严重的经济萧条”。沃克尔领导的美联储开始着手逐步提高联邦基金利率，其重点是提高准备金率来限制货币供应量增长。同时，宣布美联储不再投票决定基准利率，而是直接制定货币供应量目标。基于这一政策，到 1981 年 7 月，美国联邦基金利率升至创纪录的 22.36%（减少货币供应的结果），如此高的利率对经济的打击可想而知。沃克尔面对的不只是唾沫横飞。压力来自各行各业，有农民开着拖拉机到美联储总部抗议；有汽车经销商把卖不出去的汽车钥匙放进棺材里寄给美联储；有建筑工人给沃克尔寄来宽四寸厚二尺的木板，上面写着“降息、拯救工作、利率太高”等词语。新闻媒体也谴责他和美联储是“冷血谋杀犯，扼杀了数以百万计的小企业和失业者”。谴责的声音不仅仅来自民间，政届的大人物们也发出了批评的声音。众议院多数党领袖小詹姆斯·赖特强烈要求沃尔克辞职，称后者不明白高利率对经济的影响。连当时的美国财政部长也在接受《纽约时报》采访时，直接批评美联储的立场。但沃克尔并没有屈服，随后公开回应称，美联储没有扩大货币供给的计划，现在增加货币供应量只会让经济情势雪上加霜。

沃克尔的坚持获得了成效。1982 年初，美国通胀率降至 6.1%。到 1983 年，沃克尔第一个任期结束时，通胀率已经回落至 3% 上下。沃克尔回顾这段历史时说：“中央银行最容易做的事莫过于宽松的货币政策，这既可让企业和金融市场高兴，又可取悦于华盛顿政客，减少短期痛苦，皆大欢喜。但是，最迎合公众口味的未必是最明智的政策，其实中央银行最应当做的是，短期可能让一些人不太开心、但中长期却真正惠及大多数人的事情，即维持币值的稳定。”

沃克尔不仅在担任联储主席期间作出了巨大贡献，即使是在离开联储后依旧对美国的经济政策发挥着重要影响力。2010 年 1 月 21 日，为应对金融危机中所暴露出来的美国金融业的风险漏洞，时任美国总统奥巴马宣布将对美国银行业做重大改革，时年 82 岁的沃克尔的提议被采纳，因此其方案被称为“沃克尔法则”。该法则核心是禁止银行从事自营性质的投资业务，以及禁止银行拥有、投资或发起对冲基金和私募基金。非常可惜的是，特朗普政府上台后，主张放松对大型金融机构的限制，对“沃克尔法则”进行了大幅修改。

至 20 世纪 80 年代，西方主要资本主义国家均采用货币主义学派的主张制定货币政策。加拿大、英国、日本、原联邦德国和瑞士均实行以货币总量为中介目标的货币政策。不过，这些国家并没有教条地按照弗里德曼所说的严格遵守固定的货币增长规则。而新西兰、澳大利亚、以色列、智利和巴西则实行以通货膨胀为指标的货币政策。这些国家在制度上（立法）承诺物价稳定是货币政策的首要任务和长期目标，通过向公众和市场传递货币政策制定者的计划和目标，来提高货币政策的透明度，以赢得民众对中央银行承诺的信任。

第八节　从未停止的质疑

货币主义和理性预期理论在降低通胀的实践中取得了成功。弗里德曼和卢卡斯以各自对经济理论的贡献分别于 1976 年和 1995 年获得诺贝尔经济学奖。然而，任何理论都不是无懈可击的。

卢卡斯的理性预期理论一提出就受到了广泛的质疑。首先，理性预期理论之所以认为人们的预期是理性的，是因为人们会收集信息，对未来做出评估。然而，信息的收集是需要成本的，对未来的评估也需要一定的专业知识。现实中，大多数人不会去收集各种市场数据或仔细研读货币政策报告，大家对经济的了解主要是通过媒体，然而媒体的报道难说理性，经常为了博眼球而歪曲事实，媒体报道甚至在某种程度上是非理性的代表。

其次，每一个历史事件都是独特的，而不是简单对过去重复，人们是无法对未来的风险状态和不确定性进行充分预估的。以隔壁老王炒股为例。老王看到老李炒股炒出了一台法拉利，心痒难耐，于是也带着省吃俭用存下来的钱进入了股市。在卢卡斯看来，作为一个理性人，老王对他所买的股票未来涨跌的概率应该是一清二楚的。老王看中了“老李控股”这只股票，他应该清楚，这只股票未来只有四种状态，赚20%，可能性20%；赚10%，可能性30%；亏损10%，可能性30%；亏损20%，可能性20%。在准确了解这一信息的基础上，老王应该理性决定买与不买。然而在现实中，人们是不可能这么清晰地了解未来盈亏金额及其可能的分布。对于未来，唯一确定的就是不确定本身。

英国央行在2003年对英国民众做了一个“通货膨胀调查”，发现了一个有趣结果：第一，不同民众和团体对通货膨胀有着不同的预期；第二，年轻人比老年人对通货膨胀预期要低；第三，有抵押贷款的人比出租房屋的人对通货膨胀预期要低；第四，英国南部的居民比英国北部的居民对通货膨胀预期高；第五，民众一生通货膨胀的经验，影响了其对通货膨胀的预期。

其中第五点在德国人身上体现的最为明显。由于德国人经历了魏玛政府时期恶性通胀的痛苦经历，因此直到现在德国人对于通货膨胀都有着根深蒂固的憎恶。纵观1945年后的货币史，德国无疑是控制通胀最成功的国家之一，这不得不说和他们过去的经历有关。

从英国央行的这份调查来看，如果说年轻人是理性的，老人就是不理性的；如果说英国南部的居民是理性的，那么英国北部居民就是不理性的；如果说有抵押贷款人是理性的，那么出租房屋的人就是不理性的。不管怎么说，总有一部分人是不理性的，这显然与卢卡斯理性预期的结论不相符合。其实，即使是面对同样的信息，不同的人也会有不同的解读，因为每个人的判断都会受到过去经历、个人信念以及现在所处环境的影响。我国学者李新荣等人研究政府信任和居民通胀预期关系时发现，在经济形势平稳时，居民的政府信任程度对其预期的未来通胀水平没有显著影响；在经济形势较好时，居民较高的政府信任程度会导致其预期的未来通胀水平较低，即这种影响显著为负；在经济形势较差时，这种影响显著为正。不同条件下，同一人群的预期也是动态变化的。

所谓“理性预期”的理性是这一概念的“修辞”武器。有经济学家形象地指出，“理性预期最聪明的特征之一是对理性一词的过度使用。这一方法的反对者被迫退到防御的位置，要么是非理性的，要么把其他人塑造成非理性的，这两个位置对经济学家来说都是不舒服的”。理性预期最重要的贡献，在于其后面两个字“预期”。预测塑造了我们感知、理解这个世界的方式，这是人的一种本能。现代神经学已经证明，大脑从外部世界获取信息并将其存储起来，然后将现在正在发生的事情与记忆中存储的模式进行比较，以此为基础进行预测。大多数情况下这种预测是在不自觉的情况下发生的，这些预测就是我们的思想，与感觉输入信息结合后构成了我们的知觉。显然预测的本能也会在经济活动中体现，我国学者陈彦斌研究发现，在需求拉动、成本推动、通胀惯性和通胀预期四个诱发通胀的因素中，通胀预期对当前通胀的影响最显著。

对于货币主义学派的结论，同样也有争议。货币主义学派一个重要理论依据就是货币需求是稳定的，进而推出货币的流通速度也是稳定的，两者是一体的。实证检验却发现事实并非如此。美国学者在分析 1915 年至 2002 年间货币流通速度时发现，各年间货币流通速度增长率的差异很大。例如，1981 ～ 1982 年 M1 流通速度变化的百分比为 –2.5%，而 1980 ～ 1981 年 M1 流通速度变化的百分比为 4.2%，而且在 1982 年以后 M1 流通速度更加不稳定。后来，美联储放弃 M1 作为货币中介目标，转而以更加稳定的 M2 来替代。但是，到了上世纪 90 年代初期，M2 的货币流通速度也开始不稳定了，美联储不得不放弃以货币总量为目标的调控政策，转而使用政策利率。这显然是与货币主义学派理论相矛盾的。

我国学者测算了从 2000 ～ 2012 年不同口径的货币流通速度。研究发现，20 世纪 90 年代之后，中国的货币流通速度没有持续大幅下降，而是呈现出一种先降后升的趋势，特别是 2006 年后货币真实流通速度平稳上升。

在货币供给方面，货币主义学派认为中央银行是可以完全控制货币供应的。然而悲催的是，从现实来看，货币主义学派显然高估了中央银行的能力。从上面的货币供应的形成机制看，存款准备金率构成货币创造的乘数效应，但是这个乘数的前提是没有超额准备金，超额准备金越多乘数效应就越小。因此，货币的乘数效应取决于银行本身的行为。

也就是说，当经济不景气时，一方面，企业不愿意扩大生产，对贷款需求不足；另一方面，银行担心贷款放出去收不回来，也会主动收缩贷款规模，中央银行投放的大量货币又被银行存回准备金账户上了，于是，超额准备金增加。金融危机后，西方国家普遍出现了高货币低通胀的奇怪现象，其中一个重要原因就是超额准备金过高。金融危机后，为了把美国拉出衰退的泥潭，美联储前所未有地实施了量化宽松政策，美联储资产负债表规模已从 2007 年的 0.9 万亿美元大幅扩张至 2017 年 10 月的近 4.5 万亿美元，约是危机前的 5 倍。人们不禁要问：这些钱去哪儿了呢？

美国存款类金融机构准备金余额从 2007 年底的 110 亿美元，大幅扩增至 2017 年 10 月的 2.3 万亿美元，增幅达 190 倍。2007 年初，美国存款类机构超额准备金仅 17 亿美元，而截至 2017 年 10 月，这一数值约为 2.1 万亿美元，增幅达 1234 倍。美联储货币乘数从 2007 年的 9.0 大幅降至 2017 年 9 月的 3.5，虽然基础货币从 2007 年的 0.8 万亿美元提升至 2017 年 9 月的 3.9 万亿美元，但总体来看，M2 年均增速仅为 6.3%。美联储扩表注入的流动性并没有大量转化为信贷和证券类资产流入实体经济和市场，而是又回到金融机构在美联储的准备金账户上了。显然，中央银行在调控货币供应方面，也有很多无奈的时候。

最后，随着金融创新的发展，M1、M2、M3 等作为衡量货币数量的指标失真。货币（M0）= 流通中的现金，即流通于银行体系之外的现金；狭义货币（M1）=（M0）+ 单位活期存款；广义货币（M2）=M1+ 准货币（单位定期存款 + 居民储蓄存款 + 其他存款 + 证券公司客户保证金 + 住房公积金中心存款 + 非存款类金融机构在存款类金融机构的存款）；M3=M2+ 其他短期流动资产（如国库券、银行承兑汇票、商业票据等）。随着影子银行以及各种流动性好（可以快速赎回）的理财产品的出现，存款已经不是居民持有财富的唯一形式。

这一点在我国特别明显，由于存在利率管制，存款利率长期处于较低水平，而人们对于高收益、能快速变现的理财产品又有比较强的需求。以某某宝为代表的互联网 + 货币基金大受欢迎，很多年轻人不再去银行存款，而是将钱买入这些货币基金。其次，是银行销售的各类理财产品也有很大的吸引力，而理财产品的钱大多流向了影子银行。在我国，影子银行更像是银行的影子，它与银行（理财产品）的结合同样能如银行创造货币，这一点在以后的章节会详细分析。最后是股票市场，每当股市牛气冲天的时候，人们的存款就会通过直接参与股市二级市场和打新股、间接申购基金、理财产品等方式进入股市。从以上几个因素看，通过 M1、M2 来衡量货币数量肯定不够全面。

两位 20 世纪最伟大的经济学家——凯恩斯和弗里德曼关于货币理论

的差异，可以归结为货币供给到底是内生的还是外生的。显然，在弗里德曼看来，货币供给是由中央银行控制的，是一个外生的变量。恰恰是中央银行在控制货币供应的“拙劣表现”扰乱了经济，所以才需要约束中央银行，将货币增长稳定在一个固定水平上。

在凯恩斯看来，货币供应是内生的，并不是中央银行掌上的“孙悟空”。在其早期的著作《货币论》中，凯恩斯写到“对整个银行体系来说，主动权操在存款人手中，银行家所放出的款项不能超过存款者事先托付给他们的款项。”在凯恩斯看来，存款决定贷款，而存款取决于社会公众，因此贷款不是中央银行或者银行体系所能自主决定的。凯恩斯也同样认为，准备金的多少取决于银行自身，他在书中谈道，“会员银行本身也可能有一些权力(也许有一定限度)，可以随意增加其中央银行存款量，或增加其从中央银行钞票发行部门所取得的钞票量”。关于货币和通胀的关系，凯恩斯认为，物价上涨才迫使货币供应增加，物价上涨是因，货币供应增加是果。用凯恩斯的话来说：“由于报酬率增长而引起的物价上涨，比利润上升所引起的相等上涨，需要更大量的银行货币来维持。”

而从整个宏观理论看，凯恩斯认为资本主义是内在不稳定的，人们受“动物精神”的影响，会改变投资行为，进而导致需求变动，总需求不足是会经常出现的。再加上工资刚性和价格黏性，市场所生产的东西是无法全部卖出的，依靠市场的力量也无法避免经济萧条，即所谓“市场失灵”。这个时候需要政府干预经济，以使经济恢复平衡。

以弗里德曼为代表的货币主义学派认为，资本主义是内在稳定的，由于价格和工资是灵活变动的，在市场力量下，任何偏离自然失业状态的经济状态都会很快被市场纠正。通货膨胀、经济波动完全是政府干预市场的结果。正如里根总统在其就职演讲中所说的“政府不能解决问题，它本身就是问题”。

关于政府和市场边界的争论贯穿着经济学的发展，直到现在都没有定论!

第五章

凯恩斯主义的复活

第一节 当经济学邂逅心理学

2002年斯德哥尔摩当地时间10月8日15时30分，瑞典皇家科学院宣布，美国普林斯顿大学心理学家丹尼尔·卡尼曼教授获得2002年诺贝尔经济学奖。诺贝尔经济学奖无疑是经济学界的最高荣誉。然而，这一经济学的最高荣誉授予的不是经济学家而是心理学家。你一定会奇怪，是经济学界没人了吗？敢问经济家们心理阴影有多大。其实，绝大多数的经济学家对皇家科学院的这一决定心服口服。作为一名心理学家，卡尼曼教授的研究的确对经济学理论发展作出了重大贡献。

英国女王伊丽莎白在2008年访问伦敦政治经济学院时提出了一个问题："为什么没有人预测到金融危机的到来？"这个问题值得反思。两位诺贝尔经济学奖的获得者克鲁格曼、斯蒂格利茨先后一针见血地对西方主流经济学界提出批评。克鲁格曼指出："过去三十年宏观经济学的大部分工作，向好的方面说，是无用的，向坏的方面说，是有害的。"斯蒂格利茨评论道："所有最重要的科学理论检验都表明，标准的宏观经济模型是失败的，这些模型并没有预测到金融危机会发生，而当危机真的发生时，它们低估了危机的影响。"

为什么一众经济学大腕会对主流经济学如此批判（确实有点言过其实）？其实自从古典经济学创立以来，对其批评声就从没停止过。特别是现代以来，宏观经济学过分聚焦于市场价格，越来越抽象和脱离实际，一些学者过度使用数理模型，为了方便模型求解，设立了一大推脱离实际的假设，为模型而“模型”，使“现代经济学越来越像智力游戏，与人们认识现实世界的目的越来越远”。

新古典个人主义方法论的特点，就是把对经济现象的解释建立在个人偏好公理、个人利益最大化和市场均衡的基础上，其中市场均衡是新古典经济学唯一的整体主义假设，不考虑制度、习俗、本能等。比如，现在的微观经济学教科书认为对于一个理性人来说，如果西瓜和香蕉比，他更喜欢西瓜；香蕉和苹果比，他更喜欢香蕉；自然而然推出的结论就是，相比苹果，理性人无疑是更喜欢西瓜。然而现实的“人”是这样的吗？恐怕对于口味的选择不能这么简单排序。如果有人说他更喜欢苹果，你也不会认为他是疯子。但是，在古典理论中，这个人一定是“不理性”的，而“不理性”的人是不会存在的。

然而，卡尼曼从心理学角度研究发现，人是会“不理性”的，而且“不理性”的情况远多于“理性”的情况。当然这里的“理性”一词和智商无关，而是指以新古典主义为代表的学派对“理性”的定义。所谓“理性人”，是对在经济社会中从事经济活动的所有人的基本特征的一般性抽象。这个被抽象出来的基本特征是：每一个从事经济活动的人都是利己的，人们从事经济活动所采取的行为都是力图以自己最小的经济代价，去获得最大的经济利益。这个定义或者说假设看起来没毛病，不说百分之百符合实际，也是八九不离十。不过，对于一个理论，显然不能只看十几个字的简短定义，它里面有很多隐含的假设。

第一个假设，理性人具有关于他所处环境的完备知识，而且，这些知识即使不是绝对完备的，至少也相当丰富，相当透彻。也就是说，炒股的老王对“老李控股”公司非常了解，对于它的财务报表有没造假、公司目前运营情况、公司未来的前景，以及老李的人品能力非常清楚，且具备基金经理般的理论知识，能根据上述信息算出股票的合理价格，进而高抛低吸。老王有这么牛吗？显然不可能。恐怕作为老板娘的老李媳妇也无法对公司如此了如指掌。而对于公司前景这样的信息，恐怕老李本人都没把握，否则就不会有破产的企业了。这种无法完全掌握有用信息的情况，经济学称为信息的不完备。

第二个假设，理性人有稳定的和条理清楚的偏好。就像上面水果偏好的问题，如果西瓜 > 香蕉，香蕉 > 苹果，那么必然西瓜 > 苹果，且这一偏好终生不变。

第三个假设，理性人有很强的计算能力，能算出每种选择的后果。

第四个假设，由于具备完全的信息和理性，理性人能够找到实现目标的所有备选方案，能够预见这些方案的实施后果，并能依据利益最大化的价值标准在这些方案中做出最优选择。第四个假设是建立在前三个假设的基础上，并加了个“预见这些方案的实施后果”。

那么，问题来了，人们对于未来的预测都是准确无误的吗？卡尼曼在其畅销书《思考，快与慢》[1]中谈道，人们在预测未来的时候总是会过度自信。一个典型的例子就是在高离婚率的美国，每一对准备结婚的新人，都相信自己会白头偕老，否则就不会结婚了。同理，每个创业的人也都相信自己成功的概率大于失败的概率，但是现实却是创业失败的概率远大于成功的概率。

人终究不是机器人，而是有喜好、有感情、有信念、有思考，并与周遭环境互动的“人”。

---

[1] 丹尼尔·卡尼曼，著名心理学家，因其“把心理学研究和经济学研究结合在一起，特别是与在不确定状况下的决策制定有关的研究”而获得诺贝尔经济学奖。该书中文版已由中信出版社出版。

第二节　也谈公平的重要性

我们不妨思考一个问题，在流感期间，医院提高患者的就诊费用是合理的吗？如果根据古典经济学理性人的假设，当患者增加的时候，医院提高诊疗费是市场作用的结果，患者理应心甘情愿地接受。然而，现实生活中，恐怕大部分人无法接受，大家会认为医院是在“趁人之危”。

再思考一个问题，有一家照相馆，店里雇了一个小伙子，一直以来的工资是 9 元 / 小时。现在经济不景气，类似的小店雇佣工人的工资是 6 元 / 小时，如果把小伙子的工资也降到 6 元 / 小时，你觉得公平吗？卡尼曼告诉了我们答案。在他和同事们开展的问卷调查中，83% 的人觉得这种行为不公平或很不公平。如果案例稍微换个版本，照相馆重新雇了一个人，给出的工资是 6 元 / 小时，你觉得公平吗？卡尼曼的调查显示，73% 的人会觉得这是可以接受的，雇主没有支付 9 元 / 小时的道德义务。

为什么会这样？同样的结果（工资 6 元 / 小时），却给人不一样的公平感。其实道理很简单，首先是两者的参照点不同。第一个例子中的小伙子，他的工资参照点是 9 元 / 小时；而第二个例子中，新员工的工资参照点是整个市场的平均工资。参照点不同，给人的感受自然不同。如果你全部身家是 100 元，那么损失 50 元会让你痛不欲生；如果你的身家是 1 万元，那么 50 元的损失可能只会让你皱皱眉头。因此，人的感受是相对的，取决于你的参照点，而不是像古典理论所假设的那样，损失 50 元对任何人的感受都是一样的。人不是机器人，而是有感情、受情绪驱动的动物。

其次就是人的“损失厌恶”。假设一个飞镖游戏，投中目标可以赢得 1.1 元，你投中的概率是 50%；如果投不中，你就要赔 1 元，你会参与这个游戏吗？按照理性人的假设，这个游戏的预期收益为 1.1×0.5−1×0.5=0.05，由于预期收益大于 0，你应该参与这个游戏。但是现实中你会参与吗？卡尼曼的研究发现，大部分人是不会参加的。因为人们对于收益和损失的感觉是不对称的。亏损 1 元钱的痛苦感是远大于赚取 1 元钱的幸福感。人们总是对损失更加厌恶。卡尼曼估算损失 1 元钱的痛苦强度需要赚取 3 元钱所带来的幸福感才能弥补。因此，对于第一个例子中的小伙子，对比他的参考点 9 元 / 小时，他的工资是降了 3 元，损失厌恶会让人产生不公平感。

不过老板为啥要在乎员工的公平感？管你觉得公平不公平，降成本赚钱才是硬道理。现实中，恐怕也没有那么简单。实践中，违背了公平原则的老板会遭遇员工“非暴力不合作”的惩罚。比如，被降薪的员工不再像以前一样努力干活，而是消极怠工（俗称“磨洋工”），个别甚至还搞点小破坏，而这些惩罚带来的损失会超过名义工资下降所带来的收益。一个典型例子就是美国的福特汽车。世界上第一个流水线作业的量产汽车就是福特的 T 型车，它大大降低了车的价格，使汽车得以开进美国普通家庭。但该车第一条生产线开始运行时却不是这样的。当时，这条最先进的汽车生产线导致了福特汽车厂的工人频繁辞职和高旷工率，新的生产线并没有带来成本的下降。为了解决这一问题，公司将工资由一天 9 小时 2.34 美元提高到一天 8 小时 5 美元。当时很多人认为福特的利润会下降。然而，福特的这一举措使生产效率提高了 30%，在福特汽车价格下降的同时，福特公司的利润却在节节攀升。

由此看来，要想随意降工资恐怕不容易。是不是有点熟悉的味道？没错，这就是凯恩斯理论中的工资刚性。

第三节　凯恩斯是对的

20 世纪 70 ～ 80 年代，货币主义在对抗通胀中大获成功，占据了经济学的主流地位，凯恩斯主义似乎被人遗忘。卢卡斯甚至写了一篇题为《凯恩斯主义的死亡：问题和观念》的文章，在文章中他写道："当被称为凯恩斯主义者时，人们会恼怒。在圈里，人们不再把凯恩斯理论当回事。"另外，美国经济学家艾伦·布林德也附和道："到了 1980 年，很难再找到 40 岁以下的美国经济学者声称自己是凯恩斯主义者了。"

卢卡斯等人为凯恩斯理论贴出的讣告似乎早了点，因为尽管凯恩斯的货币理论在逐渐势微，但从没消失过。有人曾打趣地问凯恩斯主义大师保罗·萨缪尔森："凯恩斯是否死了？"他回答："是的，凯恩斯是死了，同样的还有爱因斯坦和牛顿。"在当代凯恩斯追随者看来，宏观经济的核心是解释在何种情况下"看不见的手"会失灵，在何种情况下不会。用美国经济学家莱琼的话说就是："市场体系会自动地协调各项市场行为吗？是一直会，还是从不？还是效果会时好时坏？这些问题是宏观经济学的核心问题和基本问题。"

凯恩斯理论的追随者们不仅继承了凯恩斯理论的观念，而且与时俱进，吸取其他学派的部分理论，将宏观经济理论与微观个体行为相结合，人们称之为"新凯恩斯学派"。这个学派的领军人物堪称是经济学理论和实践中的"全明星阵容"——哈佛大学的格力高·曼昆（畅销教材《经济学原理》的作者）、劳伦斯·萨默斯（哈佛大学校长、克林顿政府财政部长）、哥伦比亚大学的约瑟夫·斯蒂格利茨（诺贝尔经济学奖获得者）、珍妮特·耶伦（前美联储主席）、乔治·阿克洛夫（诺贝尔经济学奖获得者、耶伦的丈夫）、耶鲁大学的罗伯特·希勒（诺贝尔经济学奖获得者）、普林斯顿大学的本·伯克南（前美联储主席）。由于新凯恩斯主义的大本营如哈佛大学、斯坦福大学、普林斯顿大学等靠近美国东西海岸，因此被人戏称为“盐水区”；而货币主义的大本营芝加哥大学、罗切斯特大学、明尼苏达大学等被称为“淡水区”。

既然有个“新”字，那么这个学派与它的近亲凯恩斯主义还是有区别的。他们更加强调宏观理论的微观基础。对于古典学派和货币学派关于市场经济中信息完备、完全竞争、零交易成本、理性人等假设，新凯恩斯学派一概予以否认，他们认为市场是不完美的，信息不对称、人的非理性行为、垄断等因素在经济中扮演着重要的角色，而这些是重建凯恩斯主义微观理论的基础。他们用微观理论重新阐述了工资刚性和价格黏性的现象。

在古典学派和货币学派的理论中，由于工资和商品价格是可以迅速调整的，当经济不景气的时候，可以通过降低工资、商品降价，来保证劳动力供应和需求相等，以及商品的供给和需求相等，这被称为“市场出清”。但是，如果工资和商品价格不能迅速做出调整，那么市场就无法出清。比如，如果存在工资刚性，当经济不景气的时候，由于工厂产出下降，在不降工资的情况下，工厂会减少雇佣工人的数量，市场无法出清，这就产生了失业问题。那么新凯恩斯主义是如何解释工资刚性和价格黏性呢?

新凯恩斯主义对工资刚性的解释主要分为三类：第一个解释是隐形合同理论。按照古典学派，假设工资是可以灵活调整的，那么工人换工作的频率会很高。因为如果有老板给予低于市场的工资，员工就会立刻辞职去“另谋高就”，这样老板就不得不把工资升回到市场平均水平。同理，如果有老板开出高工资，求职的人就会“趋之若鹜”，劳动力供给多了，自然工资也会降下来。然而，新凯恩斯主义者发现，实际中，工人换工作的频率远没有古典学派理论所暗示的那么高。特别是在日本这样的国家，很多人都是终生为一家公司服务。是什么将员工和企业长期“黏合”在一起呢？他们认为劳动合同中隐含着“看不见的手”。工资不仅是对工人的劳动报酬，也是在面临经济负面冲击的时候公司给予员工的一份保险，好比一个免费的“看跌期权”。当面临经济负面冲击的时候，公司会承担更多的损失以平滑员工的收入，因此即使低于市场平均工资，员工也会接受。比如，很多人宁可接受一个工资低一点的稳定工作，也不愿从事高薪却不稳定的工作。这也可以解释，在我国，许多事业单位尽管工资优势并不是特别明显，却很受求职者青睐这种现象。

第二个解释是效率工资。这个理论认为企业降低工资并非一定有利，因为公司的效率取决于员工的效率，而员工的效率很大程度上取决于工资。正如上一节不公平感的后果所展示的，降低工资，员工也许不会辞职，但会通过“非暴力不合作”来惩罚老板。此外，员工的频繁离职对公司来说也是非常不利的。

最后一个理论是内部—外部人理论。内部人指的就是目前在职的老员工，外部人指的是求职者。对于每一个老员工，公司都是长期投入了培训成本的，他们熟练掌握业务，有的甚至还有客户资源，老员工离去后，招进的新员工需要重新培养，这也是一笔不小的投入；另外，最先离职的一定是能力强的员工，因此，为了留住员工，公司的理性选择应该是保持工资不变，这也就解释了，为什么失业工人不能通过劳动力供给增加的市场竞争将工资降下来。

另一个影响工资的就是货币幻觉这一概念。以卢卡斯为代表的理性预期理论认为，公众能准确预期未来的通货膨胀，因此，扩张性的货币政策只会导致通货膨胀，并不会带来就业和产出的增加。毕竟在信息和统计发达的今天，每个月都能快速了解到类似 CPI、PPI 等衡量物价的指数，如果说人们还会存在货币幻觉，无视通胀的存在，实在是有点侮辱公众的智商。

但是，事实有时候就是不符合逻辑，理论也不是非此即彼。高中的政治教科书就教育我们，事物都是“由量变到质变”。之前谈过理性预期理论的贡献是“预期”两个字，而这个理论的不足是它在“理性”两个字上走得太远。通胀预期是不是精确地、不变地、一一对应体现在工资里呢？在介绍凯恩斯主义理论那一章，已经有大量证据证明，绝大多数的工资合同是不和通货膨胀率挂钩的。此外，不仅是工资合同，即使是对通胀非常敏感的金融工具价格也不是和通胀一一对应的。考虑一下你的房贷利率，虽然银行可以定期调整利率，但是比起物价指数的波动，显然调整的频率要低得多。

尽管现实生活中存在大量货币幻觉的例子，并不代表通胀预期不存在。两位诺贝尔经济学奖获得者希勒和阿克洛夫在他们合著的畅销书《动物精神》[1]中认为，在通货膨胀水平低的时候，人们的确存在着货币幻觉，而当通货膨胀加剧到一定水平的时候，人们就会将通货膨胀加入工资谈判中。因此，关于货币幻觉的争论并不是要以非此即彼作为结论，无论是理性预期还是凯恩斯的理论都有其合理的部分，也有其过于绝对的地方，或许两者综合才是最好的理论。

第四节　比工资更重要的是价格

如果仅是名义工资的刚性，并不能推翻古典主义和货币主义的理论假设。因为，如果仅是名义工资刚性，完全可以通过价格的变动使实际工资产生变动。就像古典理论一章中的例子，尽管汉堡店的工人仍是 10 元 / 小时，但是汉堡却涨到 12 元 / 个，工人的实际工资是下降了的。

[1] 该书中文版已由中信出版社出版。

那么，价格是凯恩斯所说的具有黏性，还是古典理论所认为的那样可以灵活变动呢？古典理论之所以认为价格可以灵活变动，是假设商品生产者和消费者都是处在一个完全竞争的市场，在这样的市场中，无论生产者还是消费者都是价格的接受者。对于任何一个生产者，它只是成千上万个同样产品生产者中的一个，无力改变市场销售价格。同理，任何一个消费者也无力改变购买价格，市场价格是由产品的总供给和总需求决定的。

完全竞争市场也是有前提的，第一，所有市场上生产的商品都是没有任何差别的。比如，同样的铁铲，老李和老王家造出来的都是颜色一样、质量一样、重量一样……毫无差别，因此，在谁家买都是一样。第二，完全竞争使这个行业是微利或者利润为零的，任何单方面的降价行为都会导致企业亏损；任何新的加入者都会导致整个行业亏损。还是回到老王和老李卖铲子的故事，老王和老李生产的铲子价格都是 5 元，而他们生产成本都是 4.9999 元，任何降价行为都会导致亏损；而楼上的张三要想加进来也是不可能的，因为他一旦插一脚进来，铲子的供应就会增加，价格就要下跌，结果就是大家都亏损倒闭。显然这种“损人不利己”的事，只要不是有私仇，张三是不会干的。

不用我说，你也看得出来，这样的假设太精妙了。现实中，很难找到这样的市场。同一样商品不同生产厂商肯定是有差别的。就不说汽车、房子这样的大件商品，就是菜市场里卖的西蓝花也会因为品相不同而价格不同，世界上没有完全一模一样的西蓝花。除了如石油、黄金之类的少数大宗商品，绝大多数的同一类商品都会因生产厂家的不同而存在差异。

产品的差异不仅会带来价格不同，还会带来垄断。大多数的商品市场都是处于垄断竞争的状态——少数几个厂商占据了整个市场的大部分份额，但是这几家厂商谁也不能独霸整个市场。比如，空调、汽车、手机、电脑等都是垄断竞争。垄断厂商们尽管大部分时候是互相竞争，但也会经常为了各自的利益而“合谋”。著名经济学家迈克尔·伍德福德研究发现，在经济繁荣期，垄断厂商们彼此竞争，价格并不会因为需求的增加而快速上涨；在经济衰退期，垄断厂商们会私下合谋，避免恶性降价导致利润的减少。

除了垄断因素，新凯恩斯主义者们认为还有其他因素可以论证价格黏性的存在。从信息不完备的角度入手，所谓货比三家并不是没有成本的。比如，我有段时间想买运动鞋，对于有着一双扁平足的我来说，逛街绝对是个困难的事情。本着能少逛就少逛的精神，我一般只会到最近的那家运动鞋店买，其他稍微远点的店实在有心无力。这就是运动鞋信息搜集的成本，对我来说成本之高（脚疼）以至于会让我放弃货比三家的想法。其实即使最爱逛街的女士，也不会为了一双运动鞋花很多时间跑很多地方去比较。不要说买运动鞋，就是买个房子，也很少真正有人会跑遍全市的每一个楼盘逐一比较。

信息搜集是有成本的，有成本自然就无法得到所有的市场信息，这就是信息不完备。5 公里外的运动鞋店打八折，但是你未必能知道。因此，任何一家店的价格调整并不会影响其他商家。从这个角度说，卖方具有一定的价格垄断。

上面的分析可以得出一个概念“市场协调失灵”。为了理解这个概念，我们可以先来看个小故事。两个抢劫犯被警察抓获，两个人被关入监狱，不能互相沟通情况。如果两个人都不揭发对方，则由于证据不确定，每个人都坐牢 1 年；若一人揭发，而另一人沉默，则揭发者因为立功而立即获释，沉默者因不合作而入狱 10 年；若互相揭发，则因证据确凿，二者都判刑 8 年。显然，如果两人能充分协调，那么两人都抵赖无疑是最优的选择。但是，由于两个人无法协调，彼此都觉得不管对方揭不揭发，我坦白从宽是最佳选择。由此，导致了互相揭发，二者都判刑 8 年的结果。这个故事就是博弈论中有名的“囚徒困境”。导致“囚徒困境”的原因就是信息不完备，因为两个犯人都不知道对方心中的想法，无法协调以取得最优结果。

一个厂商的行动后果不仅取决于自己，还取决于其他厂商的行为。当需求下降的时候，最好的结果无疑是大家一起降价促销。但是，如果我单方面降价，我并不知道这一行为的具体后果是什么。比如那家打 8 折的运动鞋店，尽管降价了，但是由于消费者的信息搜集成本问题，这一打折信息并不会被所有消费者获知，降价行为或许并不会给它带来销售增长，反而由于降价导致利润下滑，还不如不降。

从生产的角度看，现代生产是建立在广泛的专业化分工的基础上，产业链越来越长，复杂设备的部件生产往往是由几个国家的生产商供应。苹果手机就是一个典型的例子，其产品设计、软件开发、产品管理、市场营销等集中在美国总部；手机芯片、触控面板及存储器等核心零部件供应商大多来自中国台湾、韩国及日本；电池等其他零部件以及组装则是在中国大陆。当某一产品需求下降的时候，它的下游供应商可能与它面临不一样的需求，零配件的价格并不会下降，甚至还会涨价。这样厂商的成本并不会降，如果因为需求减少而降价，很可能导致生产商亏损。同样，很多企业面临原材料价格上涨时，为了不失去市场份额，宁可降低利润乃至暂时亏损也不会涨价。

最后，从顾客角度看，一些高端产品如果降价，会被看做是质量有问题或者品牌降级，为了维护企业和产品形象，厂商也不会轻易降价。

基于以上的微观理论，新凯恩斯主义者们认为价格黏性是广泛存在的。

第五节 大师们忽略了什么

从亚当·斯密到凯恩斯，不足两百年的时间，货币理论在一代又一代经济学大师们的推动下不断发展。但是，大师们的货币理论框架中，讨论的对象都是政府、中央银行、企业和居民。而中央银行扩张性货币政策的钱，似乎真的是从直升机上撒下来，直接进入了居民和企业手中。货币政策的调整的确会引起总支出的变化，但具体过程却是一个“黑箱”。现实中，居民和一般企业在中央银行都是没有账户的，因此，中央银行的钱不可能直接到居民和企业手中。居民和一般企业只能在商业银行开账户，中央银行的钱也是通过商业银行才能到大众的手中，商业银行承担着储户存钱和借款人贷款的重要职能。而大师们却偏偏忘了银行——这个货币体系中重要的角色！如果说大师们不知道世上还有商业银行这东西，就算用脚趾甲盖想，你也不会相信。确实，这帮大师跟银行打交道比一般人更多，像凯恩斯就是一个亲身投入金融业的实战派。

大师们并不是不知道商业银行的作用，不过在他们看来商业银行就是个“黑箱”，只是在中央银行与居民和企业之间起中介作用。比如在弗里德曼的货币主义理论中，货币数量取决于中央银行投放的基础货币和由其设定的法定存款准备金率。中央银行向商业银行投放了基础货币，商业银行就按照货币乘数输出派生存款。至于“黑箱”里面是如何运作的，实在是无足轻重。

在利率的作用下，货币的供给与需求总会相等。当货币供给大于货币需求的时候，利率就会下降，利率下降商业银行就会减少贷款（货币供给），而居民和企业的贷款需求（货币需求）就会增加，进而实现两者相等。而当货币需求大于货币供给的时候，利率就会上升，商业银行就会增加贷款，居民和企业就会减少贷款需求，其结果也是需求和供给相等。换句话来说，凡是愿意接受当前利率水平的居民和企业都能得到贷款。

然而，事实却不是如此简单。中小企业融资难、融资贵已经成为老大难问题。其中融资难，就是说中小企业愿意接受目前的贷款利率水平，但却得不到贷款。而且这个现象并不是我国独有，而是全世界普遍的现象。

而由商业银行危机引发经济危机的事件更是屡见不鲜。美联储本身就是在美国银行危机中诞生的。各国为了应对银行危机，也都成立了银行监管机构，对银行实施严格的监管。

如此看来，大师们的确过度简化了银行部门。然而，随着信息经济学的出现，经济学家们开始打开“黑箱”，探究里面的运作。人们惊奇地发现，这个“黑箱”运作是如此地不稳定，就如一个没有润滑油的老旧机器，充满了各种摩擦和不平衡，以致影响了货币和金融经济的稳定。

第六节　二手车市场的秘密

好久没见面的老王，今天又要登场了。转眼间，老王的儿子上小学了，要说儿子的小学离家可不近，步行要半个小时。心疼儿子的老王每天都要骑自行车接送儿子。风和日丽的时候，骑自行车接孩子还是不错的，既环保又锻炼了身体。可要是碰到刮风下雨，酷暑严寒可就辛苦了。为了不让儿子和自己吃苦，老王咬牙跺脚，横下一条心，取出省吃俭用攒下的积蓄打算去买辆汽车。不过，买辆新车确实贵了点，还要交购置税，老王心想，不如买辆二手车，旧一点没关系，只要质量好，能遮风挡雨就行。

买二手车可是个技术活。来到二手车市场，放眼望去，表面上看，这些车外观都能照出人影，可这里子咋样就不好说了，弄不好买辆泡水车或者事故车就亏大了。问题是，不是行家里手很难看得出来这里面的名堂。二手车老板也不傻，不会贴个条子告诉你这辆是泡水车，那辆是事故车。一排一模一样的二手车，老板说价格都一样，您自己个挑吧。这下老王可就犯嘀咕了。老板说车的质量都一样，傻子才信他的话。老王坐下来，拿出一根烟，边抽边继续琢磨。都是一样的价格，那这个价格一定是介于好车和泡水车的价格之间。可问题是，我不知道哪辆是好车哪辆是泡水车啊？老板当然对这些车是门儿清，要是我买了质量好的车他就赔了。想到这里老王眼睛一亮，扭头就走了。为啥？因为老王觉得，既然被他挑走好车老板就赔钱，而赔钱的买卖老板是不会干的，因此，他断定这些车里面没一辆是好车，不是泡水的就是事故车。一句话，在这个市场里，是劣车驱逐良车。

这和银行有什么关系？有的。银行发放贷款的时候也面临和老王一样的问题。对于众多的借款人，银行尽管会开展各种各样的尽职调查，但是无论如何银行都不可能比借款人本身更清楚自己的情况。比如老李找银行贷款，说是扩建厂房，借到钱后可能拿去炒股了。老李觉得反正银行不知道我借这笔钱是为了炒股，万一赔钱了我就跑路，亏损是银行的，赚了都是我的，顶多给银行一点利息。老李的这种想法有一个专有名词——“道德风险”。

关于老李借钱的真实用途，老李媳妇都未必清楚，就更别说银行了，唯一清楚的就是老李本人。老王买二手车和银行发放贷款的一个共同特征就是，对方总比自己掌握的信息多，在经济学里这叫做“信息不对称”。

对于信息不对称和借款人的道德风险，银行也不傻，不会不知道。与二手车市场一样，众多的借款人大致分为两类，一个是低风险借款人，他们将钱用于好的项目上，并积极努力工作，有良好的还款意愿；另一个是高风险借款人（如老李），他会将借款用于投资风险高、收益高的项目，但是这些项目会使银行收回贷款利息的概率下降。按照高风险高收益、低风险低收益的原则，假设低风险借款人的利率应该是 3%，高风险借款人的利率则是 7%。但是银行无法完全分辨谁是低风险贷款人，谁是高风险贷款人，因此，折中的利率价格就是介于 3% ～ 7%，比如 5%。这时，低风险借款人会觉得这个价格太高了，于是退出。而对于高风险借款人来说，这价格太便宜了，纷纷找银行借款。最终的结果是，信贷市场中只有高风险借款人。银行根据上述推论也决定一笔贷款都不发放。正如老王断定二手车市场上都是泡水车一样，这种次品“驱逐”良品，最终无法交易的情况被称为“逆向选择”。

当然，以上这些不是我的首创，否则我就是诺贝尔经济学奖的获得者了。这是由乔治·阿克洛夫在1970年一篇名为《柠檬市场：质量不确定性和市场机制》的论文中阐述的原理。在美国俚语中，质量不好的二手车被称为“柠檬”。起初，由于这篇论文内容浅显，先后被三、四家杂志退稿，但是它所揭示的由信息不对称导致的逆向选择理论，实际上又蕴含非常深刻的经济学道理。乔治·阿克劳夫和迈克尔·斯宾塞、约瑟夫·斯蒂格利茨由于在“对充满不对称信息市场进行分析”领域所做出的重要贡献，而分享了2001年诺贝尔经济学奖。

当然，在现实世界中，银行还是照样发放贷款，并没有关门停业，毕竟，方法总比困难多。

第七节　抵押品有什么作用

日常生活中不难发现，抵押和质押是商业银行通用的贷款方式，广泛运用于中小企业和个人贷款业务中。在欧美国家，企业抵押贷款一般占75%以上。在我国也是一样，2018年末，我国上市银行贷款余额中抵押贷款占比42%，其中四大国有银行相关业务又占其45%。

为什么抵押品在信贷中占据如此重要的地位？原因很简单，抵押品可以有效缓解信贷市场上因为信息不对称导致的道德风险和逆向选择。咱们继续回到老李的故事。老李找银行申请100万元贷款扩建厂房，但是银行拿不准老李拿这笔贷款的真实用途。即使确实是拿来扩建厂房，银行也会担心，在这项工程上老李有没有用心呢？如果三天打鱼两天晒网，工程遥遥无期，银行的贷款还是会有危险，毕竟银行的钱是靠厂房扩建后，扩大生产赚来的钱来还的。这些事银行没谱，但总不能不做生意。于是银行说借钱可以，不过必须拿你的厂子做抵押，银行初步评估了一下，厂房价值110万元，万一老李不还钱，银行就收走做抵押的厂子。尽管这只是一个司空见惯的事儿，但是在经济学看来可是大有学问。

首先，抵押品将老李和银行的利益绑在了一起。还不上银行的贷款，老李固然可以跑路，但是跑得了和尚跑不了庙，厂房可没长腿。银行收走了厂房，老李也就没有了生计，这对老李也是很大的损失。因此，抵押品客观上约束了老李别把钱用在高风险的项目上，也别想着偷懒；其次，即使老李兢兢业业，努力工作，但毕竟天有不测风云，万一等厂房建好后，市场需求发生转变，产品卖不出去，自然也会还不上钱，这时，银行拍卖了厂房也能降低潜在的损失；最后，老李肯抵押本身也是向银行传递了一个良好的信号，告诉银行自己是靠谱的借款人，否则明知道抵押品会被收走，自己会遭受损失，老李肯定不会愿意抵押。这招也常用在二手车市场，大部分的二手车交易商都会承诺未来若干年内对车免费保修。免费保修一般都用不上，二手交易商只是借这个承诺（可以看作为一种抵押担保）向购买者传递一个信息，即自己所卖的车是没问题的。

抵押品既然可以起到那么多作用，那么哪个作用起主导呢？在实践中，学者们发现抵押品并不是对于任何借款人的作用都是一样的。我们在老李的故事中，再加上老王。老李是第一次找银行贷款，银行对老李的人品、能力以及产品销路都不熟悉，可以说信息上高度不对称。反观老王，经常来银行贷款，每次贷款都能及时还上。老王这次来申请贷款是为了买饲料多养几头猪。老王的猪都由隔壁的汉堡店统一收购不愁销路，在抵押品作用上，老王和老李是有显著差异的。老王即使不抵押也能贷到款，他的抵押品更多的是向银行传递信号，证明自己一如既往的靠谱，希望能把利率降低一点，额度再大一点；而老李则是被迫应银行要求提供抵押品，因为银行觉得给老李贷款风险大，要是老李还不上钱了，拍卖抵押品多少能减少损失。

老王和老李抵押品的差异是得到数据支撑的。我国学者尹志超、甘犁[1]根据银行评定的信用等级，把企业划分为三类：高信用等级、中等信用等级和低信用等级。研究发现，相对于中等信用等级的企业，高信用等级企业提供抵押品的概率上升4%；低信用等级企业提供抵押品的概率上升6%～8%。这表明，高信用等级的企业和低信用等级的企业都更愿意提供抵押品。高信用等级且提供抵押品的企业（老王）的违约率比不提供抵押品的企业低2%～4%；低信用等级且提供抵押品的企业（老李）违约概率却增加了2%～16%。这与上面分析的一样，高信用等级企业抵押品的作用在于主动显示自己信用好；而低信用等级企业则是被动提供的。

第八节　信贷也会“配给”

谈起配给这个词，老一辈中国人都会很熟悉。在计划经济时代，由于商品供应不足，有钱也不一定能买到所需的商品，所以很多商品是采用配给制。比如，最熟悉的就是粮票，每人每月给固定量的粮票，只有拿着粮票才能去商店买粮食。但是，这个时代早已远去，配给也更多的是一个历史名词。怎么信贷市场又来配给了呢？

没错，信贷市场存在“配给”，这个不是中国独有，而是世界各国信

[1] 甘犁，西南财经大学中国家庭金融调查与研究中心主任；尹志超，首都经济贸易大学金融学院院长。

贷市场的普遍现象，即使是号称金融强大、市场自由的美国也不例外。上一节谈了，由于信息不对称导致的逆向选择和道德风险，银行发放贷款的时候并不是根据“价高者得”的原则，愿意支付更高利息的借款者不一定能得到贷款，而是根据风险和利率综合考虑。举个例子，假如没有信息不对称的问题，对于每一位借款人银行都非常清楚他未来还款的概率。比如，对老王，银行知道他未来能还钱的概率是 90%，不能还钱的概率是 10%。那么老王的利息应该是多少？如果银行要求的净利润是本金（1 元）的 2%，那么 90% × 1 ×（1+ 利息）−10% × 1=102%，利息约为 24%。而老李还钱的概率是 70%，不能还钱的概率是 30%，那么给老李的利息就应该是 96%。总之高风险高利率，低风险低利率。你也许会说，要老李真是摊上那 30% 的概率，银行岂不是就赔钱了，这概率也不顶用啊。

从单笔贷款看，你说的没错。问题是银行的借款人不只老王、老李两人，而是有千千万万的老王和老李，根据著名的大数定律，这千千万万的老王和老李，加在一起，总体上一定是符合这个概率的。因此，只要不存在信息不对称，银行根据风险定价，借款人只要愿意接受银行开出的利率，就不会存在借不到钱的情况。顺便说一下，古典经济学理论中的理性人假设就是这么假定的。

然而，现实中因为信息不对称的存在，银行不可能如此准确地算出借款人的风险。因此，商业银行不是完全依靠利率机制，而是基于贷款风险和利率的综合权衡，来决定贷款的发放。如果，张三也愿意接受银行给老李开出的利率，但是没有抵押品，那么银行只会给老李贷款，而不会给张三贷款。这在经济学里被称为“信贷配给”。显然，这种配给带有明显的“嫌贫爱富”。

中小企业融资难、融资贵就是信贷配给的一种体现。因为中小企业普遍没有抵押品，抗风险能力差，这时，中小企业即使愿意接受更高的利率，银行也会因为信息不对称和道德风险的原因拒绝发放贷款。

信贷配给的程度并不是一成不变的，而是与宏观经济环境相互影响。当宏观经济进入衰退阶段时，借款人的经营环境将会恶化，一方面借款人的违约率会增加，导致银行亏损，减少贷款发放，原本可以贷款100万元的老王，现在只能贷到50万元，而原来给多给点利息就能贷到50万元的老李，现在一分钱也贷不到了。另一方面信贷资源的减少又会使经济进一步衰退，经济衰退使老王、老李这样的贷款人财务状况（净财富、抵押品、杠杆率等）恶化，更难从银行借到钱，信贷配给程度进一步加剧，经济和信贷进入一种螺旋式下滑。反之，当经济繁荣的时候，老王、老李的产品不愁销路，银行预期借款人的风险降低，信贷配给程度会降低，借款人得到贷款可以进一步扩大生产或者增加消费，进一步推动经济发展，信贷和经济则进入螺旋式的上升。

另一个影响信贷配给的因素就是抵押品。上面分析了，抵押品的存在可以减轻或弥补贷款人的损失，使债务人自己承担一部分违约成本。它具有可置信的潜在威胁，促使借款人努力工作，积极经营，从而进一步降低违约的概率。不过，所谓“按下葫芦浮起瓢”，抵押品其本身的价值也会受到经济环境的影响。大家所熟知的抵押品就是房子，此外，在金融业里还有大量以债券、股票等有价证券作为抵押品的情况，称为质押。假如，老李手上有价值100万元的股票，以此为抵押借60万元，这在银行看起来是个不错的买卖，反正到时你不还钱，把你的股票拿去卖了就是了。但问题是，股票的价格是会变动，今天办贷款时候价值100万元，说不定明天开始来10个跌停板，价值连10万元都不到。那咋办，这时候银行会催你增加抵押物，或者还钱。这简直就是屋漏偏逢连夜雨，很可能出现既无抵押品又没法还钱的景象，银行就会冻结你的一切资金和财产，原有的项目不得不停工，最终结果是银行连着借款人一起倒霉。这要是个别现象也还好，遇上经济大环境不景气，大家一起来，那就是个螺旋式下滑过程。

比如，在金融危机时，大家都开始抛售股票、房子用来还钱，问题是没人接盘，原来价值 100 万元的房子、股票现在打 5 折都没人要，而且还有更狠的打 3 折。这就会引发恐慌，整个金融市场面临巨大的卖盘，却没有接盘的，金融市场丧失流动性（如 2008 年次贷危机时），银行面临大规模烂账、贷款停止发放、项目停工、工厂关门、工人失业……以上情况可以说是个大悲剧。

但也有相反的时候。比如，经济形势向好时，房子、股票的价格开始上涨，今天 100 万元抵押品明天就价值 200 万元了，那我所能借的钱可就不是 60 万元了，而是 120 万元，多借的 60 万元我拿去买房子买股票。大家都这么干，房子、股票继续涨，然后继续借，继续涨……这种情况可谓皆大欢喜（金融危机前若干年的景象）！以上资产价格大幅度变动导致“悲喜剧”的过程，经济学界取了一个非常有趣的名字“金融加速器”。

信贷配给在我国还有一种形式就是所谓“所有权歧视”。相比民营企业，国有企业无论是信贷可得性还是资金价格都优于民营企业，国有部门杠杆率显著高于民营部门。为什么为国家贡献了 50% 以上的税收，60% 以上的 GDP，70% 以上的技术创新，80% 以上的城镇劳动就业的民营企业普遍面临融资难、融资贵的问题呢？一个很重要的原因就是国有企业享有政府的“隐形担保”。很多国有企业已经资不抵债，但是银行却源源不断向这些企业输送信贷资源，究其原因，是因为银行认为这些国有企业是不会破产的，政府一定会救助这些企业。即使部分国有企业盈利能力和经营效率远低于同行业的民营企业，但却占据着更多的信贷资源。信贷并没有流向更高效的部门。

张斌[1]等学者发现，自 2012 年后，我国经济出现明显变化，从过去容易“过热”变成了“易冷难热”。通过数据分析发现，我国信贷增速在 2012 年以后显著持续放缓，这是导致宏观经济特征发生变化的重要原因。

---

[1] 张斌，经济学博士，中国社会科学院世界经济与政治研究所副所长。

那是什么导致信贷增速放缓呢？张斌等学者进一步分析认为，这是我国经济结构变化的结果。随着中国经济的快速发展，我国产业结构由过去资本密集型的制造业为主进入以人力资本密集为主的服务业时代。传统的资本密集型制造业拥有厂房、设备等大量易于估值的有形资产可以作为银行信贷的抵押品。此外，工业品的生产到消费存在时滞，这段时滞会产生仓储、信用证等单据，同样可以作为质押品。这使制造业天生具有多抵押品和信用记录的特点。以人力资本密集型为主的服务业大多是无形资产，缺乏抵押品，这一特征使得信贷投放减少。这也可以说是信贷配给的一个体现，同时也说明抵押品对于银行信贷的重要作用。

第九节　2008年金融危机的那些证据

在信贷市场中，除了抵押品，企业或者个人的资产与负债状况对于信贷市场信息不对称的问题具有重要意义，净值也发挥着和抵押品同样重要的作用。所谓净值就是资产减去负债的差值，也就是属于你个人或企业股东的净财富。显然与抵押品的价值一样，净值越高，借款人就越有还款的能力。当企业资不抵债的时候（即净值为负），它离破产也就不远了。净值高低成为银行甄别借款人、避免逆向选择和道德风险的一个重要方式。

同理，银行自己的资产负债情况也会影响其发放贷款的能力。当银行资产负债表恶化的时候，其资本金（可视为净值）就会受到侵蚀，用于贷款的资源就会减少。

2008 年的次贷危机如果从触发危机的因素看，最初仅是房地产价格的下跌，以及住房抵押贷款的违约率上升。许多行业和房地产根本没有任何关系，为什么房地产的问题会导致美国经济的严重衰退，数以万计的人失去工作？这次危机对社会经济来说当然是“危”，但对经济学理论界来说却也是“机”，它的发生使经济学理论界能够重新理解“传统金融恐慌可能在新的历史制度环境中爆发的风险”。危机期间担任美联储主席的伯南克在回顾这场危机的时候说道：“美联储的预测显著低估了 2009 年的失业率增幅，即使采用反映极端金融紧缩的场景也是如此……低估危机对实体经济的影响在我看来与宏观经济学的理论基础有关，要求对标准模型做某些重大的反思。”

作为以研究经济危机而成名，且是危机期间最重要的亲历者和决策者，伯南克本人无疑是完成这一课题的最佳人选。关于这场危机，伯南克著述颇多，还出了回忆录，但是最值得关注的还是他的一篇学术论文《信贷紊乱对实体经济的影响：来自本轮全球金融危机的教训》[1]。按照弗里德曼的永久收入假说，一个人的消费取决于其一生的收入，因此短期财富（如自己的房子价格下跌）的冲击不会导致其消费水平的大幅下降。这一假设与另一个假设有关，那就是金融市场是没有摩擦的，只要愿意接受银行开出的利率都能借到钱。因此，即使财富受到短期的冲击，人们仍能够依靠贷款平滑一生的消费。

上面的分析已经知道，现实世界中是存在信贷配给的，并不是每一个愿意接受银行利率的人都能得到贷款，而影响贷款可得性的一个重要因素就是抵押品价值。对于大部分居民来说，房子是其拥有的主要抵押品，当房价下跌的时候，一方面作为抵押品的价值减少，另一方面居民个人资产减少，但是其债务并没有减少，其结果就是个人净资产减少，这会恶化居民获得贷款的能力。无法获得贷款自然无法平滑消费水平，且这一影响是非对称的。研究显示，当房价上涨时所带来消费支出的增加远低于房价下跌所带来的消费减少。

---

[1] 该文中文版发表于《比较》2019 年第 1 期。

企业也是一样，资产负债表状况较差的企业（杠杆率较高、内部现金较少、可利用的抵押品较少）在危机期间裁员最多、投资最少。而由于缺乏现金来源，这些企业在2008年紧缩中倾向于提价，而非降价。在房价下跌最多的地区，那里的企业投资下降得最剧烈。

作为贷款人的银行亦不能幸免这种情况，那些因为拥有较多房地产相关金融产品的银行损失最重，其贷款发放意愿最低。此外，住房抵押贷款的问题像病毒一样，迅速传染了其他没有问题的非住房抵押贷款。伯南克认为，这是因为在恐慌情绪的影响下，投资人甚至拒绝给非抵押贷款证券化产品提供资金，市场上出现了抛售狂潮，导致非抵押贷款利率大涨价，同时，银行又提前要求借款人还款，于是，仿佛多米诺骨牌效应一样，整个社会的经济迅速崩塌，“金融体系与经济发展之间也存在强烈的反馈效应，金融紊乱使经济放缓，继而造成金融和信贷条件继续恶化。”

在这篇文章中，伯南克在计量模型中引入了“恐慌因子”，从时间节点看，雷曼兄弟倒闭和美国国际集团被接管使得恐慌从抵押贷款蔓延到非抵押贷款，此后恐慌因素在危机中扮演了重要角色，这一结论无疑是对“动物精神”的最佳阐释。伯南克看来，美联储之所以没有预估到金融危机的严重程度，是因为“恐慌显然不是外生事件，而是广泛的结构因素和心理因素共同作用的结果，其时机与规模在很大程度上难以预见。”

第十节　货币是非中性的

在弗里德曼的理论里，由于价格和工资的灵活变化，货币的变化并不会引起“自然失业率”的变化。然而学者们对经济合作和发展组织成员国（经合组织）的研究发现，自然失业率不仅会发生变化，而且变动相当剧烈，仿佛“脱了缰的野马”。特别是20世纪80年代开始，自然失业率远高于被誉为“黄金年代”的50～70年代。尽管，弗里德曼认为是工会的建立、更高的失业补偿、最低工资制度等因素导致了自然失业率的上升，但是这些无法解释80年代自然失业率的上升。比如到80年代时，工会组织的影响已经明显减弱。

新凯恩斯主义者重新从需求角度解释失业率的上升。他们认为大宗商品为代表的原料上涨，特别是石油危机期间原油价格的冲击，美元利率的上涨，以及“动物精神”导致的投资下降都使得总需求下降。由于工资刚性和价格黏性使得劳动力市场和商品市场无法出清，非自愿失业长期存在。

宏观政策上，新凯恩斯主义者就认为货币对于经济是非中性的，货币一定会影响产出、就业等实际经济变量，货币政策不能采取弗里德曼所说的单一规则，由于存在市场失灵，政府这只看得见的手必须予以干预。与凯恩斯主义者不同，新凯恩斯主义融合了货币主义和理性预期理论部分的主张。他们认为高通胀率是有害的，通胀越稳定越有利于经济发展，控制通胀是货币政策的目标。在政府干预的程度上，新凯恩斯主义者们还没有统一的意见，相当一部分新凯恩斯主义者并不认同凯恩斯的相机抉择机制。但是，他们都认为面临导致持久性的巨大冲击时，政策干预是必要的，因为市场经济的调整过程运转得较缓慢。斯蒂格利茨指出：“新凯恩斯主义经济学家也相信，面临迅速变动的经济时，设计恰如其分的规则性政策事实上是不可能的。”

实践中，新凯恩斯主义者们认为货币政策应该“粗调”。中央银行应该公布一个中期通胀目标（如2%～3%）。但是这一目标并不是严格的货币规则，他们认为没有一个固定规则是长期适用的。因此，在这一通胀目标区间外，中央银行应该被赋予有限的“自由裁量权”。一个非常形象的比喻是，经济好比一个在走廊行走的醉汉，只要他还在走廊内就不需要管他，但是如果他超出了走廊就必须予以干预。美联储前主席格林斯潘认为，最佳的通货膨胀目标是人们在作决定的时候，不再考虑通货膨胀的因素，就如我们前面谈到的在通胀率不高的时候，人们会产生货币幻觉。格林斯潘的继任者伯南克则更具体，认为通胀区间应该定在1%～3%（美联储一直将2%通货膨胀率设为其政策目标）。

在货币调控方式上，新凯恩斯主义者认为应该放弃货币总量调控的办法，采用利率调控的方式。这一调控方式的转变不仅具有理论基础，更满足现实需要。进入20世纪80年代后，美国出现了金融脱媒的现象。所谓金融脱媒是指在金融管制的情况下，资金供给绕开商业银行体系，直接输送给需求方和融资者，完成资金的体外循环。由于银行受到严格监管且存贷款利率受限制（主要是受到Q条例的限制，此法于1986年废除），银行提供给储户的存款利率较低。于是，民众开始需求新的理财方式，诸如信托投资、货币基金、股票基金、债券以及金融衍生类等产品吸收了大量存款，这些钱不在银行体系内，更不是存款，因此不受存款准备金率的控制。另一方面，银行负债的方式也发生了重大转变。之前银行负债主要是被动依靠储户的存款（存款这一行为在会计科目上就是银行欠你的钱，你拥有一笔银行债权），为了能够扩大自身投资，银行开始主动负债，主要的方式就是通过同业拆借（简单来说就是银行找银行或者非银行金融机构借钱），而这些借来的钱也是不受法定存款准备金的限制的。

这一点，近几年在我国表现的非常明显，一直热议的“影子银行”就是典型代表，以后的章节会详细谈到。基于这两面的变化，M1、M2与通货膨胀的关系不再稳定，很多时候两者是不相关的。在评论货币主义理论时，我们也谈过关于M1、M2作为衡量货币数量的指标已经失真的问题。格林斯潘担任美联储主席后，明确表示不再使用货币总量作为调控手段，转而以联邦基金利率替代。2006年美联储宣布不再公布M3。

斯坦福大学的约翰·泰勒于1993年根据美国货币政策的实际经验，

提出了一种中央银行短期利率调整的规则。泰勒认为，实际短期利率应视经济产出和通胀水平而调整，当经济过热和通胀超过目标值时，应提高名义利率；当经济下滑和通胀低于目标值时，应降低名义利率，这就是有名的泰勒规则。不过泰勒本人也坦言没有必要刻板地遵守这个规则。当发生严重的外来冲击时，货币政策不必拘泥于这个公式。研究发现，美国和德国的中央银行在制定货币政策时，并不考虑泰勒规则。但是这个规则很好地描述了它们在过去 15 ～ 20 年的行为。

由于信息不对称会导致道德风险和逆向选择，因此抵押品和借款者的资产负债情况在信贷市场中有着重要的作用。货币政策会影响借款者的资产负债表。如货币政策降低利率会增加借款者的资产价值，改善其资产负债表，从而提高信贷可得性，降低借款利率，最终增加产出，而且这一作用是长期存在的。“新凯恩斯菲利普斯曲线”表明，通胀与产出的波动性之间仍然存在交替关系。

在危机期间，如果恐慌失去控制，将给经济造成严重而持续的破坏，因此干预对保护更广泛的经济活动是必需的。在 2008 年次贷危机期间，美联储确实开启了印钞模式，推出史无前例的“量化宽松”。“撒钱”的方式可谓无所不用其极，通过扩大抵押品范围、扩大资产购买范围、定期拍卖工具、推出救助计划等将美元不断注入金融市场，美联储的资产负债表瞬间膨胀到危机前的 5 倍。

第六章

现代信用制度下的货币

第一节 我的资产，你的负债

在人类历史上，羊、布、贝壳、兽皮、公牛等都曾充当过货币，存在时间最长的货币形式无疑是以金银为代表的贵金属。但是，随着商品经济的发展，使用贵重金属作为货币弊端逐渐显现。上面谈到过，一来贵金属大多重量不轻，扛着到处跑既不方便更不安全；二来随着经济增长以及商品交易量的增加，对作为交易媒介的货币需求自然也会增加，但是贵金属的产量是有限的，且终有一天会枯竭，如果贵金属的产量跟不上交易的需求，自然会导致通货紧缩。因此，以金银为代表的贵金属逐渐退出历史舞台。

1971 年，尼克松政府宣布美国政府停止履行外国政府或中央银行用美元向美国兑换黄金的义务，货币与黄金脱钩了，从此世界进入了信用货币时代。为什么花花绿绿的钞票可以换来实实在在的商品，在电子支付发达的中国，甚至连钞票都不需要，扫一扫就可以完成支付？

要理解信用货币的本质，我们不妨回到第一章佃农杰克与汤姆爵士的故事中。这个故事我们不妨稍作修改，借条不是汤姆爵士与商人霍克签订的，而是一开始佃农杰克与汤姆爵士签订的。杰克用这张借条从汤姆那借来了种子粮，汤姆用这借条找霍克借来了打仗用的粮草。咱们再假设霍克没有拿这张借条去银行兑付金币而是直接给香料商人做赔付款，而香料商人很可能拿这个借条去购买香料……看出什么了吗？没错，这张借条就相当于是货币，我们完全可以看作是杰克拿着“钱”去汤姆那买了种子粮，汤姆再拿这“钱”去买粮草，霍克再拿这“钱”赔付香料商人。当然最后不能忘了，开出这张借条的杰克，是有到期兑付约定的120个金币的义务的，而这张充当货币的借条，其价值就是120个金币。

从会计分录的角度看，杰克的资产增加了价值120个金币的种子粮，负债增加了120个金币的借款，而汤姆资产减少种子粮，但同时又增加了一笔等值的贷款。杰克的负债就是汤姆的资产，杰克的行为无疑创造了货币。经济学家明斯基就指出“每个人都能够创造货币”，看了这句话先别高兴，他还有后半句，“问题是如何让它被普遍接受”。

杰克用自己的负债创造了货币，但显然这个“货币”流通的范围十分有限，恐怕顶多也就限制在汤姆的领地，而且愿意接受的都是那些对杰克知根知底的人。不仅杰克，恐怕大领主汤姆爵士的借条使用范围也是有限的，说不定因为经常赖账，在大家看来这借条就是废纸一张，完全没有流通的价值。那谁的负债顶用？

第二节　货币可以无中生有吗

今天，绝大多数主权货币是无法兑换黄金的。你拿着美元也是无法到美联储兑换成黄金的。即使是在黄金市场上，1美元所对应的黄金数量也是变化的，当黄金价格上涨时，1美元所能买到的黄金就会减少。货币与贵金属之间不再挂钩，这就是信用货币。

你在银行的存款代表什么？当然是代表钱啊。钱太抽象，不好理解，好吧，我更正一下，你存折上的数字代表什么？我们还是从会计分录的角度看这个问题。当你拿着100元存进银行，对于银行来说，它的资产方增加一笔现金100元，而它的负债就是你的存款！如果一定要有所体现，那就是你存折上的数字。你的存款就是银行的负债，相当于银行给你开出一个借条，承诺任何时候（活期存款）或者一定期限后（定期存款）你可以兑换成钞票。

老板给你发工资，如果不是给你现金而是通过银行转账，银行的操作就是在你的银行户头上增加一笔钱（数字），老板的户头减少一笔钱。从这个简单的过程看，银行总负债没有变化，只是老板用银行负债（存款）支付了你的工资，银行对你的负债增加。整个过程只需要计算机上点几下就可以完成。

如果情况再复杂一点，如果你和老板不是在同一家银行开户，你在 A 银行开户，而老板是在 B 银行开户。好像也没多复杂，就从 B 银行划账到 A 银行嘛。但是这里涉及一个问题，老板的存款对应的是 B 银行的负债，而你的存款对应的是 A 银行的负债，看似简单的转账实质是将 B 银行对老板的负债转化为 A 银行对你的负债。A 银行接受 B 银行的负债（工资从老板户头转到 A 银行），同时将对你增加负债（你在 A 银行存款增加）。显然银行之间不能交换各自对客户的负债，那怎么办？这时候就需要有银行共同接受的资产。

中央银行的一个作用就是解决这个问题。如果用政府负债（信用）来支持银行的负债（信用），也就解决了不同银行之间转账的问题。国家的信用是什么？就是你手上花花绿绿的钞票。一家银行规模再大，它都不能印钞，只有主权政府才有印钞的权力，而印钞的职能往往都是由中央银行承担。很多主权货币都有中央银行行长或者财政部长的签字，这就是欠条上欠款方负责人的签字。我们用现金交易，本质上是中央银行对我们负债的转移。但是与其他任何负债不一样的是，除了用它交税、偿还你欠国家的钱（相当于债务抵消）以外，这个负债是不用还的。你拿着印有美国财政部长签字的美元去找部长本人要求偿还，他偿还你的不过是另一张印有其本人签字的美元。大家可以登录中国人民银行的网站，查看“货币当局资产负债表”，记录中央银行发行现钞数量的“货币发行”一栏就是放在中央银行负债项下。

上面谈了，你在银行的存款对应的是银行对你的负债，这个债就是承诺随时将你的存款转化为现金，也就是将银行负债（信用）转化为国家负债（信用）。每个银行都在中央银行开有准备金账户，当A、B银行间发生转账的时候，中央银行会在B银行的存款准备金账户上减少一笔金额，在A银行的存款准备金账户上增加一笔金额。在这个过程中，看似是B的钱转给A，实际上则是中央银行减少一笔对B银行的负债，将这笔负债转给A银行。中央银行的总负债没有变，只是负债在A、B银行间发生了转移。对应的是，B银行的资产（存款准备金账户上的钱）减少，A银行的资产增加。

当你从银行取现金的时候，银行同样是将对你负债转化为中央银行对你的负债。你存折上的存款金额减少(银行对你的负债减少)，手中有了一笔现金（中央银行对你的负债)。银行不能印钞，那么它付给你的现金是怎么来的呢？能印钞票的有且只有一个，银行的现金自然是找中央银行要的，中央银行提供给银行现金，同时在银行准备金账户上减少相应的金额。记住，银行是不能印钞的，所有的现金都是从中央银行那里获得的。

如果银行的准备金账户上的钱不够用怎么办？办法是有的，主要是三个。一个是银行将手中的资产卖给中央银行，比如将手中的债券卖给中央银行，中央银行就会在银行的准备金账户上增加一笔钱。从会计分录的角度看，中央银行资产增加一笔债券，负债增加一笔对银行的负债（银行准备金账户上的钱）；而银行资产减少一笔债券，同时存款准备金账户上增加一笔相应的金额。而在这里，中央银行的负债（商业银行的存款准备金和公众持有的现金）就是前面提到过的基础货币。

中央银行通过买入（卖出）银行资产进而增加（减少）银行准备金的行为称之为“公开市场操作”。买入或卖出资产的价格就是一种利率调控行为。比如，当中央银行认为未来会有通货膨胀，就会低价卖出债券等资产，银行买入这些债券后，中央银行在银行的准备金账户上减少其卖出的金额，这样就起到回收基础货币的作用。同理，当中央银行认为未来会有通缩风险时，就会提高价格买入债券，并在银行的准备金账户上增加其买入的金额，进而起到投放基础货币的作用。与其他的货币调控手段相比，采用公开市场操作，中央银行具有主动性，买入卖出都是中央银行主动的行为。从量上看，买卖多少也是中央银行自主决定，因而可以对货币供应实行“微调”，不会对整个金融市场产生太大的影响。因此，公开市场操作是中央银行货币调控的主要手段，美国、日本等国的中央银行几乎每天都会进行公开市场操作。

另一个办法是找中央银行借钱，借钱分为有抵押的贷款和无抵押的贷款，其结果与第一个方法一样，银行的准备金账户上增加一笔金额。当然，根据借钱的期限不同，会划分为不同的货币政策工具。我们在财经媒体上常看到SLF（常备借贷便利，俗称“酸辣粉”）、MLF（中期借贷便利，俗称“麻辣粉”）就是期限不同的质押贷款。SLF的借款期限为1～3个月，是一种短期借款；MLF的期限则为3个月或6个月。他们的质押品一般为国债、中央银行票据、政策性金融债、高等级信用债等优质债券。此外，还有再贷款，这就是一种信用贷款。中央银行既可以通过对银行贷款的数量，又可以通过对银行贷款利率来调控货币供应。从这个角度看，中央银行可以说是“银行的银行”，充当“最后贷款人”的角色，而这一角色在危机中显得尤为重要。

最后就是找其他基础货币（准备金）富余的银行拆借。银行间的拆借并不涉及中央银行，基础货币总量并没有变化，只是在不同银行间发生变化。银行间相互拆借的市场叫做银行间同业拆借市场，资金拆借的利率叫做同业拆借利率。同业拆借的交易期限较短，属临时性的资金融通，我国同业拆借期限最长不超过4个月。

那中央银行的钱哪来的呢？是无中生有创造出来的！中央银行只需开

动印钞机印就是，而在绝大多数情况下，银行如果不提取现金，连印都不用，只需按一下计算机改变银行准备金账户上的数字就可以了。这是在胡说八道吗？没有，真的没有。2009 年 3 月 12 日，美联储主席伯南克在接受哥伦比亚广播公司电视采访时，记者问："美联储使用税收收入进行支出吗？"伯南克回答："不是税收收入。商业银行在美联储拥有自己的账户，就像你在一家商业银行里拥有账户一样。所以，如果要借钱给银行，我们只需使用计算机在它们的美联储账户上标注一笔款项即可。"

第三节 贷款与存款，谁创造了谁

还记得第四章介绍货币主义理论，并探讨货币供给的乘数效应时就提到过，张三那笔初始存款哪来的问题吗？传统货币银行理论认为存款是银行的资金来源，只有拿到了存款，上交了存款准备金，才能将剩余的存款发放贷款，存款准备金是对银行贷款的约束。如果从这个逻辑出发就会出现一个类似鸡生蛋还是蛋生鸡的问题。这个初始存款如果是其他银行的派生存款存进来的，那追根溯源它还是派生存款；如果说是张三拿着现金存进来的，那么中央银行印的钞票不能直接发到张三手上，张三还是要拿着存折去银行取现金，最终来源还是存款。这样看来教科书上这个初始存款的概念就无法解释清楚了。

此外，从资产负债的角度看，存款是银行的负债（切记），准备金是银行存放在中央银行的资产，对应中央银行的负债。如果银行上交的准备金来自存款，相当于银行将自己的负债变为自己的资产（或者说通过减少负债来增加资产），这显然不符合基本的记账逻辑。

我国学者孙国峰[1]提出"贷款创造存款"理论。他认为，银行通过资产扩张创造了存款货币，货币本质上是银行部门和非银行私人部门之间的债务关系。当老李找银行贷款的时候，与银行签订贷款合同，这意味着老李对银行的负债（银行的资产）。银行发放贷款，钱打入老李的存款账户，而这笔钱是银行对老李的负债（老李的资产），老李可以用这笔钱对外支付或者提取为现金，因此说货币创造的实质是银行与客户之间的债务交换。传统货币理论认为，先有存款后有贷款，存款和贷款在时间上有先后顺序。但从上面的分析可以看出，发放贷款的同时就创造了存款，存款和贷款是同时产生的。整个过程只需按一下计算机，改变银行自己的资产负债表和老李的存款即可。

你可能会问，那这笔存款的准备金怎么缴？准备金是银行的资产，除了找中央银行（借或卖资产）或是找其他准备金富余的银行拆借，别无二法。当然，银行可以从公众处吸收现金再存入中央银行（增加准备金）。不过你想想，平时是取钱的人多还是存钱的人多，应该还是存钱的人多。从数量上看，取现金也都是小金额，而存钱的金额则是较大的。且随着经济规模扩大，现金的需求是增加的。因此，银行投放的现金大于吸收的现金，银行总体不可能长期从公众处吸收现金。

结合下面这个图（图 6–1），我们再总结一下。作为中央银行负债的现金是信用货币时代的最后支持，因为现金是法偿货币，具有法定的最终清偿能力。客户到银行提取现金就是要求将银行负债转变为中央银行负债，银行必须持有中央银行负债（准备金 + 现金）。客户不仅要求将银行负债转变为中央银行负债，也会要求转变为其它银行的负债（转账），银行之间不能交换各自对客户的负债，需要有银行共同接受的资产，即中央

[1] 孙国峰现任中国人民银行货币政策司司长、美国普林斯顿大学客座教授。

银行负债（准备金）。银行在发放贷款的同时创造了存款，创造出来的存款要上缴法定存款准备金，这笔准备金不是来自派生的存款，而是银行通过借或者出售资产从中央银行处得来的，准备金与银行存款仅是比例关系（法定存款准备金率），而不是来自存款。对于银行来说，只要有足够的准备金就可以通过贷款创造信用货币。而中央银行通过自身的信用行为，控制了基础货币（数量与价格），从而控制了银行创造货币的能力。❶

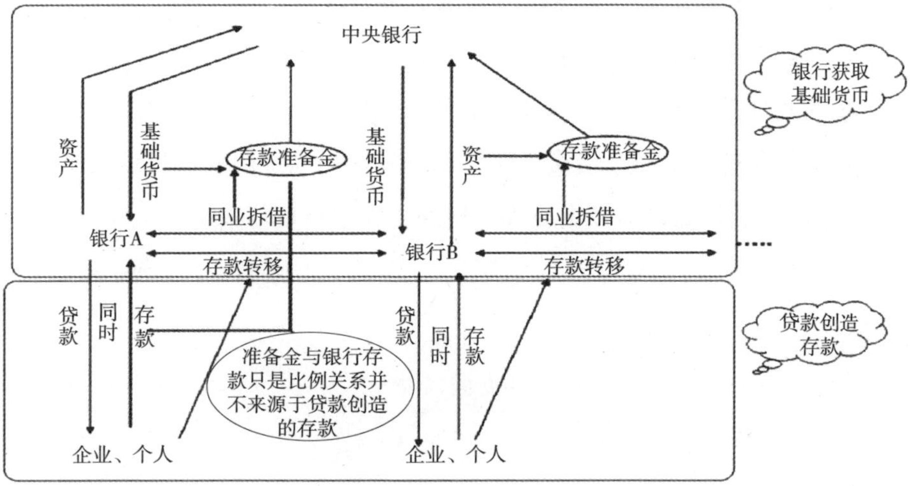

图6-1　贷款创造存款

进一步，从信用等级上看，准备金是中央银行的负债，而存款是银行的负债，准备金的信用显然高于存款。而在存款之下还有私人之间的借贷，比如现在许多年轻人买房需要找父母或者亲戚借钱，这就是一种私人借贷行为；企业也会赊销，体现在企业的财务报表上就是应收账款或者应付账款，这也是一种私人借贷。借条也可以看作是“钱”，就如佃农杰克一样。当然这些私人间的借贷关系的信用一般低于银行存款。

经济学里，“信用”这个词并不同于我们常说的“诚信”一词。可以

❶ 孙国峰．信用货币制度下的货币创造和银行运行 [J]. 经济研究，2001（2）.

认为它是一种不需要提供物资保证，可以按时偿付的能力。关键是这个“按时偿付”偿付的是什么。老李找老王借钱而开出借条，其信用取决于老李能否按时将“钱”偿付给老王。这里的“钱”显然是银行存款或者说银行的负债。而老王愿意接受这样的偿付，是因为他相信银行的负债可以随时以中央银行的负债（现金）偿付。试想一下，如果一家银行说它无法向你提供现金，那么你在那家银行存折上的数字可能就真的只是数字，与幼儿园孩子们在纸上写的歪歪扭扭的数字毫无区别。

我们现在可以想象一个基于信用等级金字塔式的负债结构（图 6–2）。金字塔的底部是由私人借据构成，通常被家庭、公司、银行以及其他非银行金融机构所持有，私人借贷通常使用金字塔更高一层的银行负债来进行结算（偿付）；银行的负债由更高一层的中央银行负债来结算（偿付）。

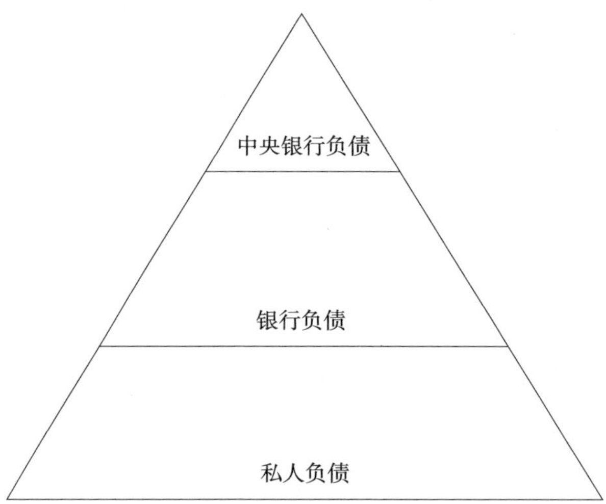

图6–2 信用金字塔

从上向下看金字塔，从中央银行负债一直到最底层的私人负债，信用等级由高到低，信用风险逐渐上升。通常金字塔底层的负债数量要远远高于更高层的负债数量。比如，A 公司将价值 100 元的货物给 B 公司，B 公司现在资金紧张，承诺 5 个月后再给货款；然后，B 公司同样将价值 100 元的货物供给 C 公司，C 公司资金也紧张，承诺 3 个月后再给货款。3 个月后，C 公司将 100 元还款转给 B 公司，再过 2 个月，B 公司又用这 100 元转给 A 公司。A、B、C 三家公司间总共产生了 200 元的借贷，但只需要 100 元的银行负债（存款）就完成了清偿。而这 100 元银行负债后面涉及的存款准备金、现金等中央银行负债则更少。每一层的负债通常都会利用更高一层的负债作为杠杆。由此，整个金字塔便是建立在（相对数量较小的）中央银行负债的杠杆效应之上。

树不能长到天上去，货币也不可能无限增长，有创造，自然也有消亡。当老李的银行借款到期后，需要用自己的银行存款偿付，银行资产方就会减少一笔信贷资产，负债方也会减少一笔银行存款（可以对比一下信贷创造的过程，银行增加一笔信贷资产，同时增加一笔负债——发放到老李账户的存款）；老李自己也是，作为资产的银行存款减少了，同时负债中也减少了一笔银行借款。贷款创造出的存款也在贷款清偿时无声消亡了。

第四节　解码“钱荒”

了解现代信用货币的创造和消亡，我们就可以进一步探讨发生在 2013 年 6 月的国内银行间“钱荒”事件了。“钱荒”这个词其实是媒体发明的，从事件本身来看，这个词既不专业也不准确，不过既然已经用开了，我们就姑且用之。它主要是指 2013 年 6 月 6 日、7 日、8 日隔夜质押式回购[1]利率分别为 6.15%、8.68% 和 9.81%，较上个月分别上升 1.62%、4.15% 和

[1] 质押式回购是指交易双方以债券为权利质押所进行的短期资金融通业务。开展质押式回购的市场称为货币市场，除回购交易外，库券、商业票据、银行承兑汇票、可转让定期存单等短期信用工具买卖也在其中，它是中央银行货币政策传导的一个重要市场。

5.28%；同月 20 日达到 11.74%。利率突然间上涨了那么多，确实是因为市场缺“钱”，故而媒体称为“钱荒”。

对此，各路专家也给出了不少解释。比如，有的认为是企业所得税集中清缴，以及端午节假期现金需求增加造成的；还有的认为是部分银行要补缴法定存款准备金等原因造成的。应该说这些因素确实会导致“钱”少，进而引起利率上升。但是，这些因素几乎每年都会有，为什么唯独在 2013 年引起如此大的市场反应？

我们不妨从信贷数据中找找原因。2013 年前 5 个月，M2 月均增速达到 15.7%，进入 6 月后，仅上旬新增人民币贷款就近 1 万亿元。还有一个重要背景，由于影子银行的快速发展（关于影子银行的问题会在后面章节中详细介绍），具有“类贷款”性质的融资业务迅速膨胀。而从这个角度看，这一时期的金融市场，不是“钱”少了，恰恰是“钱”多了。那么，为什么会有这样矛盾的现象呢？

了解了上面章节关于基础货币与银行信贷的关系就很好解释了。多的“钱”是银行发放的贷款，根据贷款创造存款理论，对应多起来的还有银行存款，所以可以看到 M2 的快速增长。银行存款增加的同时是要增加存款准备金（基础货币）的，这就导致了市场中可供拆借的基础货币减少了。所以在这里，此“钱”非彼“钱”，多的是银行存贷款，“荒”的是基础货币，信贷投放上的“钱”过多，导致了基础货币的“钱”荒。

当然，中央银行只需要买入银行资产就可以增加银行的基础货币。但如果这样做，等于银行倒逼中央银行打开了货币供应的“闸门”，中央银行就失去了货币调控的主动性，反而是在被动地适应商业银行的信贷节奏。应该说，在银行信贷投放快速增长的时候，我国的中央银行保持了货币政策的定力，通过控制基础货币的投放，抑制了商业银行的信贷行为。商业银行原本预期中央银行会投放基础货币以避免利率大幅波动，但是这一“预期”落空了。部分商业银行，特别是依赖从其他银行拆借基础货币的商业银行出现了准备金不足的情况。而其他准备金相对充裕的商业银行

（主要是国有大银行）对于未来情况不确定，特别是对于中央银行是否会向市场注入基础货币以缓解货币市场资金紧张局面不确定，所以不愿对外借出资金。最后，供需两方的原因共同导致了货币市场利率的突然上涨。

这次“钱荒”事件背后的意义值得思考。一个方面，中央银行不能直接控制银行的信贷行为，特别是随着金融创新的发展，许多传统的信贷业务通过影子银行转为表外业务，使监管部门难以掌控，而信贷业务本身又具有顺周期的特性（随着经济繁荣而投放越多）。许多媒体一谈到通胀和高房价就认为是中央银行开动印钞机的结果，中央银行成了“背锅侠”。中央银行固然能够印钞，但那只是基础货币，和银行通过贷款创造出来的货币相比只是一小部分，通胀不是“中央银行”想造就能造出来的。另一方面，中央银行需要做逆周期调控，在经济过热的时候拉住贷款这头狂奔的“公牛”，不能被动去满足商业银行信贷扩张的资金需求。一旦中央银行拉紧“牵牛绳”，就可能出现类似“钱荒”这样的利率大幅度波动现象，而利率不稳定本身又会影响经济发展。于是，有人就会问了，“量”和“价”的这一矛盾该如何解决呢？

第五节　“量”和“价”的抉择

在之前聊大师们的货币理论的时候，有的大师认为应该调控货币数量（如弗里德曼），有的人则认为应该调控货币的利率（如新凯恩斯主义者）。这两种方式有什么区别吗？大师们为什么会在这方面有分歧？回顾西方主要资本主义国家的货币调控方式，各国中央银行几乎隔一段时间就要来一次转型。

还是以美联储为例。1939 年前的美联储货币调控的方式很少，主要就是再贴现和公开市场操作，这一时期应该可以看作为是数量调控时期。1939 年开始后，美国进入战时体系，美联储的目标基本只有一个——压低利率为财政部低成本融资创造条件，这一过程一直持续到朝鲜战争结束，这又可以看做是价格调控时期。前面提到过，在滞涨的背景下，利率调控失效，高通胀带来高利率，美联储为了降低利率（高利率对经济是严重打击）就不得不投放货币，这又进一步推高通胀，高通胀又推高利率，利率的调控方式进入一个死循环。在货币主义理论影响下，中央银行转向货币数量调控。进入 20 世纪 80 年代，美联储再次开始转向，主要原因就是无论是 M1 还是 M2 或者 M3 都与通胀没有太大关系，究其原因，主要是随着金融创新的出现，社会上大量的流动性被排除在货币供应量的统计之外，常规衡量货币量的 M1、M2、M3 已经失真。

1993 年，时任美联储主席格林斯潘在国会听证会上表示，美联储将放弃货币供应量为中介目标，转而以联邦基金利率为政策目标。然而斗转星移，到了 2008 年后的后危机时代，尽管美联储将联邦基金利率降到 0，但依然无法将美国经济拉出衰退的泥潭，伯南克祭出了量化宽松的大招，从名字就可以看出这是极端情况下的货币数量操作。而近几年频频出现的“负利率”则可以看做是一种全新的价格调控实验。从美联储的转型历程可以得出两条结论：第一，价格调控和数量调控没有绝对的好与坏，只能在不同的宏观环境下，看哪种方式更加合适，关于这一点，美国经济学家普尔 .W 在其《简单随机宏观模型中货币政策手段的最适度选择》一文中做了经典阐述；第二，中央银行很难同时兼容两种调控方式，大多数情况下只能二选一。

其实，无论是货币数量调控还是利率调控或者说价格调控，中央银行直接调控的都是基础货币。存款和贷款都是银行行为的结果，在利率市场化的国家，中央银行无法直接限定存款和贷款的利率，只能通过基础货币的利率来间接调控银行存贷款的利率。当经济过热、通胀抬头的时候，中央银行通过卖出资产回收基础货币，并同时提高银行借入基础货币的利率，其结果就是市场上的基础货币数量减少、利率上升，银行如果要发放贷款（同时创造存款），必须在存款准备账户增加准备金。准备金来源于基础货币，由于此时基础货币减少、利率上升，借入或者出售资产获得基础货币的成本增加，这部分增加的成本必然会反映在银行贷款上，其结果是要么提高贷款利率，要么减少贷款数量，更多的情况是两者兼而有之。

之前说过，由于金融创新，M1、M2 等货币指标已经无法准确反映货币数量，通货膨胀与 M1、M2 关系不再稳定，有的时候两者甚至呈现不相关关系，货币的数量调控逐渐失效，主要发达国家的中央银行已经逐步转向价格调控。比如，美联储的货币政策操作目标就是联邦基金利率，这个利率可以看做是基础货币的利率。每次美联储的议息会议总是广受关注，会议召开前各路“神仙”（各大研究机构）总是会“算上一卦”预测会议的内容；会议结束后各路专家恨不得将会议记录的每一个字拆开解读。为什么美联储的议息会议会受到如此关注？因为会议一项重要内容就是会对联邦基金利率是升、是降，还是“按兵不动”做出决定。

当议息会议决定降低联邦基金利率的时候，美联储就会通过公开市场操作买入银行手中的债券等资产，增加银行的准备金（基础货币），市场上的基础货币充裕自然导致其利率下跌；当决定提高联邦基金利率的时候，美联储同样通过公开市场操作卖出自己手中的债券等资产，减少银行的准备金，市场上的基础货币紧缺自然导致其利率上涨。基础货币利率的变化会进一步传导到银行的信贷行为上，从而最终影响实体经济。2020 年，美联储再次使用零利率政策，这个“零利率”不是指银行贷款利率为零，而是指维持联邦基金利率在 0 ～ 0.25%。

价格调控也是通过增减基础货币数量来实现利率目标的，那么这与弗里德曼所倡导的数量调控有什么区别呢？区别在于目标。价格调控中，基础货币增减是手段而不是目标。比如，中央银行的目标是将当前 5% 的利率降到 1%，在这个过程中需要投放多少基础货币，事前中央银行可能无法准确估计。或许只需要投放 100 万元的基础货币就可以达到目标，也可能投放了 1000 万元仍没有达到目标，这取决于市场货币需求的弹性，比如当遇到“流动性陷阱”的时候，恐怕降 0.5% 都需要天量的基础货币。中央银行的目标是盯住利率，而不会具体限制投放了多少基础货币。

而数量调控方式中，基础货币增减是目标而不是手段。中央银行认为，当前货币增速应该降低 10%，那么根据这个目标，利用货币流通速度、货币乘数等参数确定应该回收多少基础货币或者提高存款准备金率。至于这一过程造成银行存贷款利率多大的变化，中央银行将其置于相对次要的地位。回到咱们上节探讨的“钱荒”事件，如果仍然以基础货币的数量作为调控手段就难免会引起货币市场利率的频繁波动。特别是在当下各类金融创新产品和影子银行快速发展的背景下，许多金融产品都是用短期借款做长期投资，且资金链条越拉越长，金融机构越来越依靠在货币市场不断拆借资金维持投资，对货币变动极其敏感，货币市场资金稍有变化就可能引起利率大幅度的变动。

对比主要发达国家，它们也同样面临“金融脱媒”以及影子银行的问题。但是总体上看，其市场利率比较平稳，应该说这得益于它们均采用了以利率为目标的价格调控方式。不过，还是再强调一次，价格调控和数量调控没有绝对的好与坏，只看在不同的宏观环境下，哪种方式更加合适。

在价格调控中还涉及到一个概念，就是“利率走廊”。这个名词非常形象，它指中央银行通过向商业银行等金融机构提供存贷基础货币便利机制而形成的一个利率操作区间，从而依靠设定的利率操作区间来稳定市场拆借利率和银行体系流动性的调控方法。

为什么要设这么一个“走廊”呢？因为在实际操作中，金融市场远比理论假设的要复杂。中央银行想将基础货币的利率固定在一个目标水平上并不容易。因为市场对于基础货币的需求时刻都在变化，变化的需求自然导致基础货币的利率极不稳定。特别是在面对大的意外冲击时，货币需求会产生极大变化，比如 2008 年金融危机期间，雷曼兄弟倒闭，机构间基础货币的拆借几乎完全停止。因为大家都不知道未来会发生什么，连雷曼兄弟这样的百年老店都“挂”了，还有谁是安全的？因此，没人愿意把钱借出去，即使你出再高的价钱也借不到钱。

构建利率走廊的初衷之一是降低资金利率的波动，稳定银行等金融机构的预期，降低其囤积流动性以应对可测和不可测的流动性冲击的潜在需求。具体而言，利率走廊的上限是中央银行对商业银行发放贷款（基础货币）的利率，下限为商业银行在中央银行存款（基础货币）的利率，中间为中央银行调控的目标，即商业银行之间拆借基础货币的利率（专业名称叫同业拆借利率）。当面对冲击，市场需要大量基础货币的时候，由于每家银行都只想借入不想借出，就会导致利率的上升，尽管利率会偏离中央银行的希望的目标，但是不会偏离太远，因为“走廊”上限是中央银行借给银行的基础货币的利率。当银行间相互拆借基础货币的利率超过这个上限时，商业银行就会转向中央银行借钱，而不会找价格更高的其他银行，因此利率不会超过这个上限；同理，如果银行的基础货币（准备金）都很充裕，银行间相互拆借利率降到“走廊”下限的时候，那么商业银行会选择将这些富余的基础货币存入自己的准备金账户，以获取中央银行给的存款利息，拆借的利率就不会跌破这个下限。利率走廊系统下，央行只需对走廊的边界进行调整即可实现货币政策的调整。此外，利率走廊模式更为简单透明，中央银行向市场公布政策利率目标及走廊区间有利于稳定和引导市场预期（图 6–3）。

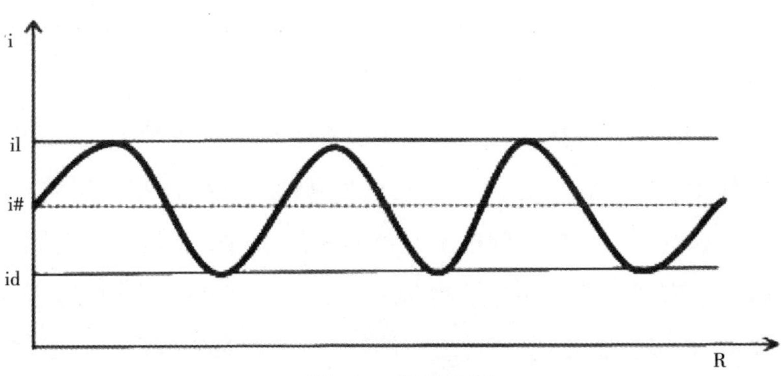

图6–3　利率走廊

第六节 直面利率市场化

上面的理论分析起来很简单，但是实际上转型并不容易，就如娱乐圈里歌星转为影星或者影星转歌星一样困难。尤其对于我国而言，货币政策的价格调控是希望通过调控基础货币的利率，进而间接影响银行存款和贷款的利率。这个调控过程的前提是银行拥有存款和贷款利率的自主决定权，这被称为“利率市场化”。

利率市场化并不是一蹴而就的事情。这一点可以看看国际上成功实现利率市场化的例子。作为金融市场最发达的美国并不是一开始就是利率自由化，它也经历了由利率管制到利率自由化的过程。美国对银行存款的利率限制是大萧条的产物，其《1933 年银行法》规定，银行不得对活期存款支付利息，并对定期存款和储蓄存款设置利率上限，也就是我们之前提到过的 Q 条例。此后，美国进一步降低了存款利率上限，并扩大了 Q 条例适用的范围。但是到了 20 世纪 70 年代，随着通胀的节节攀升，市场名义利率远超存款利率上限，在银行存款意味着负收益，资金大量从银行体系流入货币市场，造成“金融脱媒”。鉴于此，美国开始着手推动利率市场化。

利率市场化过程不是没有风险。取消存款利率限制，商业银行特别是中小银行为了吸收公众存款就会竞相提高存款利率，进而大大增加银行的成本。在负债端（存款）支付的利息相对刚性，在资产端（贷款、债券）收益则相对不稳定，一旦受到冲击，可能导致银行资不抵债。美国取消利率管制后也经历了一系列重大金融风险事件，20 世纪 70 年代著名的储贷危机导致 1000 多家储蓄机构倒闭，涉及总资产超过 5000 亿美元（相当于 GDP 的 11.5%），给美国政府和纳税人带来的损失超过 1600 亿美元。不仅美国，其他各国在利率市场化的过程中也都出现了金融机构大量破产的情况，有的国家甚至不得不被迫停止利率市场化的进程。

其实，我国的中央银行货币调控方式已经经历过一次转型，1998 年后以取消贷款规模和正式开展公开市场操作为标志，货币政策框架由直接调控转变为间接调控，但仍保留了利率管制。应该说，我国目前也正在面临着“金融脱媒”、存款“搬家”的现实，银行理财产品、货币基金吸收了大量的资金。不过，利率市场化是我国经济转型的内在需要。

我国利率市场化的原则是“先外币、后本币，先贷款、后存款，先长期、大额，后短期、小额”。从这个原则也可以看出，利率市场化改革是稳步有层次推进，而不是一蹴而就，因为即使是在美国，这一进程也用了将近 20 年的时间。

相当一段时期，我国存在“计划轨”和“市场轨”利率“双轨”并存的格局。所谓“市场轨”就是货币市场（如同业拆借、回购）、债券市场（如国债、各种企业债券、金融债券等）的利率定价基本实现了市场化定价；而“计划轨”是指银行的存贷款利率定价仍然受到限制，例如大家所熟知的存贷款基准利率，就是由中国人民银行（我国央行，注意不是中国银行）设定，银行存贷款利率只能围绕这个基准利率在一定范围内浮动。

2004 年，中国人民银行宣布银行贷款放开上限，管理下限，2013 年基本取消贷款利率下限，至此，基本实现贷款利率市场化。但是，尽管取消了贷款利率的限制，大部分的银行在对外报价中仍然使用基准利率上下浮动的方式（可以翻开你的购房贷款合同看看）。2019 年，中国人民银行推出了 LPR 报价机制。LPR 中文名是贷款市场报价利率，它是由具有代表性的报价行[1]，根据本行对最优质客户的贷款利率，以中期借贷便利利率

---

[1] 目前报价行是中国工商银行、中国农业银行、中国银行、中国建设银行、交通银行、中信银行、招商银行、兴业银行、浦东发展银行、中国民生银行、西安银行、台州银行、上海农村商业银行、广东顺德农村商业银行、渣打银行（中国）、花旗银行（中国）、微众银行、网商银行。

（MLF）加点形成的方式报价。这个报价是对银行最优质企业（一般为大型国企、央企）的报价，大部分的企业和个人贷款利率都要在这一水平上上浮。从LPR的构成成分上看，是MLF利率加点，而MLF的利率由中央银行决定。LPR更多是一种过渡性的安排。美国历史上也曾使用过LPR，目前仍在使用，但是在贷款利率定价上占比已经非常低，不足10%。2020年9月15日，中国人民银行发布题为“有序推进贷款市场报价利率改革”的《中国货币政策执行报告》增刊，该《报告》称，总体看，中国的LPR改革取得重要成效，存量浮动利率贷款定价基准转换已于2020年8月末顺利完成，转换率超过92%。

存款利率的市场化脚步则更加谨慎，毕竟许多国家在放开存款利率后，银行为争夺存款无序抬高存款利率导致金融风险事件的教训历历在目。1999年，中国人民银行允许商业银行对保险公司试办长期大额协议存款，利率水平由双方协商确定。此后逐步扩大上浮幅度，在2012年、2014年和2015年分别将存款利率上限扩大至1.1倍、1.2倍和1.5倍。2015年10月，监管部门放开对商业银行、农村合作信用机构的利率浮动上限。而对于下限，2020年4月中国人民银行货币政策司司长孙国峰表示，存款基准利率自2015年10月以来没有调整，并不意味着银行实际执行的存款利率就不变化。实际上，存款利率上下限都已放开，银行可以自主浮动定价。

尽管存贷款利率形式也已经放开，但是从实际执行情况看“市场轨”的利率，难以有效传导到“计划轨”的利率。例如，2018年下半年货币市场利率下行以来，存款利率依然居高不下（体现为某宝收益低于存款利率），“市场轨”与“计划轨”仿佛是两个平行的轨道。《中国货币政策执行报告》增刊也明确“推动实现利率‘两轨合一轨’”，“促进存款利率的市场化，推动存款利率与市场利率也开始逐步并轨”。

第七节　转型的烦恼

但是利率市场化背景下，中央银行由过去数量型调控向价格型调控转型是需要具备一系列条件的。

中央银行价格型调控传导过程可以分为三段：第一段是隔夜政策利率到银行间市场利率（如美国联邦基金利率）的传导，即短期利率的调整。以美联储的操作为例，美联储并不是一开始就具有调节同业拆借利率的能力的，因为它能够调节的只是将基础货币出借给银行的利率，而联邦基金利率是银行与银行之间基础货币的拆借利率。但是作为基础货币唯一供给者，美联储显然可以利用这一优势影响到银行间拆借利率。当美联储降低其借款利率并低于银行间拆借利率的时候，银行就会转向美联储借钱，因为向美联储拆借的成本更低，整个市场的拆借利率就将随之下降。

如果美联储提高拆借利率，在市场资金比较短缺的情况下，联邦基金利率本身就会承受上升的压力，所以它必然随着美联储的拆借利率一起上升。在市场资金比较宽松的情况下，美联储提高拆借利率，那么银行就会转向其它银行借款，听任美联储的拆借利率孤零零地“高处不胜寒”。不过，这种情况一般是不会出现的。美联储可以通过公开市场操作抛售债券，吸纳银行过剩的超额准备金，造成同业拆借市场的资金紧张，迫使联邦基金利率与美联储的拆借利率同步上升。必须注意的是，不管是美联储拆借给银行，还是银行之间相互拆借，这里的对象都是基础货币，因此可以看出中央银行直接调控的是基础货币，通过基础货币利率的变动去间接影响银行存贷款利率。

第二段是短期利率到中长期国债利率的传导。银行间拆借市场的拆借期限都很短，以隔夜拆借最多，其次是 7 天、3 天等。而实际经济中的借款一般都在 1 年及以上期限。理论上，短期利率变动是会导致中长期的利率同向变动。不过要说明的是，由于银行同业拆借都是短期，因此在大多数国家都是用中长期国债的收益率来代表中长期利率。假设 1 个月期限的短期利率是 0.2%，1 年期国债的收益率是 2.4%，如果这时 1 个月期限的短期利率降到 1% 会怎样？银行完全可以每个月滚动拆借 1 个月的短期资金去购买国债，即 1 月借的钱由 2 月借的钱偿还，2 月借的钱由 3 月借的钱偿还，如此每月滚动。国债一年后收益为 2.4%，而银行逐月滚动拆借的成本为 $12 \times 0.01\%=1.2\%$，银行净赚 1.2%。如果许多银行都这样套利，那么其结果就是债券的价格上涨，直到 1 年期国债的收益率回落到 1.2%。这个过程就是短期利率到中长期国债利率的传导。

第三段是中长期国债利率到中长期银行贷款的传导。这个传导过程与上面非常相似，也是通过银行的套利行为实现。当中长期国债以及企业债券收益率下降时，企业就发现发债比贷款更便宜从而多发债，银行则会把更多资金配到收益相对更高的贷款上，由此导致贷款供给相对更多而需求相对更少，贷款利率就会下降，反之则上涨。

对照上面的三个阶段的传导，可以探讨我国货币政策转型所要解决的问题。在第一个阶段，美联储是通过自己的借款利率（政策利率）影响联邦基金利率（中介目标）。而在我国究竟以哪个利率作为中介目标尚有争论。目前，大家热议的不少利率可以作为中介目标，但每一个候选利率都有不足。这里仅以两个备受关注的利率为例。一个可能的选择是银行间 1 天期质押回购利率[1]（R001）和 7 天期质押回购利率（R007），但是两者

---

[1] 在质押式回购交易中，资金融入方（正回购方）在将债券出质给资金融出方（逆回购方）融入资金的同时，双方约定在将来某一日期由正回购方向逆回购方返还本金和按约定回购利率计算的利息，逆回购方向正回购方返还原出质债券。

的问题在于对银行贷款的弹性（效率）有待提高。有研究表明[1]，R001 和 R007 变化 1 个百分点，一般随着银行贷款利率 0.67 和 0.60 个百分点的变动，这个弹性（0.60 ～ 0.67）可以被视为我国市场利率向贷款利率传导效率的上限。为了将中央银行调控基准贷款利率对贷款利率的影响与市场利率对贷款利率的影响相分离，在另一组回归分析中控制了贷款基准利率的影响，此时，贷款利率对 R001 和 R007 变化的弹性仅为 0.16 和 0.17。这个弹性可以被视为市场利率对贷款利率的下限。作为一个参照，根据美国学者的研究，美国银行贷款利率对短期市场利率（如联邦货币基金利率）的弹性达到 0.826。另一个备选项是 Shibor（银行间无抵押、质押的信用拆借利率）。但是 Shibor 运行以来的效果显示，短期交易 (一个月以下的市场利率) 市场表现稍微活跃，而期限稍长的交易 (一个月以上的市场利率) 市场反应比较冷淡，报价单位之间的出入也比较大，整体交易不够活跃，报价缺乏代表性。这也是目前中国人民银行采用 LPR 作为贷款利率报价机制的原因。

其次是短期利率向长期利率的传导阶段易出问题。这一阶段即使是美国也出现了传导的问题。一般来说，国债利率是长期无风险利率，2008 年金融危机前几年，美国出现了短期利率上升，长期无风险利率却下降的情况。比如，2004 年初尽管美国联邦基金利率上升了 200 个基点，但美国长期国债利率却明显下降，这被学术界称为“格林斯潘之谜”。美联储前主席格林斯潘在国会听证会上表示，这种长短期利率背离的怪异现象主要是中国、日本以及中东石油国等美元储备大的国家大量买入美国中长期国债导致的。当然对此还有其他一些解释。而我国的问题是，无论是国债发行的数量上还是期限结构上，都不足形成有效的无风险利率期限曲线。为

[1] 纪敏、张翔、牛慕鸿、马俊. 货币政策通过银行体系的传导[R]. 中国人民银行工作论文，2016（4）.

此，中央银行创设了长期借贷便利。

第三个问题就是国有企业过度投资和对利率不敏感导致贷款利率难以下降。长期以来，国有企业由于公司治理不完善，存在对利率不敏感和过度投资的现象，特别是地方融资平台。平均来看，国有企业的负债明显高于民营企业，特别是在近几年，面对经济下滑，民企理智的选择是降杠杆减少投资，但是国企却在逆势加杠杆。这一方面是因为国企预算缺乏约束，经理人往往是政府官员调过来的，其个人利益与公司利益并不一致，公司利润并不一定给经理人带来很大收益，反倒是做大资产扩大投资会给其带来很多好处，再加上公司治理不完善，董事会形同虚设，无法约束经理人行为，这就导致国有企业过度投资，这些投资往往都是无效投资。另一方面，尽管国企效率低于民企，有些甚至是长期亏损的僵尸企业，但银行依旧乐此不疲向国企发放贷款，究其原因在于国有企业背后有政府的隐性担保，银行相信政府最后总会救助这些企业。在合力的作用下，国有企业和地方融资平台吸收了大量的货币，尽管中央银行一再下调政策利率，但是贷款利率居高不下，这也反过来进一步挤压了民企的投资空间。

无论是利率市场化还是货币调控方式的转型，都不是中央银行或者金融市场单一主导的，需要具备合适的宏观经济环境以及相关领域的改革配合。不过即使是在市场化程度较高的欧美国家，危机之后，货币政策也不太灵光了，否则也不会放出零利率乃至负利率这样史无前例的大招。

第八节　负利率是个什么鬼

自 2014 年 6 月，欧洲央行宣布将隔夜存款利率降低到 –0.1%，随后瑞士、日本、匈牙利等国纷纷使用，“负利率”逐渐成为一个热门词汇。许多媒体高呼负利率将成为世界的常态。那么问题来了，负利率到底是个什么鬼呢？

从字面上理解，负利率就是我们存入银行的钱不仅拿不到利息，还要倒贴。这真是颠覆了我们对金融的认识，难怪有人说这是一场前所未有的货币实验。其实，这只是对负利率的一层理解。一般对负利率的理解分为三个层次。第一是政策层面，指政策利率为负。具体来说，就是中央银行对商业银行存放在中央银行的超额准备金征收利息。第二是银行层面，指银行存贷款利率为负，这一层面与政策层面的关联是负利率政策成效的关键，后面会分析。第三个层面是指以国债为代表的债券到期收益率为负，即债券购买价格超过未来利息收入和本金总和。

接下来看，为什么一些主要经济体的中央银行要施行负利率政策，效果又如何？从目前施行该政策的经济体来看，他们普遍具有低通胀（通缩）、低增长的特征，施行负利率政策主要就是为了应对这一问题（但也不全是，比如丹麦等国是为了应对本币升值的压力）。理论上看，由于银行会对储户的存款收取利息（管理费），因此消费者会将存款转化为消费，企业会将存款转化为投资。中央银行对商业银行的准备金收取负利息，银行就会有动力通过发放贷款减少准备金账户上的超额准备金，从而拉动经济。逻辑很简单，但现实不简单。

上述逻辑在现实中面对的第一大问题，就是商业银行的存款可能会流失，从而抑制贷款的发放能力。道理很明了，因为存在银行的钱要倒扣利息，因此人们很可能会将存款取出换成现金，从而减少银行体系的基础货币。但一般认为，这一推论不会对政策效果造成太大困扰。因为现金的保管也是有成本的，比如：10 万元的现金好保管，但是 1 亿元现金的保管成本就很大了。全球著名对冲基金桥水公司测算，目前欧元区和美国的现金存储成本分别为 0.4% 和 1.6%，再加上运输成本、保险成本和交易成本，持有现金的总成本更高。此外，商业银行可以通过从央行借款或出售资产获得基础货币。

最重要的一个问题是商业银行的存款利率会有一定黏性。尽管通过政策操作，中央银行可以对商业银行的准备金征收利息，但商业银行能否顺利调整存款利率以保持利差呢？现实中，敢于第一个吃螃蟹是需要勇气的。由于害怕客户流失，存款减少（毕竟银行业的竞争还是很激烈的），商业银行未必会将存款利率降到 0 以下。因为客户流失将侵蚀银行利润，导致银行发放贷款能力受限，给政策目标带来负面影响。从目前的实施效果看，实施负利率政策的首年对经济增长的刺激效果较好，但之后效果递减。

负利率的正面效果不确定，但是负面影响可是很显著的。负利率政策可能带来的危害是不容忽视的。第一个就是对养老基金和保险公司造成重大负面影响。从收入看，这些公司都是依靠长期持有债券等固定收益资产获得利息作为主要收入来源，刚才提到的负利率的第三层面就是债券到期收益率为负；从支出层面看，这些公司都面临未来需要支付一定数量的退休金或赔付，把这些未来现金流折现到现在，就是他们的总负债，折现率越低，其未来的负债负担就越重。英国前劳动部部长罗斯·奥尔特曼（Ros Altmann）估算，长期利率每下降 1 个百分点，就会导致养老金资产缩水 10%，因此许多养老基金已经提高了在职人员的上交比例，但这又会影响现在的消费支出。第二个负面效果就是吹大了资产泡沫，加大了居民杠杆。毕竟贷款不仅不用给利息还会赚钱，居民就有加大杠杆的动力。2019 年 12 月，瑞典结束施行了 5 年的负利率政策，从 5 年实施效果看，瑞典居民的负债增加，房价上涨。未来一旦利率上升，就可能导致债务危机，犹如 2008 年金融危机。第三个负面影响是廉价的资金会使得大量“僵尸企业”继续苟延残喘，影响市场的出清。

以上只是预估到的可能影响，许多潜在的影响还在评估，或许永远想象不到，直到问题爆发（经济学家在预测经济危机方面的记录相当尴尬，更多的是事后的马后炮）。经济学界和金融业普遍持谨慎态度。欧洲央行行长拉加德在欧洲议会发言时说：“政策持续的时间越长，副作用变得更加明显的风险就越大。”

负利率政策在中国也受到热议，很多大V认为中国也会跟进。事实上，每个国家的情况不一样，所实施的政策也不一样。因此，不要因为某些经济体采取了极端政策就认为全世界都会跟进。讨论可能和实际使用还是会有很大区别。作为一个货币管理者，会对经济可能的情况做各种设想，自然也包括经济出现最坏情况的时候。就像一个人买交通意外险，并不代表他认为自己坐飞机就一定会出事，这不过是对极端情况的一种预备。一个货币政策的实施关键取决于两点，一是政策效果的预期，二是当前情况是否需要采取这样的措施。就像医生看病，用不用这个药要看药效以及病人的病情适不适合，医生一般不会给小病的患者开副作用很大的猛药。其实，我国的央行政策定力还是不错的，货币决策者们也多次表示要珍惜货币政策空间，这一点对于我国今后的经济发展尤为重要。

这样看来，无论是量化宽松还是负利率政策都无法带来货币的快速增长，西方发达国家普遍陷入了所谓“三低”（即低通胀、低利率、低增长）状态。那么，货币又是由什么来驱动呢？

第九节 货币靠什么驱动

“货币是靠什么来驱动？”这个问题并不是写到这里才开始探讨，其实细细回顾一下前面的内容，各经济学派的理论都有回答这个问题。亚当·斯密着重强调分工以及自由贸易是经济发展的重要条件，而货币正是实现商品交换以及自由贸易的“润滑剂”，显然在亚当·斯密看来，货币是由经济中实际交易需求所驱动。而在古典理论和货币理论中，货币只是实体经济的“面纱”，货币是外生的，并不取决于经济实际，特别是在弗里德曼看来，货币完全是政府采用“相机抉择”的政策所驱动的。与之相对的是，凯恩斯认为货币需求是由经济内生决定的，人们的交易需求、投机需求和预防需求的决定驱动着货币。

除此之外还有其他解释吗？有的。2008 年金融危机后，兴起了一个新的学派——现代货币理论学派。该学派认为，货币是一种政府债务凭证，不与任何商品和其他货币挂钩，只与未来税收债权相对应。该学派经济学家兰德尔·雷在其著作《现代货币理论》[1]一书中谈到："货币是由税收驱动的。政府首先创造一种记账货币，然后用这种记账货币征税。在所有现代国家，这就足以确保许多（实际上是大多数）债务、资产、价格都可以用本国记账货币为单位进行计价……之后，只要政府接受缴税时所用的货币，就可以发行以同样的记账货币为单位的货币"。

既然货币是由税收驱动的，该学派进一步推导出"税收以及其他强制的义务创造货币需求——只要缴税（或相似的义务）需要支付该种货币。纳税人需要货币，这意味着政府可以通过发行货币的方式来买东西，其他人也会接受这种货币。"那么，纳税人怎样才能得到货币以缴纳税收或者政府的罚金呢？办法有且只有一个，将自己的商品或者劳动力卖给政府，从而换取货币。这就打破了我们原来对财政的看法。一直以来，大家都认为政府征税是为了维持其支出，但是在现代货币理论学派看来，政府支出是不需要有对应收入的，因为政府可以依靠印钞从国民那里获得商品和劳动，而国民为了缴税也乐意和政府做这笔买卖。更进一步，政府花的越多，流入到经济的货币就越多，利率就会降下来。因此，这个学派认为，政府不需要考虑财政赤字，在经济萧条的时候可以大胆花钱，只要没有明显的通货膨胀，产生的财政赤字由中央银行印钞票填补就是了。这就是 2020 年我国热议的"财政赤字货币化"的来源。

[1] 该书中文版已由中信出版社出版。

显然，这一学派也认为货币是由政府外生决定的，不过与弗里德曼不同，现代货币理论认为应该由财政部门主导货币而不是中央银行主导，中央银行只需要印钞直接购买财政部门发的国债就好了。听起来这个理论确实很新颖，但是结合上面咱们谈的货币创造的理论，就可以看出该理论的不足。

在现代经济中，政府纳税仅占其中一小部分，如果单单靠税收驱动，产生的货币显然无法满足经济活动的需求。实际上，在现代经济中，当企业或者个人有购买需求而资金不足的时候，就会从银行获得贷款购买商品或者劳务，在此过程中银行通过贷款行为创造了货币，而市场个体通过购买行为实现了存款的转移（大部分情况都不会使用现金交易），推动货币流通与运行。显然货币是由企业和个人的市场交易行为所驱动。

从货币层次上看，无论是财政支出，还是中央银行购买国债为赤字融资都是基础货币，而银行的作用却被忽略了。孙国峰认为，“现代货币理论错误地将存款货币和基础货币视为并列平行关系，在此基础上的存量—流量分析方法只看到了国民经济核算账面上的平衡，而忽略了货币创造的内在机制与动态过程……现代银行信用制度更接近于一种‘公私合营’的制度安排。作为货币创造的核心中枢，银行具有双重身份——不仅是以盈利为目的的企业，也承担着一些非常重要的公共职能（创造货币，笔者自加）……公共部门（中央银行，笔者自加）创造的货币为基础货币，银行创造的货币为存款货币，存款货币需要以基础货币为支撑。”[1] 显然，政府不能代替银行的货币创造功能。更重要的是，货币需求是由生产、交易、贮藏、支付和清算等经济活动所驱动。当经济繁荣，企业扩大生产，全社会的交易增加（不仅包括商品交易，还包括股票等金融资产的交易），银行就会通过信贷行为创造货币（如“钱荒”事件恰恰是广义货币的“多”）；当经济萧条，消费和投资收缩，企业减少生产，乃至金融资

[1] 孙国峰．对现代货币理论的批判 [J]. 中国金融，2019（15）.

产价格下跌、交易量减少，货币需求就会减少，即使政府当局如何“量化宽松”向市场注入基础货币，只要银行的货币创造能力减弱，经济和通胀都难以有所起色（如二十多年来的日本以及现在的美国）。

其实，在我国也可以找到货币是由生产、交易、贮藏、支付和清算等经济活动所驱动的证据。

第十节 中国的高货币增长之谜

在经济学中 M2/GDP 被称为经济的货币化率，这个指标被视作衡量一个国家经济发展水平的最重要标志之一。世界银行按照国家收入高低将全球 200 多个不同经济发展水平国家分为低收入、中低收入、中等收入、中高收入、高收入五类。从世界银行 2011 年的数据看，全球 M2/GDP 为 125.65%，其中，低收入国家 M2/GDP 为 47.89%，中低收入国家为 61.24%，中等收入国家为 99.91%，中高收入国家为 110.13%，高收入国家为 139.45%。可以发现，M2/GDP 随着国家收入水平提高而相应提高，中高收入与高收入国家 M2/GDP 均高于全球水平，也超过 100%。从这个数据就可以看出，国家越发达、市场越完善，其所用来满足生产、交易、清算的货币需求就越多。不过，在主要经济体中，中、日两国在这一指标上远超出其他国家，但也不能说中国就比美英国家发达了。同时，也有很多人拿这个指标来说中国“货币超发”，这样的说法也过于片面。看看通胀的历史记录，货币化率不高的美国历史上通胀严重程度也不低，特别是在上世纪 70 ～ 80 年代石油危机期间。

那么，为什么高货币增长却没有在中国造成严重的通胀呢？

早在 20 世纪 90 年代，现任中国人民银行行长易刚就对中国 M2 高速增长却没有相应高通胀率给出了解释。他认为，当时中国正从原来的计划经济体制向市场经济体制转型，很多东西商品化，这就刺激了货币需求。比如说，20 世纪 50 ～ 60 年代出生的人，年轻的时候是不会担忧高房价这个问题的，因为那个时代房子根本就不是商品，是不可以买卖的。城市里的职工只要有单位就会分配房子，差别不过是分给你的房子是筒子楼、小平房还是新建楼房而已。同样，医疗也是基本不用钱的，人手一个医疗本，小病在工厂医院，大病去市里医院，在医疗本上划横杠就完事了。现在呢，房子是要花钱买的，看病也是要钱支付的（即使有医保，医保局和医院也是用钱来划账的）。因此，大量的货币是为了满足新生的市场化交易，称之为货币化进程。从这段历史就可以看出，这个时候的货币高增长是由经济市场化改革中出现的大量商品交易需求所导致的。

当然，货币化进程不可能永无止境。随着市场化转型的完成，原来能够吸纳超额货币的商品领域、要素领域和资产领域已经呈现出边际递减的趋势，经济学家巴曙松早在 2012 年就认为，中国货币化进程已经接近尾声。从 1990 年至今，我国的货币供应量大概涨了 60 多倍，即便算上房价上涨，同期的物价水平似乎也没有这样的规模涨幅。因此单靠这一点也无法完全解释中国的高货币之谜。

一国的最优货币量到底应该是多少呢？早在 1973 年，美国经济学家麦金农就已经明确提出最优货币化概念，并试图给出正式解释。他认为，一国经济最优货币化的实现，需要在货币需求者和货币供给者之间达成利益均衡。为了达成这种利益均衡，要求银行体系的边际投资收益，能够同时抵补货币持有者实际收益的增加和银行机构本身经营成本的边际支出。简单说，银行也不是存款越多越好，存款是银行的负债，负债是有成本的（比如利息、管理成本、应付大量的提现需求等等），负债超出一定的临界值，其边际效应可能就是负，即负债的成本超过收益。但是如果银行得到政府的补贴，就能降低银行负债的成本，提高银行的存款需求。这一特色在我国比较明显。事实表明，中国银行体系实际的吸收存款能力远远大于一般银行体系基于边际计算所能达到的均衡水平。中国的银行体系之所以能够吸收更多的存款，其奥秘就在于政府提供的“隐性担保”。比如，在我们国家很少发生银行挤兑事件，因为我国主要的大银行基本都是国有的，大家相信，即使银行本身出现流动性问题或者破产，政府也会出来解决。尽管政府从来没在法律层面做过承诺，但大家都相信。如果没有这层“担保”，民众就会要求银行提供更高的存款收益以弥补银行倒闭的风险，存款成本的上升自然会降低银行的存款需求。

其次从我国的金融结构上来看，我国是以间接融资（银行贷款）为主的国家，银行贷款这一行为本身就创造了存款，这一点也可以解释日本的高货币现象。而英美是以直接融资为主的国家，发行股票、购买债券这些行为只是存款搬家，本身并不会如贷款那样创造存款。

同样带来的另一个问题就是之前我国理财途径较少，除了存进银行没有其他更多的选择，再加上中国的高储蓄率使这一问题尤为突出。

最后一个值得一提的就是货币需求的规模弹性。简单说来，就是增加1元的收入，企业会留存多少作为现金或活期存款。以前的研究假设，所有企业的货币需求的规模弹性都是差不多一样的，但是近来的研究发现，我国的大企业和小企业在这一点上具有明显差异。彭方平[1]等人的研究结果发现：我国货币需求的规模弹性大于西方国家的企业，即多增加1元的收入用于储蓄的金额更多；大企业与小企业货币需求规模弹性存在显著的差异，大企业拥有相对更低的规模弹性，即留存的存款较少。

一般认为，拥有成熟发达的金融市场的情况下，企业一般不会持有很多现金或活期存款，因为持有这些高流动性的资产收益是很低的。当企业需要应付短期现金需求，如购买原材料、发放工资等，完全可以通过金融市场

[1] 彭方平，连玉君.我国货币政策的成本效应——来自公司层面的经验证据[J].管理世界，2010(12).

的借贷完成。然而，由于我国金融市场尚不发达，中小企业由于融资难融资贵的原因，需要在账上持有大量的现金或者活期存款，以满足不时之需。

由此可以看出，经济结构、金融结构、经济体制的差异都会影响一国货币数量。而从我国的货币化进程中也可以看出，货币是由生产、交易、贮藏、支付和清算等经济活动所驱动的。

第十一节　货币之“锚”

在现代信用货币制度下，中央银行可以通过“敲击”键盘增加基础货币，银行可以通过贷款“无中生有”的创造货币，那这个法定的货币是不是就可以无边无际、有恃无恐了呢？恐怕也不一定。比如，越南统一初期，尽管越南中央银行限制社会中美元的流通量，但是，出租车司机、酒店和餐馆都愿意接受美元；在巴西圣保罗，星期天的分类广告一律以美元开价，而在莫斯科，5000 美元现金就能将一辆崭新的日古利轿车开回家。看来国家法律有时也不能保证其货币在本国内被老百姓心甘情愿地接受。

还是回到经济学家明斯基那句话：“任何人都能创造货币，问题是如何让它被普遍接受。”能不能接受取决于货币的价值。信用货币制度下，货币数量可多可少，仿佛大海有潮汐潮涨，但货币的价值可不能轻易的“随波逐流”，货币价值这艘“船”的稳定取决于它的“锚”。

何谓货币的“锚”呢？

在贵金属充当货币的时代，货币是不需要“锚”的，因为贵金属的开采、冶炼、铸造以及分布的不平衡（稀缺）约束着它的供给，金银的价值就是货币的“锚”。到了信用货币制度下就不一样了，得益于伟大中华民族发明的印刷术和造纸术，印刷纸币的成本是很低的，总不好说造纸和印刷的成本就是这张纸币的“锚”吧。

自打有了纸币以后，货币就一直在寻“锚”。早期中国钱庄的银票和美国发行的“银行券”“金币券”“银币券”之类的，尽管其形态是纸币，但是它的“锚”好定，因为它们都可以立马换成等价值的贵金属，所谓“见票即付”是也。贵金属本位下的纸币之“锚”就是它所能兑付的黄金、白银。

但是大萧条的到来，却从表面到内涵彻底改变了纸币。原先美国的金币券印着“In Gold Coin Payable to the Bearer on Demand”（向持票人兑付金币）。为了应付大萧条和战争，欧美各国废除了贵金属本位制度（尽管中间也短暂恢复了一段时期），美元替代了金币券，“向持票人兑付金币”的字样也消失了，取而代之的是“This note is legal tender for all debts，public and private”（本法定货币可用于支付一切公私债务）。尽管美国以法律的形式确立了 1 盎司黄金价值 35 美元的法定价格，但是政府宣布进行黄金管制，强制美国公民将手中黄金换成美元，并禁止公众在国内拥有黄金或从国外购买黄金。所谓的“1 盎司黄金价值 35 美元”也就是说说而已，你要真想将手中的美元换成黄金给老婆打个项链、戒指啥的，门儿都没有！

1945 年后，美国在西方世界建立了“布雷顿森林体系”，确立了双挂钩机制——美元与黄金挂钩（1 盎司黄金价值 35 美元），其他各国货币与美元挂钩（保持一个固定汇率）。西方各国毕竟不是美国的公民，尽管在美国国内美元无法换成黄金，但是西方各国是可以拿着手中的美元找美国政府按照 1 盎司黄金 35 美元的价格兑换成黄金的。布雷顿森林体系崩溃以后，世界货币进入了“牙买加体系”，简而言之就是世界各国的货币“放飞自我”，不再与任何东西挂钩，汇率自由浮动。

“放飞自我”的后果是严重的，有些国家不仅是“放飞”简直是“放纵”，比如津巴布韦发行的货币，其票面数字“1”后面有几个“0”，不花点时间还真是数不清，其最大面值货币 100 万亿（请拿纸和笔自己算有几个 0，手指头是不够用的），但是其价值恐怕和废纸没有太大区别（根据 2019 年 12 月 9 日汇率，1 元人民币可以换 8693940286 津巴布韦元）。当然，这样的货币即使再“法定”，本国公民也是不会接受的。

脱“锚”的货币恐怕还是要寻“锚”。许多国家开始再次将自己的货币与美元挂钩，以美元为“锚”。这点在拉美国家尤其比较普遍。厄瓜多尔甚至宣布废除本国货币苏克雷，直接以美元作为该国的流通货币；巴拿马除了使用其本国货币巴波亚之外，还将美元设为法定货币。还有一些国家和地区采取货币局制度。货币局制度下，政府以立法形式明确规定，承诺本币与某一确定的外国货币（美元）之间可以以固定比率进行无限制兑换，并要求货币当局确保这一兑换义务的实现。

这说明，实力弱小的国家或地区一般会钉住一种强势货币，以此货币作为本国货币的“锚”，本国货币的发行，以“锚”货币的外汇储备为发行保证。比较典型的就是我国的香港特别行政区。我国香港特别行政区政府将 7.8 港币兑 1 美元作为固定汇率，只允许一个很小的波动范围。当港升值到 7.75 美元兑换 1 美元的时候，中国香港金管局就会买入美元投放港币以使港币兑美元汇率回到 7.8；当贬值大 7.85 港币兑 1 美元的时候，就会卖出美元买入港币。每发行 7.8 元港币，必须要有 1 美元的外汇储备作为保证。大家可以仔细看一下港币，不同面额的港币尽管图案不一样，但都有四个字“凭票即付”，“即付”的就是美元，港币持有者可以随时到银行兑换成美元。

对于中国香港这样的小型经济体，由于其经济自由度高，属开放性经济体，这样的汇率制度有助于稳定香港经济，减低外国经济及汇率上的波动对中国香港造成的冲击，亦可减低与中国香港从事贸易及外国投资者在中国香港投资的汇率风险。此外，中国香港的原材料、食品与消费品等，大部分依赖进口（用美元支付或标价），固定汇率亦可稳定香港的物价。但是货币局制度不是没有代价的，那就是失去了货币的发行权利，这也就意味着没有了货币调控的权利。因为货币发行完全取决于美元的流入多少，政府无法决定发行多少货币，这也是实行联系汇率制度的国家或地区只有货币局（金融管理局）没有中央银行的原因。

而更大的问题在于美元自己也没“锚”，尤其金融危机后，一轮轮的量化宽松，滚滚美元洪流“飞”向全世界，许多国家开始了“去美元化”。

那么究竟信用货币该以什么为“锚”呢？关于这点，议论纷纷。我国学者周其仁提出以中央银行行长为锚。他认为，“在由活生生的人组成的经济里，‘非人格化的制度安排’终究受制于在传统、历史教训、现实的经济政治力量等约束下的人的行为。”因此币值的稳定取决于中央银行行长是否能顶住压力坚守原则。在他看来，美联储前主席保罗·沃克尔就是美元重建的“央行行长之锚”[1]。显然这一看法具有浓厚的货币主义学派的味道。

美国哥伦比亚大学经济和金融学教授帕特里克·博尔顿和我国学者黄海洲提出了国家资本结构理论。他们借鉴金融学中的公司财务理论，将国家比作是一个公司，而公民则是公司的股东。一国的主权货币以及本国货币的国债相当于“股票”，而无论是公民还是政府从其他国家借入的钱相当于是公司“债务”。当一国超发货币造成通胀的时候，相当于公司在股票市场上增发，在一国经济水平没有发展的情况下，“股本”被稀释，“股票”价格自然下跌。向其他国家借钱固然不会存在稀释“股本”的问题，但是债务多了就会有破产的风险。一个国家应该借多少外债、发行多少货币、增加多少外汇储备是个大问题。他们认为，国家一方面应尽量少借外债以减少国家破产风险，但过量发行货币或以本国货币发行国债（股票）又会增加通货膨胀（稀释成本），最优资本结构应使二者达到平衡。外汇储备则可以减少由外债引发的国家破产风险。不论是股权融资（发货币）还是债务融资（借外债），资金应该投向收益为正的项目，这样才能使“股票”增值。如果资金投向无效的项目，那么要么导致“股票”跌价（通货膨胀、货币贬值），要么引发债务危机。

其实无论是以“中央银行行长”为“锚”，还是以别国货币为“锚”，任何一个国家要想货币币值能够长期保持稳定，不会大起大落，不会大幅度贬值，都必须找到一种方法，让全世界都相信，你做出的关于通货膨胀的承诺是可信的、可靠的。一种货币是否能在全球范围内流通，最关键的也是建立起让全世界都承认的信用。归根结底，一国货币的“锚”应该是这个国家的经济实力、军事实力和提供保证的一套制度体系。

---

[1] 周其仁．货币的教训 [M]．北京：北京大学出版社，2012：1.

第七章

逃不脱的“魔咒”

第一节 经济危机与金融危机

郁金香对于植物爱好者来说一定不陌生，其因美丽鲜艳而圈了不少“粉丝”，荷兰更是将其选为国花。不过，对于荷兰这个决定我一直挺诧异，要说郁金香在历史上可是大大伤害了荷兰人。

郁金香原产于小亚细亚，1593 年传入荷兰。17 世纪前半期，由于郁金香被引种到欧洲的时间很短，数量非常有限，因此价格极其昂贵。在崇尚浮华和奢侈的法国，达官显贵们附庸风雅，不惜一掷千金购买这种花。不过，此时的价格比起后来的价格可就显得相当便宜了。

一次偶然的自然事件彻底改变了郁金香的价值。17 世纪前期，一种“病毒”潜入了郁金香体内，一番基因突变后，郁金香更加亮泽艳丽，成为了全欧洲的“网红”，身价开始暴涨。敏锐的投机商开始囤积郁金香球茎，并推动价格上涨。1635 年，人们购买郁金香已经不再是为了观赏之用，而是期望其价格能无限上涨并因此获利。是不是很熟悉的套路？炒作郁金香成为了荷兰的“国民运动”。阿姆斯特丹交易所为了满足郁金香的狂热交易，专门为此设立了买卖会场。一个月前 1000 荷兰盾一颗的郁金香球茎，不到一个月后就升值为 2 万荷兰盾了。1637 年 1 月，一颗最普通郁金香球茎的价格涨到了 64 荷兰盾。很快，这支郁金香球茎的价格就变成了 1668 荷兰盾。一种被称为“奥古斯都”的稀有品种郁金香，其价格可以换回阿姆斯特丹的一所顶级豪宅。那会儿，要是能手捧一大扎郁金香向女友求婚，无异于现在送豪宅和豪车，成功率倍儿高。

狂欢的盛宴不会永远持续下去，“上帝欲让其灭亡，必先让其疯狂”，疯狂的后面就是崩塌。崩塌的导火索来自一次普通的郁金香拍卖会。有一颗糖白颜色的郁金香球茎报价 1250 荷兰盾，但是平时疯狂举牌的景象没有出现，竟然没有人去接盘，这就尴尬了。人们忽然意识到自己手中的郁金香也可能面临相同的情况。这一消息如瘟疫般迅速传播，人们开始疯狂抛售手中的郁金香，如此整齐划一的举动换来的结果也是高度一致——没人接盘。郁金香价格开始“飞流直下三千尺”。接着，荷兰全国上下玩起了“躲猫猫”的游戏，到处都是讨债和躲债的，并且“游戏”身份随时变换，讨债的很可能兼具躲债的身份。一年之后，荷兰政府通过一项法律，允许郁金香的最终买主在支付合同价格的 3.5% 之后中止合同。这次事件就是金融史上有名的“郁金香泡沫”（图 7–1）。

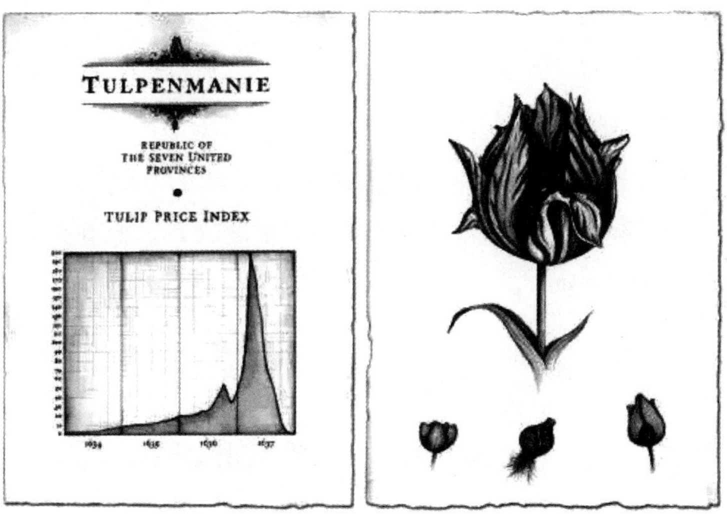

图7–1　郁金香泡沫

相信“郁金香泡沫”不是人类历史上的第一个“泡沫”，不过可以更加肯定的是它也不会是最后一个“泡沫”，此后诸如“南海泡沫”等事件层出不穷。随着金融业务发展，人们用一个更加现代的词——“金融危机”来形容这类事件（套路）。

金融危机仿佛是撒旦给人类下的魔咒一样，与人类的发展如影随形。经济学家拉斯·特维德在其经典著作《经济周期》一书中统计了自1557～2001年，400多年间发生的大规模金融危机一共45次，平均不到10年发生一次。随着金融业的发展，金融危机发生的频率越来越高，间隔时间越来越短。

与“金融危机”一同出现的还有“经济危机”一词，它们是一回事吗？先对这两个词做个定义。这里采用龚刚等中国学者的定义，经济危机就是，如果经济的下行波动已无法由常规的宏观稳定政策予以熨平，那么经济将爆发危机。金融危机是基于银行挤兑、系统性金融机构倒闭和债务大规模违约等标志性事件进行定义和识别。简而言之，经济危机就是经济（产出）出现大幅度下滑（萎缩）和高失业；金融危机则是出现金融机构大规模倒闭，金融市场丧失融资功能。

那么他们之间有什么样的关系？美国经济学者研究了1870～2008年间发达国家所遭遇的176次经济衰退，发现有接近一半（78起）均率先爆发了金融危机，其中有42起是系统性银行业危机，36起是全球性金融危机。为何金融危机会和经济危机有如此紧密的联系？金融市场的紊乱是如何波及实体经济的呢？

第二节　眼见他起朱楼，眼见他楼塌了

纵观历史上发生的金融危机，尽管细节各不相同，但是共同的特征却非常明显，其中高负债（高杠杆）就是典型。以18次金融危机前后债务的变化为例，尽管这18次危机发生的国家和时间都不一样，但是无一例外，在危机前都经历了债务的快速增长，并在危机发生当年债务达到顶峰，而在危机后债务迅速下降（图7–2）。

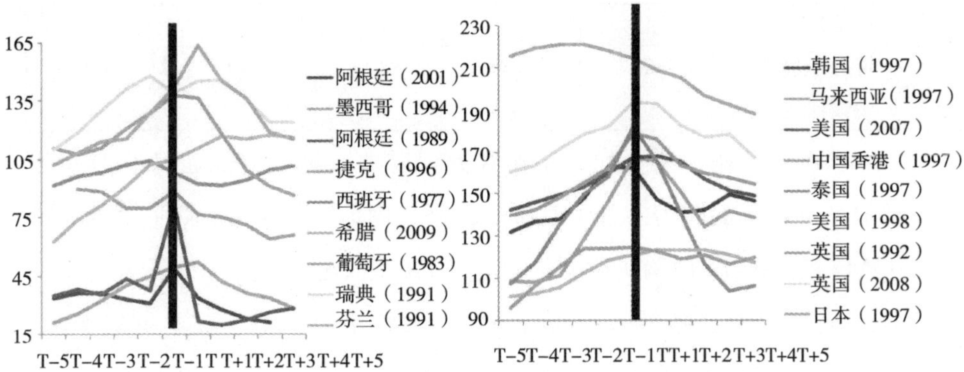

图7-2 18次金融危机前后债务变化

数据来源：BIS 的实体部门（企业和住户）杠杆率。T 为危机爆发年份，主要根据 Laeven & Valencia（2008）。

债务是怎么升上去的？又是怎么引发危机的呢？咱们先玩个游戏，这个游戏许多电脑玩家都比较熟悉，就是《大富豪》[1]。假设有 ABCDE 五个人，分别拥有初始资金 100 元现金，每个人有 30 股股票（也可以是房子、债券、金融衍生工具等等）。假设一开始的时候股票价格是 10 元 / 股，起初大家都是无债一身轻。资产净值的算法是（资产的总数 × 资产的价格 + 手上还有的现金 – 总负债），此时五个人净资产均为 400（10 × 30+100）（表 7–1）。

表7–1 初始状态

项目	A	B	C	D	E
初始资金	100	100	100	100	100
总负债	0	0	0	0	0
资产价格	10	10	10	10	10
资产持仓量	30	30	30	30	30
新增负债	0	0	0	0	0
交易借款	0	0	0	0	0
应付利息	0	0	0	0	0
本轮所剩现金	100	100	100	100	100

[1] 游戏参考知乎专栏《天上不会掉馅饼》，https://zhuanlan.zhihu.com/wontfallinyourlap.

续表

项目	A	B	C	D	E
资产净值	400	400	400	400	400
负债比重	0	0	0	0	0

游戏正式开始，第一轮，A 和 B 觉得股票会涨，分别向 C 和 D 买进 10 股股票。购买的行为推升了股票的价格，由原来的 10 元涨到 12 元（没有涨跌停板限制）。而购买股票的资金（120 元）已超过 A、B 两人手中的现金，因此，A、B 各借入 100 元。第一天收市后，由于股票价格上涨，每个人的资产净值都增加了 60 元，而且大家一模一样。A、B 就是“活雷锋”（表 7–2）！

表7–2　第一轮

项目	A	B	C	D	E
初始资金	100	100	100	100	100
总负债	100	100	0	0	0
资产价格	12	12	12	12	12
资产持仓量	40	40	20	20	30
新增负债	100	100	0	0	0
交易支付	–120	–120	120	120	0
应付利息	0	0	0	0	0
本轮所剩现金	80	80	220	220	100
资产净值	460	460	460	460	460
负债比重	21.74%	21.74%	0	0	0

尝到甜头的的 B 第二天开市后继续入场扫货，A 是浅尝辄止。当然买股票的钱还是借。B 又借了 100 元向 C 买入 10 股，这一买入行为刺激股价继续上涨到 13 元 / 股。不过第二天收市前，A 和 B 要把前一天借的钱的利息给还了，假设利息是 10%（10 元）。由于股价上涨，大家身家（净资产）又都涨了。不过与前一天不同，敢于借钱的 A 和 B 身家已经超过了 C、D，顺带拉上了啥也不干保持佛系的 E（表 7–3）。

表7–3　第二轮

项目	A	B	C	D	E
本轮初始资金	80	80	220	220	100
总负债	100	200	0	0	0
资产价格	13	13	13	13	13
资产持仓量	40	50	10	20	30
新增负债	0	100	0	0	0
交易支付	0	–130	130	0	0
应付利息	10	10	0	0	0
本轮所剩现金	70	40	350	220	100
资产净值	490	490	480	480	490
负债比重	20.41%	40.82%	0	0	0

第三天开市，连日的涨势以及暴涨的身家使 B 胆子更壮（动物精神），继续加仓买入 20 股。不过手头的“弹药”不足了，只剩下 40 元现金。没条件加仓，但这时，创造条件也要加仓，一个字“借”！要说银行怎么还愿意借，这都已经借了 200 元了。没关系！人家净资产可有 490 元呢，借个 300 元继续买！买！买！第三天收市，股票涨到 14 元，偿还利息后 B 还剩现金 40 元，不过净资产与胆小的 C、D 进一步拉大，真是应了那句老话“撑死胆大的，饿死胆小的”（表 7–4）。

表7–4　第三轮

项目	A	B	C	D	E
本轮初始资金	70	40	350	220	100
总负债	100	500	0	0	0
资产价格	14	14	14	14	14
资产持仓量	40	70	0	10	30
新增负债	0	300	0	0	0
交易支付	0	–280	140	140	0
应付利息	10	20	0	0	0
本轮所剩现金	60	40	490	360	100
资产净值	520	520	490	500	520
负债比重	19.23%	96.15%	0	0	0

第四天开市，刚从前一天的喜悦情绪中缓过神来的 B 发现了一个问题。第四天不管他干什么，都必须还利息 50 元，而手中只有 40 元现金，咋办？老办法继续借啊，所谓“借新还旧”。不过，这个时候借钱就有点被动的意思了，前两天就是不借钱手中现金也够还利息的，但从第四天起睁眼第一件事就是借钱。当天还是继续加仓，要不股价咋涨上去啊。第四天收市股价继续涨，B 的净值也涨，不过已经不是独占鳌头了，被 A 反超。没关系，关键自己和自己比有进步就行。但值得关注的是负债（700 元）已经超过了净资产（540 元）（表 7–5）。

表7–5 第四轮

项目	A	B	C	D	E
本轮初始资金	60	40	490	360	100
总负债	100	700	0	0	0
资产价格	15	15	15	15	15
资产持仓量	40	80	0	0	30
新增负债	0	200	0	0	0
交易支付	0	–150	0	150	0
应付利息	10	50	0	0	0
本轮所剩现金	50	40	490	510	100
资产净值	550	540	490	510	550
负债比重	18.18%	129.63%	0	0	0

第五天开市，B 手中的现金与应付利息差额扩大到了 30 元。只能继续第四天的老套路。就这么循环借下去，狂欢的盛宴仿佛可以永远持续下去。但真是这样吗？ B 的债务是在一天天膨胀，而股票的价格不可能涨到天上去，当所有的股票都被买完的时候（不包括佛系的 E 手上的股票），B 的资产总值停止不动了（而且这个价值也只是理论上，因为市场上已经没有交易了，资产价值的评估只是按照上一轮的交易价格来算），但是负

债却是呈指数增长（新增债务 + 利滚利）。你一定会问为啥 B 不卖点股票？说的轻巧，股票都在它自己手上，那么大的量，那么高的价格，A 刚清盘，C、D 当年那么低的价格都不买，现在指望他们来当“接盘侠”，可能吗？至于一直佛系的 E，几乎都忘了还有这么个人存在！

那就降价卖吧？恐怕也不可能，一降价净值就下跌，还指望着靠净值借钱还利息呢。这就有点骑虎难下的味道了。为今之计只有继续借钱！可是债务不会长到天上去，万物终有极限，以债养债的结果只有一个，资不抵债，现金流断裂。

此时抛不抛售股票已经由不得 B 了。由不得 B 的还有股票价格，是打 5 折还是 3 折？恐怕只有天知道。

这里也可以顺便回答一个问题，我们常看到媒体说“市值蒸发了多少亿元”，这蒸发的钱去哪儿了？这个游戏可以很好解释这个问题。期初股票市值是 1500 元（150 × 10），就在 B 砸盘前一刻股票市值为 2550 元（假设股价为 17 元 / 股，150 × 17）。现金流断裂后，B 打 1 折卖出，股票市值则为 255 元，相较期初市值蒸发 1245 元，钱去哪儿了？以 17 元交易的股票数量仅是 20 股，而不是股票的全部数量 150 股。B 后来倒是打算 150 股全卖出去，卖价恐怕就不是那个价格了。一场大富豪游戏玩下来，所谓的净资产也不过是纸面财富，今天长到天上去，明天或许就跌到地壳里，能否创造财富取决于股票背后的公司，能够创造财富的公司也将以分红的形式回馈股东，这才是财富的增长。

可问题是由于银行面临着信息不对称，资产净值在信贷中占有重要地位，丝毫不亚于抵押品的作用。当净资产建立在高负债的基础上，负债的数量不会变化，而资产的价格却会发生极端变化，此时 B 这样的状况已不再是一个人而是普遍现象，市场离崩塌也就不远了。正如清代著名戏曲家孔尚任在《桃花扇》里那句话：“眼看他起朱楼，眼看他宴宾客，眼看他楼塌了。”

第三节　成也“萧何”，败也“萧何”

玩了上面的游戏你可能会觉得毕竟只是个模拟，里面有太多的假设，B 怎么可能就凭净值可以借那么多钱，对于节节攀升的股价，其他人怎么可能无动于衷？是的，这个游戏和真实的市场还是有很大区别的。因为真实的市场更精彩！

《大富豪》游戏里，B 负债对应的资产是股票，但在 2008 年金融危机中，负债撬动的主要资产则是资产证券化产品，资产证券化既是全球金融市场的一大创新，又是次贷危机爆发的诱因之一。

那么，什么是资产证券化产品呢？举例说明，张三、李四、王五向银行贷款买房，三个人共借了 300 万元，20 年后利息加本金一共要还 500 万元。但是商业银行在放出贷款后并不想把这笔贷款留在账上，因为要等 20 年，时间太长，还要消耗资本金，限制银行贷款能力。

啥又是资本金呢？这有点类似于一般企业的注册资本。尽管银行都是通过负债来完成信贷业务（重要事情强调三次，贷款创造存款，存款是银行的负债），但是银行家们也不能“空手套白狼”，总要有初始投资（股本），这就是银行资本金。资本金要多少才能开银行呢？这就有讲究了，老王开间银行投了 100 元做资本金，隔壁老李投 2 元钱也开了个银行。那你一定会说还是把钱放在老王的银行更安全。那可不一定。要是老王银行的资产 / 负债是老李的 100 倍呢？资本金不取决于具体金额，而取决于银行资产规模的比例。

起初由于各国对银行资本金的要求不一样，这就会导致国际银行不公平竞争的问题。比如 A 国要求的资本金比例是 10%（可以发放资本金

10 倍的贷款），B 国要求的资本金比例是 50%（只能发放资本金 2 倍的贷款），同样资本金金额的情况下，A 国银行可以发放的贷款额度是 B 国的 5 倍（或者说 A 国银行的成本低于 B 国银行的成本）。这就产生了一个悖论，风险低的银行没有竞争力。1974 年，西方 10 国成立了巴塞尔委员会，对银行监管制定了统一的标准。虽然巴塞尔委员会不是严格意义上的银行监管国际组织，但事实上已成为银行监管国际标准的制定者，其中最重要的就是《巴塞尔协议》。说是协议，从字数上看更像一本大部头的书（实际也是按书来卖的）。该协议对银行的监管内容很多，但最核心的一条就是资本充足率。最新的《巴塞尔协议Ⅲ》要求银行的核心资本充足率要达到 7% ～ 8%，也就是说银行资产最多只能是资本金的 12.5 倍。这个资产计算可是个技术活，不同的资产根据不同的风险其权重是不一样的。按风险程度从小到大依次划分为“无风险”到“完全风险”五个级别，分别赋予 0、10%、20%、50%、100% 的风险权重，因此这个资产准确的说就是风险加权资产。比如在我国，国债的风险权重就是 0，这意味购买国债并不会占用银行的资本金；给中小企业和个人的贷款风险权重则是 75% ～ 100%；而银行间互相借款的风险权重则是 20% ～ 25%。因此，除了中央银行的存款准备金外，银行监管机构对银行的监管要求也会限制银行的贷款能力。

继续回到上面资产证券化的小故事中。赚钱这种事情 20 年太长，只争朝夕。那咋办？于是商业银行就把这 300 万元打包卖了，张三、李四、王五每月都要还款不是吗，这 300 万元抵押证券每个月都会产生现金流，于是银行以 310 万元的价格卖给了投资银行（可以看做是我国的证券公司，除了各种投资银行，这个链条中更著名的就是俗称“两房”的房地美和房利美）。注意卖出去以后，债主由银行变成了投行，但是每月还款、催收啥的后台工作还是银行来做（还能赚取服务费）。银行和这笔贷款算是没关系了，风险也就从商业银行转移到了投行。这个过程银行赚了 10 万元，既转嫁了风险又释放了资本金，于是继续贷款给陈六、马七买房子，然后打包成资产再买，再贷……如此循环往复。这资金周转效率，果然是只争朝夕。问题是有能力贷款买房的人毕竟有限，可赚钱的欲望是无限的，于是银行就把眼光盯在那些没能力贷款买房的人身上（比如打临工的黑人、卖唱的拉丁裔人……可他们连首付都没有啊。没关系，零首付！由于这些人的还款能力比较差，所以发给他们的贷款叫作次级贷款，这就是次贷危机里那个“次”的来源。

但你要是以为投行买了这些信贷资产，坐等20年慢慢收利息，那就太天真了！他们比银行还贪婪还“聪明”。买了银行的信贷资产后，这些投行第一步是以这些资产未来所产生的现金流为偿付支持，发行资产支持证券，这就是所谓的“资产证券化”（图7-3）。信贷资产包含业务种类非常多，不仅限于房贷，可以是信用卡借款、学生贷款、汽车贷款……凡是能产生现金流的资产，理论上都可以证券化，当然最大部分的还是住房抵押贷款证券化（MBS）。

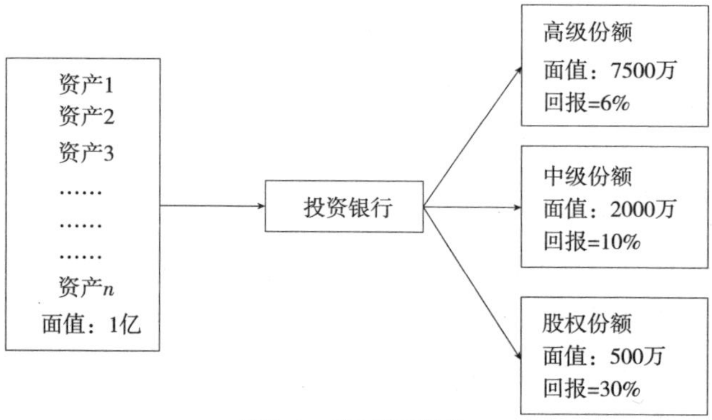

图7-3 资产证券化

第四章讲过为应对20世纪60、70年代美国的高通胀，沃克尔采取了紧缩的货币政策，市场利率大涨。但是受到Q条例的约束，美国银行的存款利息是有上限的，无法跟随上涨，再加上高通货膨胀率，储户就想将存款挪到其他收益更高的地方，如货币基金、债券基金、信托等，这就是“金融脱媒”。1974年，美国居民把8%的金融资产放在现金和活期存款，35%放在定期存款，0.1%放在货币基金，3%放在共同基金，47%放在养老金。到

2016年，这些数字演变为2.5%、22%，2.7%、31%和53%。在这43年中，活期存款的比重降低了5.5%，银行存款的比重整体下降了8.5%，货币基金的比重超过了活期存款，共同基金和养老金合计增加了34%。

以货币基金、保险公司、养老基金为代表的机构投资者持有数额庞大的现金（金融脱媒的结果），并对投资期限短、流动性好以及安全性高的金融资产有强烈的偏好（这就是为什么你买的“宝宝类”理财能快速赎回）。投资银行就将各种资产抵押证券改造为符合机构投资者“口味”的证券，赚取差价。要说信贷资产，特别是住房抵押贷款期限都是很长的，而且相比国债或高等级信用债，其安全性就差多了。怎样把它变成符合投资者“口味”的产品呢？要说能在华尔街混的，智商可不是一般人能比的，只要能赚钱就没有难倒他们的事儿！

于是，华尔街投行们高薪聘请了许多金融工程师（大部分都是常青藤大学的数学、物理学博士）设计了五花八门的金融产品，这些产品都是针对一两个大客户要求设计的，十分个性化，堪称“服务到家”。这里举一个最简单的例子，次级抵押证券风险比较大，养老金等大机构可不想买，就是买，价格也要打个折扣。可投行不干，给你折扣我咋赚钱。你不是怕有风险吗，那我就给你设计成无风险。投行就把这些按揭贷款抵押证券再打包分层，分为A、B、C三层，如下图所示（图7-4）。

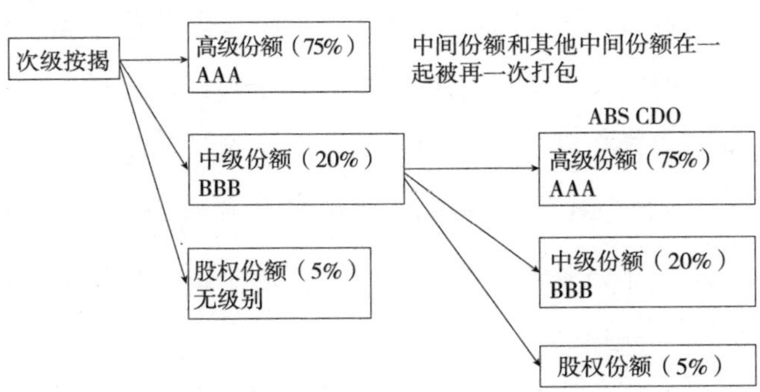

图7-4　资产证券化“点石成金”

如果这些房贷有人不还了，产生的损失先由C层500万来承担，C层承担不住，就由B层2000万承担，B层兜不住才轮到你A层。不过按照以前次级贷款违约率来看，A层承担损失是不可能的（经验主义害死人啊）。不过B、C层承担的风险大，自然要求的收益比较高。一般来说，C层都是投行自己留着了，因为风险大难卖。A层最安全，且收益不错，最适合各类追求稳健、高流动性（在市场上好转手）的投资机构的“胃口”。此操作堪称“点石成金”，一个原来被评为C级的资产，瞬间被打造成评级为A级的证券。看到这里，你一定会被华尔街精英们的智慧所折服，这还没完，B级的份额也不能浪费，把B层再分成A、B、C三层（学名CDO），分层的分层再分层……厉害吧！

整个链条就好比下馆子吃饭，银行是菜贩子，负责提供食材（各类信贷资产）；投资银行是大厨，负责按照客人“口味”做成各种美食；而以货币基金为代表的机构投资者则是饭店的顾客。

第四节 影子银行的“魔术”

上面链条中，除了担纲“菜贩子”角色的银行外，投资银行、货币基金等有个统一称呼——“影子银行”。为什么会有这个名字呢？按照金融稳定理事会[1]的定义，影子银行是指游离于银行监管体系之外，可能引发系统性风险和监管套利等问题的信用中介体系。实际生活中，如投资银行（证券公司）、对冲基金、货币市场基金（“宝宝类”产品）、信托投资公司、保险公司（部分业务）等都可以算在影子银行体系内。由于各国的

[1] 前身为金融稳定论坛（FSF），是七个发达国家（G7）为促进金融体系稳定而成立的合作组织。

金融体系不一样，目前很难精准定义这个概念。金融稳定理事会也认为，具体何种对象才算影子银行，可能并不存在国际通行口径，要视不同经济体的金融体系和监管体系的具体情况而定。

之所以称为影子银行，是因为这些机构、市场和金融产品共同协调配合，发挥了与商业银行类似的放贷功能。但是与商业银行不同，影子银行不能吸收公众存款，因此它们不会像银行那样接受严格的监管，这就为它们的发展创造了空间。

以货币市场基金为主的信托类机构为影子银行体系提供资金，可以看作是整个影子银行体系的“存款人”。而投资银行则以商业银行贷款为基础资产，打包构造成资产支持证券，实现贷款与“存款”的对接，从而帮助商业银行扩大了贷款规模。

如果影子银行只是以自有资金购买资产抵押证券，那么无论是风险还是规模都是可控的。影子银行资产规模之所以能够迅速膨胀，并最终成为导致次贷危机的重要因素就在于，它们利用负债成倍扩张资产。

影子银行哪来这么神奇的力量呢？回答这个问题，先要认识回购协议市场。它是指通过抵押高级证券进行短期资金融通交易的场所，市场活动由回购与逆回购组成。这里的回购协议是指资金融入方在出售证券的同时和证券购买者签订的、在一定期限内按原定价格或约定价格购回所卖证券的协议。通俗点说，就是以高等级的债券和票据为质押品，向对手方借入短期资金。短期有多短？最短的是一个晚上，称为隔夜拆借，大部分的借款以隔夜、3 天、5 天、7 天为主，很少会超过一个月。

接下来就是见证奇迹的时候！与银行贷款一样，质押品在这个市场中起到非常关键的作用，再抵押融资的杠杆水平则是决定影子银行体系信用创造乘数的因素。例如，一个投资银行，用自有资金 100 元买入等值的高等级债券，然后再以买入的这些高等级债券为抵押向银行、其他投资银行、货币基金等金融机构借钱。当然这价值 100 元的高等级债券是不能借入100元的，一般会有个折扣率，这个折扣率视市场情况而定，市场比较稳定的时候为5%，也就是这个基金可以借入95元。它再用这95元继续买入高等级债券，然后再质押融资，再买入，再质押借钱……一直循环下去，最后它可以买入多少高等级债券呢？翻回第四章看看，没错，聪明的你一定会参考银行创造货币（注意根据贷款创造存款理论，第四章所述的创造货币机制是不正确的，这里只是说那种过程）的公式：100 ÷ 0.05=2000元。

最初的那100元或者说最初的抵押品相当于基础货币，折扣率相当于存款准备金率。同时，也可以看出基金由最初的100元，可以买入2000元的资产。正如阿基米德说的“给我一个支点，我能撬动地球”。100元的初始资产可以撬起2000的资产，套用物理学的说法就是杠杆放大了20倍，如今，人们常说的金融词汇“杠杆率”就是这么来的。最典型的代表就是已经倒闭的华尔街第四大投行雷曼兄弟，2007年年末，雷曼的现金持有量仅为72.9亿美元，而资产达到6910亿美元。2008年6月，美国前财政部长盖特纳（金融危机期间任纽约联储主席）在演讲中指出“美国最大的5家银行当时（金融危机前）的总资产只有6万亿美元，而整个影子银行体系的总资产则超过10万亿美元！”回想一下《大富豪》游戏里的B，它就是一个简化版的影子银行。

影子银行体系对货币会有什么影响呢？一方面，影子银行放大杠杆买入的资产大多数都是银行的信贷资产，帮助银行腾出信贷空间，为银行发放更多的贷款创造了条件（也就是为银行创造货币腾出了空间）。另一方面，当商业银行为影子银行融资时，影子银行体系融资行为就成为商业银行创造货币的一部分。

影子银行体系里还有两个特殊成员，就是大家所熟知的“两房”——房地美和房利美。其中，房利美的前身是美国国会在1938年设立的联邦国民抵押贷款协会。这个协会成立的初衷是为了缓解大萧条期间的房价暴跌。它从商业银行手中购买住房信贷资产，以降低银行的风险、鼓励发放贷款。尽管是私有化公司并先后上市，但是大家普遍将其看做是政府授权企业，认为当公司出现重大风险的时候，联邦政府一定会救助，这也可以看做是美国式的“隐形担保”。因为这层关系，投资者认为“两房”的风险非常低，这就使得两家公司可以以低利率融资。既然是政府授权，“两房”就与政界有着千丝万缕的联系，他们每年都会在政府说客身上砸下数百万美元，不少国会议员都担任过“两房”的董事会成员。房利美的首席执行官曾夸耀：“我们是住房体系的美联储。”

由于能以低利率融资，在加杠杆这方面，“两房”一点也不亚于华尔街的投资银行，可谓是“老师傅”。截至 2007 年年底，两房的核心资本合计 832 亿美元，而这些资本支持着 5.2 万亿美元的债务与担保，杠杆比率高达 62.5，是华尔街投资银行平均水平的两倍。

原本根据法律规定，两房不得直接投资于次级抵押贷款及其衍生金融产品。但是在 1999 年，迫于克林顿政府的压力，“两房”开始进入次级抵押贷款领域。当时舆论一片欢呼，认为此举将使得更多的穷人可以买到房子，也恰恰是此举为日后的危机埋下了伏笔。

经济学家阿蒂夫·迈恩、阿米尔·苏非、弗朗西斯科·特霍比在其所著的《次级抵押贷款扩张的政治经济学研究》中，通过数据分析发现，2002 ～ 2006 年，抵押贷款行业竞选捐款增加了 80%，与此相比，其他金融企业的竞选捐款仅增加了 40%。这些钱捐给议员竞选者是因为认同其理念还是另有其他目的呢？研究发现，抵押贷款行业给来自次级信用借款人占比较高的国会选区议员的捐款，出现了较大的增长。这种增长集中在 2002 ～ 2007 年，而这个时期恰逢美国政府实施了促进次级抵押贷款快速增长的重要政策。通过进一步分析，他们得出结论，这一时期以抵押贷款行业竞选捐款衡量的特殊集团利益与以某一国会选区次级借款人占比衡量的选民利益，对住房立法投票行为的影响是一致的。

链条里的最后一个是保险公司。照理来说，除了购买了资产抵押证券外，整个链条里面应该没保险公司啥事。可大家知道，金融危机期间美国最大的保险公司 AIG（美国国际集团）被政府接管了。它是怎么入坑的呢？其实是保险公司眼红别人赚钱，自己主动掺和进来了。

它们开发了一种叫作信用违约互换（CDS）的产品。举个例子，有一笔 1000 万元评为 B 级的次级债券，由于评级不好，卖不出好价钱，也不能光用打包分层的办法啊。保险公司找到投资银行说，要不这样，你给这 1000 万元次级债券投保，万一这 1000 万元次级债券赔了，亏损我来补，你每年给我 10 万元保费就行了。投资银行一听，这是个不错的注意。为啥不错，因为投了保，这 1000 万元次级债券的评级就不是 B 级了，而是 A 级了，肯定能卖出好价钱，于是就这么愉快的决定了！保险公司就不怕赔钱吗？不怕，因为根据以前的违约率测算，这笔买卖的赔率不大（再次强调经验主义害死人！）。

具有讽刺意味的是，就在雷曼倒闭前几个月，给 1000 万美元的雷曼债券上保险（不被雷曼破产所拖累）的保费每年只需要 61 万美元，这还是雷曼兄弟风险暴露后的价格，以前更便宜！按理来说，一个快要倒闭的公司，信用违约互换价格应该等于其被保的资产的价值，也就是说给 1000 万美元的雷曼债券上保险的保费应该为 1000 万美元或者略低一点。这就好比给一个进入 ICU 病房的人上保险，保费应该大致等于其赔付额。即使是在雷曼倒闭前夜，保险公司依旧没有意识到危机即将来临！

以上还不算最夸张的，更夸张的是最后还出现了裸买。举个例子来说明什么是裸买。一般人买车险，必须是自己给自己的车投保吧。可有一天我发现隔壁家老王车技太烂，一年保险的赔付都快可以换辆新车了。于是，我找到车险公司说，我给老王的车投保，但受益人是我。如果可以这么操作，那每次老王出一次险，我就收一笔钱，一年赚辆新车的钱，这就是裸买。也就是说买 CDS 的人不需要手上真的有一笔次级债券。这已经不是保险了，而是赤裸裸和保险公司对赌。

以上就是整个链条了，商业银行、投行、保险公司、次级债券及其衍生品的买家（养老基金、投资公司、外国政府、个人……）就这么拴在一起了。这让我想起三国故事里的火烧赤壁。

第五节　“星星之火”何以“燎原”

2000 年，美国互联网泡沫破灭后，为缓解资产价格泡沫破灭对实体经济造成的冲击，美联储自 2001 年 1 月至 2003 年 6 月连续 13 次下调联邦基金利率，将该利率从 6.5% 下调至 1% 的历史最低水平。客观地说，为了应对股票市场泡沫破裂对美国经济的影响，美联储的降息举措无可厚非。但是当美国经济恢复以后，美联储却没有及时上调基准利率，1% 的低利率一直持续到 2004 年 6 月。低利率推升了美国房地产的价格。2000 年 1 月至 2006 年 6 月，美国 10 个城市的房价指数由 100 上升至 226，上涨了 1.26 倍；美国 20 个城市的房价指数由 100 上升至 206，上涨了 1.06 倍（图 7–5）。

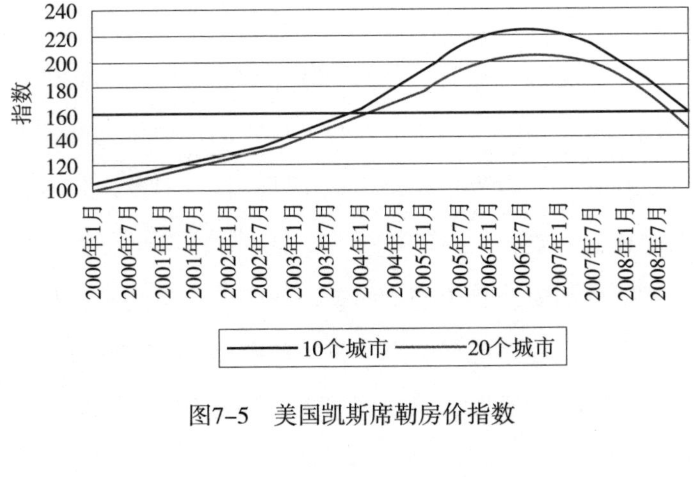

图7–5　美国凯斯席勒房价指数

此外，美国国际收支长期失衡，经常项目逆差不断扩大（进口大于出口），包括我国在内的东亚国家，以及中东石油国积累了大量美元储备。这些国家将巨额的外汇储备用于购买美国国债，压低了美国的长期利率，这就是我们之前谈过的“格林斯潘之谜”。

由于经济开始逐渐过热，美联储开始了加息进程，自 2004 年 6 月至 2006 年 6 月，连续 17 次调高联邦基金利率，将利率从 1% 上调至 5.25%。由于次级抵押贷款借款人都是低收入者（很多人都是零首付购房），利率的上升加重了借款人的还款负担。更要命的是，此前一直火箭般蹿升的房价开始“自由落体”般下降，2006 年 7 月至 2009 年 3 月，美国 10 个城市的房价指数由 226 下降至 151，下跌了 23%; 美国 20 个城市的房价指数由 207 下降至 140，下跌了 32%。一旦借款人无法还款，发放贷款的银行难以通过拍卖房子收回贷款本息，那么以住房抵押贷款为基础的资产抵押证券及相关衍生品的价值将必然下跌。

尽管这次危机被称为“次贷危机”，但是所谓的次级贷款其实并不多。基于次级抵押贷款的金融产品总规模不过 1.4 万亿美元，相比 14 万亿美元的房屋抵押贷款市场并不算太大。这些金融机构购买的以次级抵押贷款为基础的金融产品规模，与它们庞大的资产负债表相比也不算太大。那为什么会发展成后面的“燎原之势”呢？

由于资产证券化是将成千上百笔贷款打包成一个基础资产，因此，投资者不再关注单笔贷款的质量。既然无法了解信贷资产的质量，投资者凭啥购买这些产品呢？这时，投资者购买这些产品主要依靠外部评级。问题是评级机构就可靠吗？学界普遍认为信用评级机构对此次贷危机具有不可推卸的责任。首先，这些机构的评级方法就问题重重。他们采用的数据周期较短，比如测算房贷违约概率的数据，使用的很可能是房价上涨阶段的数据，显然这个阶段违约的借款人很少，这就明显低估了整个周期的贷款违约概率；其次，他们采用的精妙模型往往是建立在许多假设上，而这些假设可能并不存在。最关键的是信用评级市场采用的是卖家付费的模式，给信用评级机构付费的并不是购买债券的投资者，而是卖出债券的机构。所谓“顾客就是上帝”，如果你给出的评级过低，客户就会换另一家评级机构（在美国，主要是标普、穆迪和惠誉三家评级机构）。因此，为了留住客户，抢占市场份额，评级公司往往会“睁一只眼闭一只眼”。

不仅单笔贷款的质量情况无法弄清，很多时候，甚至连打包资产池里有哪些具体的资产都无法弄清。譬如，有的资产抵押证券对应的基础资产中，本身还有其他种类的证券化产品。而这些证券化产品中又含有其他证券化产品，打包再打包，层层嵌套，投资者已经很难穿透到资产的底层。资产里有啥都搞不清楚，至于这些东西是咋定价的那就更没谱了。美联储前主席格林斯潘在一次讲话中曾经这样说：“虽然我有相当深厚的数学背景，但是一些用于构造担保债务凭证的复杂衍生工具还是让我感到非常困惑，我不明白他们在实务中如何计算不同层级担保债权凭证的收益。要知道，我有两百个博士做顾问，如果连我都弄不明白，那么很难想象世界上的其他人是怎么弄明白这些产品的。”

事实上，不止格林斯潘，就是销售这些产品的公司 CEO 们也弄不明白。不过这不重要，能卖出去赚钱就行。当次级抵押贷款违约率上升时，投资者不知道自己手中持有的资产有多大比例是与次级贷款有关，这种不确定性造成了市场恐慌。投资者纷纷抛售手中的资产支持证券，拒绝购买新发行的商业票据，大幅提高回购协议的折扣率，导致金融市场顿时陷入流动性危机。

“流动性”这个词，在前面的章节出现过，凯恩斯的“流动性陷阱”还记得吗？近几年更是成为一个高频词汇。那么，什么是流动性呢？中国人民银行货币分析小组将这个词定义为某种资产转换为支付清偿手段的难易程度，比如现金不用转换为别的资产就可直接用于购买，因此一般认为现金是“流动性”最强的资产。与此对应，房产的流动性就很差，因为你要将房子变成现金显然不是立马就能做到的，从挂牌出售、寻找买家、讨价还价到最后完税交付恐怕没有 3 个月以上很难完成。影子银行体系的高杠杆是建立在金融市场充裕流动性的基础上。同时，其债务的期限和资产的期限是不匹配的。

投资银行一般通过发行期限为 3 ～ 9 个月的资产支持商业票据融资乃至隔夜拆借获得资金，但是其购买的资产期限均在几年、十几年（房贷大多都是 10 年以上），能够维持这种“借短买长”模式的条件是可以不断滚动借债。以华尔街第二大投资银行摩根士丹利[1]为例，截至 2006 年 11 月 30 日，其年度资产负债表上总负债为 1.09 万亿美元，其中流动负债（短期）约占 60%。该公司的流动资产（短期）与流动负债之比为 50%（短期资产金额仅是短期负债的一半，其余 50% 的短期负债都用来买长期资产了），资产和负债的期限严重错配（其他三家投行更严重）。一旦短期货币市场出现流动性短缺，投资银行难以获得新的资金，即无法将自己的负债转化为银行负债。为了偿付上期发行的债务（想想“大富豪”游戏里的 B），投资银行将不得不通过抛售到期日更长的资产来获得资金。如果只是一个两个这么做没有问题，如果变成集体抛售资产而没有“接盘侠”的话，那么资产价格就会暴跌，你打 5 折出售，隔壁的立马打 3 折，还有更狠的打 1 折。资产价格的暴跌会加重投资银行的债务（净值下降，乃至为负值，又想到了 B），进而引发新一轮的资产抛售“狂潮”，如此恶性循环下去，直到整个市场流动性枯竭，只有卖家没有买家。

尽管在房价下跌初期，仅有次级抵押贷款借款者出现违约。但随着危机加剧、房价持续下跌，很多原本具有还款能力的借款者逐渐发现，自己持有的房产价值已经低于其欠银行的钱了。这时，理性的选择就是停止还

[1] 华尔街有所谓五大投资银行，分别是高盛、摩根士丹利、美林证券、雷曼兄弟和贝尔斯登。

本付息，任由银行收回房子。这就导致优质抵押贷款市场的违约率也跟着上升。

而发了大量信用违约互换的保险公司也会突然发现自己面临着巨额的赔付，就如刚给一个村子里的农房上完保险，一场洪水就把整个村子给淹了，保险公司真是“欲哭无泪”。

一个接一个，影子银行们集体“入坑”了，那么作为“菜贩子”的银行们就能独善其身吗？都是拴在一起的蚂蚱，既然有“福”同享过，有“难”就要同当。首先，贷款是银行发放的，银行不可能把信贷资产全卖了，自己账上一分不留，毕竟自己的主业是贷款，房贷违约的上升必然波及银行。如果你认为这是银行被拖下水的唯一原因，那就错了。

银行在信贷资产卖出的时候并不一定都卖给投资银行，“肥水不流外人田”嘛，许多银行设立所谓SPV（特殊目的公司，独立于银行）购买银行的信贷资产并将其资产证券化，而SPV购买信贷资产的钱来自于货币市场融资，和投资银行一样的套路。为了能让旗下SPV低利率融资，许多银行会为SPV提供一定的担保，比如承诺一旦流动性紧张，SPV无法在货币市场融资时，会向其贷款乃至承担损失。

毕竟银行体量不小，仅靠SPV这一只“手”恐怕未必能把它拖下“水”，还需要另一只“手”。这只“手”就是已经下“水”的保险公司。为了少占用资本金，除了买出信贷资产，银行还有一招就是给手中的资产增信（增加信用）。假如，一个银行有200亿的住房抵押贷款，按照《巴塞尔协议》风险分类，这笔贷款需要占用100%的资本金。这时候银行找保险公司买了份信用违约互换，给这笔贷款上了保险，这笔贷款的风险就被“降低”了，只需要占用50%的资本金，这无形中使得银行可以发放更多的贷款。当危机爆发后，保险公司无力偿付巨额的赔款，之前上的保险不算数了，原先只占用50%资本金的信贷资产瞬间需要占用100%资本金。真可谓是“屋漏偏逢连夜雨”。为了补充资本金，银行也加入了资产抛售的大军。就这样，拴在一起的华尔街巨头们一起“沉没”了，堪称华尔街版的“火烧赤壁”。

第六节　五大投行缘何集体消失

在全球金融市场曾经牛气冲天的“五大投行”中，最先倒下的是实力最弱的贝尔斯登。即使是末尾小弟，其履历也是非常光鲜靓丽的。贝尔斯登是全球500强企业之一，成立于1923年（85岁寿终）。尽管实力弱（相比前面四家），但是自2000年以来，贝尔斯登却大出风头，公司押注于次级抵押贷款及其相关衍生产品，在房价火箭般上升的那几年，贝尔斯登仿佛华尔街的赚钱机器，其股价一度突破170美元。

正如前面故事的B一样，风光的背后是高杠杆和期限错配，在这方面贝尔斯登堪称“典范”。贝尔斯登高度依赖短期回购市场融资，通过借入隔夜资金来维续长期资产，2007年年底贝尔斯登的存量短期回购金额超过1000亿美元。

清算的时刻终于来了。2007年8月1日，贝尔斯登宣布旗下两只投资次级抵押贷款证券化产品的基金倒闭。维持每日不断在货币市场融资的基础是交易对手的信心，其他机构借钱给贝尔斯登是相信明天一早它就能把钱还上。而此时，市场对贝尔斯登的信心崩塌了。即使拿出最高等级抵押物——美国国债，也没人愿意借钱给贝尔斯登。仅仅一个星期时间，贝尔斯登的现金储备就从180亿美元缩水到2亿美元。正如19世纪英国经济学家白芝浩的名言：“每一位银行家都清楚，当他不得不证明自己是可信的时候，不管他说得有多好听，实际上他已经没有信用可言了。”

时任纽约联储主席盖特纳最先意识到如果让贝尔斯登无序破产清算，

将会引发巨大的金融市场风险。因为和贝尔斯登做交易的机构太多了，它有 5000 家交易对手，以及 75 万个未平仓的衍生品合约，一旦倒闭将引发一系列连锁反应（金融危机期间的新名词“太大而不能倒”）。盖特纳在其提交的报告中写道：“最可怕的是系统风险，如果贝尔斯登这种情况有增无减，那么很可能导致普遍的债务危机并对金融体系造成长期的破坏，最终将影响到整个经济。而且，这不是理论上的风险，也不是市场自身能解决的风险。”

美联储决定介入。由于贝尔斯登不是商业银行，美联储无法直接向其贷款（商业银行尽管平时受到“中央银行”的监管不能像投资银行那样风光，但是当遇到危机的时候，“中央银行”会通过直接贷款拉一把，这点非常重要）。于是美联储打算找个“托”把资金间接输送过去，纽约联储向摩根大通银行提供 130 亿美元贷款，摩根大通再向贝尔斯登提供期限为 28 天的担保融资。

美联储最终的解决方案是希望摩根大通银行能够收购贝尔斯登，当然收购的同时也要承担其债务。但是摩根大通银行总裁戴蒙德在看了贝尔斯登的报表后拒绝了这一提议，他认为贝尔斯登资产质量太差。为此，美联储不得不对摩根大通银行让步，纽约联储注资成立了一家有限责任公司，这是一个结构化设计的公司，纽约联储贷款出资 290 亿美元，摩根大通出资 10 亿美元，共计 300 亿美元专门收购贝尔斯登的房贷类资产。如果出现亏损，摩根大通的 10 亿美元先行承受（是不是和之前资产抵押证券分层非常相似），之后的亏损由美联储承担。

起初，摩根大通提出的收购价格是每股 2 美元（相比顶峰时期的 170 元，这不是地板价，而是地狱价，雷曼董事长福尔德在飞机上听到这个价格时还以为是电话掉线了），但是遭到贝尔斯登员工的反对（董事会倒是同意），最后价格定为每股 10 美元。贝尔斯登从此消失。

贝尔斯登倒闭以后，雷曼瞬间成为市场的焦点，因为它从四哥变成了四弟，大家高度统一的认为，下一个倒下的将是雷曼（看的很准）。其实雷曼和贝尔斯登的问题基本一样。早在贝尔斯登在次级抵押贷款市场“大杀四方”的时候，雷曼老板福尔德就隐约觉得这种做法隐藏着风险，但是在崇尚“丛林法则”的华尔街，眼前的利润才最重要。别人一年赚100元，你才赚1元，到了年底分红的时候，你和股东说人家赚的钱多是因为风险大，我们赚的少是因为风险控制得好。这套说辞显然无法说服股东收回让你下岗的的决定。唯一的选择就是跟进。

如果不是福尔德过度自负，雷曼完全可以避免倒闭的命运，毕竟连小老弟贝尔斯登都能被收购不是吗。其实雷曼的潜在买家并不少，如巴菲特、韩国产业银行，但是福尔德却漫天要价且态度傲慢。

最后“杀死”雷曼的是时任美国财政部长保尔森（担任财长前是高盛的董事长）代表美国政府明确表示拒绝救助雷曼。此前，大家都认为能够救助贝尔斯登和“两房”，也一定会救助雷曼。因此，当美国政府做出与预期不符的决定时（想想咱们之前谈的“卢卡斯的批判”），冲击力可是相当大的。原本打算收购雷曼的英国巴克莱银行和美国银行也最终放弃。2018年9月，拥有158年历史的“百年老店”雷曼宣布申请破产保护，这被视为整个金融危机的标志事件。不过回顾雷曼倒闭的过程，雷曼这样大的金融机构，尽管资产负债表严重缩水，资产受到重创，但是“瘦死的骆驼比马大”，雷曼倒闭的直接原因仍然是杠杆率过高且资产与负债的期限不一致，一旦遇到外在冲击，无法从信贷市场上获得足够流动性时，就会出现严重的流动性危机。

雷曼倒闭给美国金融市场乃至全世界的冲击是任何人始料未及的（图7-6）。人们对于保尔森做出不救助雷曼的决定充满巨大的争议和想象。保尔森事后解释说：“我曾非常努力地去帮助雷曼，想阻止它的倒闭，有趣的是，在我们国家，在我给出这样的答案时，很多人都不相信，尽管伯南克、盖特纳和我都说了同样的话。我们没有法律权力和紧急救助权力来处理非银行机构在破产程序之外清算他们。如果美联储或财政部有权保证偿还债务，或者注入资金，我们并不愿意去向国会要资产救助资金，所以当贝尔斯登需要救助时我们是幸运的，因为有摩根大通这样的买家，它可以和美联储一起，在困难时期保证交易账户。但是对于雷曼来说，我们没有这样的权力。”

图7-6　雷曼倒闭

雷曼倒闭后，整个金融市场停摆。如果连雷曼这样的巨头都倒下了，那么还有谁能够幸免。各家机构开始加班加点清点手上有多少与雷曼相关的资产，并预估损失。高盛的一位高管曾得意洋洋地对员工说，早在2007年高盛就买入了许多雷曼债券的信用违约互换（给有关雷曼的资产上保险），如果雷曼倒闭，不仅不会亏钱还能赚5000万美元。不得不说作为“老大哥”，高盛确实“技高一筹”。但是，高盛的董事长贝兰克梵却没有这么乐观，此时他清醒地认识到，尽管高盛可以避免雷曼倒闭带来的直接损失，但高盛的其他交易对手却持有大量雷曼的“有毒”资产，如果他们被雷曼拖下水，那么最终高盛也不可避免厄运。大家都是一条船上的，覆巢之下，岂有完卵！

“四弟”没有了，原来的老三美林证券垫底，不过此时市场已不再关注垫底的，而是把硕果仅存的三个大投行——高盛、摩根士丹利和美林证券都“盯上”。此时在“聚光灯”下晃悠显然不是什么好事。三家投行迅速行动，实力最弱的美林从雷曼身上学到的教训就是乘着还有买家的时候赶紧把自己买了。美国银行以约440亿美元的价格收购美林证券。高盛和摩根士丹利由于实力强，可以避免倒闭和被收购的命运，但前提是他们要转变身份，由投资银行转为银行控股公司。只有成为银行控股公司才能从美联储那里得到无限的贷款。不过权力和义务是对等的，作为银行控股公司，高盛和摩根士丹利必须接受美联储的监管。至此，曾经无限风光的华尔街“五大投行”全部消失。

加杠杆是创造货币的过程，而去杠杆是消灭货币的过程。雷曼倒闭时刻，资产价格暴跌，甚至有价无市，经济体里的货币快速消失了。美国M2的货币乘数几乎呈断崖式暴跌，2008年8月是9.1，到2008年底，就只有4.92了。

第七节 终于选择全面干预

雷曼倒闭后，金融市场的混乱及其对实体经济的打击，使得美国政府最终决定对市场全面干预。对于摇摇欲坠的保险巨头美国国际集团（AIG），美国联邦储备委员会宣布，授权纽约联储银行向陷于破产边缘的美国国际集团提供850亿美元紧急贷款（美国国际集团曾表示需要400亿美元的资金，仅一天后，这个数字就上升至850亿美元）。当然贷款不是白给的，公司股东必需为之前的冒险行为付出代价。作为贷款条件，美国政府将持有美国国际集团近80%的股份，正式接管这家全球最大的保险巨头。2012年12月11日，AIG正式对外宣布还清了全部美国国家援助，美国政府出清其所持有的AIG所有股票并盈利151亿美元。

不仅金融机构受到重创，美国大型企业也因无法在货币市场发行高等级票据融资而陷入困顿。2009 年 6 月 1 日，美国通用汽车公司向纽约南区美国联邦破产法院申请破产保护，这是美国历史上第四大破产案。通用开始快速重组，美国政府将提供约 300 亿美元的资金援助确保其继续运营。重组后的新通用，美国政府和加拿大政府共持有 72.5%的股份，汽车工人联合工会持股 17.5%，债权人将获得 10%的股权，通用成为名副其实的国有企业。此后随着汽车行业复苏，通用汽车走出困境并连续盈利，美国政府逐步出售手中通用汽车的股票，并于 2013 年 12 月 9 日出清了通用汽车最后一部分股份。与出售 AIG 股份不同的是，整个出售过程，美国政府亏损约 105 亿美元。

从 2007 年 9 月开始到 2008 年 12 月，美联储将基准利率由 5.25% 降到 0，但是这依然无法抵消危机的冲击。美联储祭出“量化宽松”的大招，“量化宽松”此后成为财经界的高频词汇。

在实行零利率或近似零利率政策后，美联储通过购买国债等中长期债券，增加基础货币供给，向市场注入大量流动性资金，以鼓励开支和借贷。量化宽松被形容为人类史上最大的“货币实验”。其实最早提出这个概念的不是美国，而是日本。最早在 2001 年由日本央行提出，并于 2001 年到 2006 年首次使用。当然最引人关注的是美国的量宽。在此之前，中央银行主要通过商业银行间接地向经济体注入货币，然而商业银行由于风险规避并不会将美联储的钱拿到市场上购买资产，而是囤积在准备金账户上。

以 2010 年美国推出第二轮量化宽松的背景为例子。当时联邦基金利率接近零。自 2008 年第一轮量化宽松后，美国基础货币规模迅速扩大、增速大幅提高，基础货币规模从 2008 年 9 月的 9124.23 亿美元扩大到 2010 年 2 月的 21404.72 亿美元，增加了 134.6%；基础货币同比增速也从危机前的 2% ～ 5% 的水平，迅速提高到 2009 年 5 月的 112%。但基础货币规模的大幅度扩张并没有引发货币供给的同步扩张，美国 M1 和 M2 余额仅从 2008 年 9 月的 14585 亿美元和 78969 亿美元扩大到 2010 年 2 月的 17148 亿美元和 85457 亿美元，分别增加了 17.57% 和 8.22%，M1 和 M2 增速也仅从 2008 年 9 月的 6.37% 和 6.61% 提高到 2009 年 1 月的 14.76% 和 10.32%。2009 年 2 月至 2010 年 2 月期间，基础货币仍保持高速增长状态，但 M1 和 M2 增速仍大幅度低于基础货币增速，期间基础货币月均同比增速为 76.2%，M1 和 M2 月均同比增速分别只有 13.2% 和 6.8%。[1]

2010 年 2 月以后基础货币增速下降，到 2010 年 10 月降为 -1.9%，M1 和 M2 再度进入低速增长状态，2010 年 3 月到 2010 年 10 月期间 M1 和 M2 月均同比增速分别回调到 5.9% 和 2.13%。与基础货币增速和 M1、M2 增速的巨大差距相对应，M1 和 M2 的货币乘数（M1、M2 余额与基础货币余额的比率）从 2008 年 9 月的 1.6 倍和 8.65 倍大幅度下降到 2010 年 2 月的 0.8 倍和 3.99 倍，分别下降了 49.88% 和 53.87%。这种现象其实就是凯恩斯所说的“流动性陷阱”。

既然商业银行不愿意购买资产，那么美联储就绕过商业银行直接充当市场最大的“接盘侠”。信用货币体系下，中央银行是可以凭空制造货币的，在电子交易的情况下，甚至连钞票都不用印刷，零成本。央行通过量化宽松从金融机构处购买金融资产，这等于央行向金融机构提供了大量流动性机会，这有助于缓解在金融危机后处于去杠杆化状态下的金融机构面临的流动性紧缩，避免金融机构由于流动性匮乏而破产倒闭。加之，美联储在金融市场上大量购买长期国债与 MBS 等债券资产，一方面将会抬高这些债券的市场价值，另一方面可以降低这些债券的收益率。考虑到长期国债利率是一国金融市场上最重要的长期基准利率，而 MBS 利率直接决定了购房者的信贷成本，因此，量化宽松的一大目标是通过降低长期利率来鼓励居民负债消费与企业借款投资，从而刺激消费与投资增长。

---

[1] 李建伟，杨琳.美国量化宽松政策的实施背景、影响与中国对策[J].改革，2011(1).

美联储创新了对金融机构非常规性的流动性救助工具，如定期拍卖便利、定期证券借贷工具、一级交易商信贷工具、商业票据融资便利、货币市场投资者融资便利和定期资产支持证券贷款便利等。这些工具的作用主要有两个：扩大美联储可以购买的资产范围、增加美联储交易对手（不再限于银行）。创造如此多的货币政策工具的目的只有一个——向金融市场注入基础货币。

关于美国政府是否应该动用纳税人的钱去救助私人机构始终充满着巨大争议。普通民众觉得，华尔街因自身的贪婪以及不负责任的行为酿成金融危机，成千上万的普通民众因此失去工作、房子被拍卖，而华尔街的高管平日里拿着天价的年薪却无需为这次危机承担任何责任，政府的救助无异于对华尔街贪婪的纵容。这种愤怒和不满最终导致在 2011 年爆发了“占领华尔街运动”。但是许多经济学家和政府人士却认为救助市场是唯一的选择。因为如果任由这些机构倒闭，将会使美国陷入更深的衰退。2008 年 1 ～ 8 月，美国非农就业总人数平均每月减少 4 万人，而雷曼破产后的半年间，非农就业总人数平均每月减少 60 万人。从成本上看，2009 财年美国赤字总额为 4500 亿美元，仅仅 6 个月后，这一预测就上升到 1.5 万亿美元，足够救助 10 ～ 15 个雷曼。保尔森不救助雷曼的决定也一直被业内人士所诟病。

2010 年 7 月，美国推出了《多德—弗兰克法案》，其要点包括扩大监管机构权力、设立新的消费者金融保护局和采纳“沃克尔法则”。“沃克尔法则”对商业银行从事自营交易进行了严格限制，规定商业银行从事私募股权基金和对冲基金的额度不得超过以一级资本净额的 3%。资本充足率的要求提高了。新协议对核心一级资本充足率的要求从 2% 提升至 7%，一级资本充足率由 4% 至 8.5%，资本充足率由 8% 提升至 10.5%。对流动性、拨备等监管指标也都提出了较高的要求。美国的确从危机中吸取了教训——有效期 7 年。2017 年，美国总统特朗普签署了行政命令，要求全面重新审核2010年为应对全球金融危机而推出的《多德—弗兰克法案》。特朗普认为，这项金融监管法案是“一场灾难”。

第八节　量化宽松的钱去哪儿了

2020年3月，美国标普500指数第二次触发熔断机制，自年内高点累计跌幅超过20%，美股进入技术性熊市。对于这次美股暴跌，人们议论纷纷，有不少专家认为金融危机迫在眉睫。关于本次美股暴跌，公认的触发点是新冠疫情冲击和原油价格暴跌。至于更深层次原因，各种分析都有，简单归结一下主要有以下几点：美股估值过高、金融机构风险敞口处于高位、算法交易的普及和被动价格交易比例的上升。至于美国经济基本面的角度，倒是不少学者认为其并不构成暴跌的诱因。其实在这次暴跌之前，美国股市已经连续多年上涨。如果从基本面看，尽管至2019年美国经济持续复苏，美联储结束量化宽松开始缩表，并开启加息进程，但是这依然不能完全解释美股的高涨。那是什么支撑着美股此前的节节攀升呢？

不妨从经济金融化的视角看这个问题。“经济金融化”简而言之就是金融部门的资本和规模不断增长；非金融企业投资于金融渠道的资金比例快速提升，基于金融渠道的利润累积逐渐成为企业盈利的主导模式；非金融企业的实业投资意愿低迷，企业固定资产投资占比（即实业投资率）出现持续下滑态势。

在此之前的若干年间，美股经历了连年的持续上涨，其中支撑其上涨的一个重要动力就是上市公司的股票回购。所谓公司回购股票是指上市公司从股东手中购回本公司发行在外的普通股的行为。这里进一步要问，公司管理层为什么要回购呢？一般原因有以下几点：

第一，提高 EPS，改善公司的盈利能力。美股回购大部分为库存股，回购后这些库存股不参与每股收益的计算，因此回购股票可以减少自由流通股股本，提高 EPS，改善公司的盈利能力并提高股价。

第二，管理层的薪酬激励。公司的 EPS（每股收益）和股价一般与管理层的薪酬水平挂钩，因此管理层有动力去进行回购操作。

第三，向市场传递股票被低估的信号。由于外部投资者与公司内部存在信息不对称的现象，所以管理层可以通过回购来向市场传递股价被低估的信息，使投资者重新评估公司的内在价值。

第四，解决股权激励后的控制权稀释问题。公司一般会给管理人员股权激励，如果这部分股票来自增发，那么会使得现有股东的股权被稀释，而采用回购来进行股权激励可以解决这一问题。

第五，通过减少在外流通的股票，可以防止公司被恶意收购。这一点在 20 世纪 80 年代表现的尤为明显。

2009 年以后，美股回购无论是金额还是次数连创新高。从 2009 年到 2011 年，标普 500 指数成分股每个季度的回购次数从 200 次上升到 350 次，随后保持在 350 次附近。纳斯达克指数成分股每个季度的回购次数则保持在 600 ～ 700 次左右。

从金额看，从 2009 年开始，标普 500 指数成分股与纳斯达克指数成分股的回购金额均出现了明显上升，到 2018 年，标普 500 成分股回购金额为 8019.7 亿美元，纳斯达克成分股的回购金额为 3759.3 亿美元，均创下了历史最高值。❶

回购的五个主要因素中哪个是主要原因呢？其实很容易看出，除第二点“管理层的薪酬激励”原因外，其他因素都是不同上市公司不同时间段

❶钟正生：美股回购，扣动美联储降息的扳机，未来美股走势要看它[R/OL].[2019-09-25].https://baijiahao.baidu.com/s?id=1645574212922280809&wfr=spider&for=pc.

回购的因素，并不具有共性。比如，避免恶性收购，这只是个别公司可能面临的情况，不可能在同一个时间段内，大部分公司同时面临恶性收购。然而管理层的薪酬激励机制却是华尔街丛林里的主要法则之一，而且冠了一个很好听的名字“市值管理”。简单说，上市公司高管的薪酬与股票价格挂钩，而公司的股东也乐见手中股票升值。公司管理层显然有动力来推高股票价格。

那么，回购的资金是哪里来的呢？要说是上市公司自己赚了很多利润，有大笔的现金在账上，同时又没有太好的投资机会，用这些资金来回购股票倒也无可非议。但是回购的资金并不全部来自自有资金，而是主要来自发债和银行借贷。金融危机后美国长期实行零利率政策和四轮量化宽松，到处都是廉价的资金，这些廉价资金就成了回购的主要来源。原本应该用来实业投资的资金却用于购买金融产品和回购股票了。

当金融资产的收益率高于实业投资，必将推动企业将更多资金投向金融资产。相比较而言，美国企业在工厂、设备、员工福利方面的投入支出增速却要温和许多。比如 2018 年前三季度，美国固定商业投资额仅增长 8.2%，股票回购规模全年却达到 1 万亿美元，比上年同期增长 46%。这背后是美国企业的负债率高长，已经高于 2008 年金融危机前的水平。钱没有进入实体经济而是在金融系统中空转。距离 2008 年的金融危机仅仅过去 10 年，华尔街似乎“好了伤疤忘了痛”。

危机永远不会一劳永逸地解除！它就像一道魔咒，如影随形，难以摆脱。危机后，人们又重新提起了一位经济学家——海曼·明斯基，以及他那著名的观点“稳定中孕育着不稳定”。这句很绕的话其实很简单：好日子的时候，投资者敢于冒险；好日子的时间越长，投资者冒险越多，直到过度冒险。一步一步地，投资者会到达一个临界点上，其资产所产生的现金不再足以偿付他们用来获得资产所举的债务。投机性资产的损失促使放贷者收回其贷款，从而导致资产价值的崩溃。

第九节　中央银行需要关注资产价格吗

既然每次危机都是由金融资产价格的暴跌引发，那么作为货币掌控者的中央银行是否应该把金融资产价格纳入自己的政策考虑呢？当资产价格出现泡沫的时候，中央银行应该采取紧缩的货币政策刺破泡沫吗？

对于这些问题，经济学界没有形成一致的看法。从实践来看，在2008年金融危机以前，各国央行行长会关注股市动向，但是基本不用货币政策干预，对股市保持中立态度。这方面最典型的就是美联储前主席格林斯潘。在科技股泡沫的时候，格林斯潘在一次演讲中谈到股价的“非理性繁荣”（后来诺贝尔经济学奖获得者席勒教授以此为书名，出版了一本经典著作）会造成经济的不平衡，并对长期经济发展有副作用。这表明他本人确实关注了股票市场的价格。华尔街甚至发明了一个专有名词“格林斯潘看跌期权”，意指当金融市场发生重大危机，格林斯潘就会以下调联邦基金利率等货币宽松的方式来救市，从而导致投资者风险偏好不断上升。是否真的如此？央行行长们是否真的将关注转化为切实的货币政策了呢？事后的各种研究表明当时的货币政策，特别是联邦基金利率并没有因为资产价格的变化而变化。美联储只是在泡沫破裂影响到实体经济时才连续降低联邦基金利率。也恰恰是在经济恢复后，美联储没有及时上调利率吹大了房地产泡沫，导致2008年出现次贷危机。

中央银行为什么没有动用货币政策去主动刺破泡沫？原因主要有三个：一是过去相当长一段时间，相比银行信贷市场，资本市场规模和品种有限，对实体经济影响并没有如今天这样显著。此前，中央银行主要还是通过银行控制信贷的投放。二是中央银行不是超能的，在获取信息上，不一定比私人机构和市场更有优势，中央银行很难准确辨别泡沫是否存在以及程度如何。三是很多研究认为中央银行主动刺破泡沫的后果，可能比泡沫破裂对实体经济的伤害更严重。然而，2008 年的金融危机表明，随着金融脱媒，以及金融产品的多样化，金融资产价格的剧烈波动会对实体经济产生重大影响。中央银行是否应该干预金融资产价格？又该如何干预？回答这些问题，先要了解货币政策是如何影响资产价格的。

根据货币主义理论，当中央银行实行扩张性货币政策时，公众就会发现他们手中持有更多的货币，因此会调整他们的资产组合，减少货币，购买更多的股票，从而使股票价格上升。对于企业来说，扩大生产投资有两种方式：一种是投资新设企业，另一种则是在股票市场收购目标企业。具体采取哪种方式则取决于新设企业的成本和股票市场价格。当股票上涨超过新设企业的成本时候，企业就会通过增加投资建厂来扩大生产，这就是经济学里所说的“托宾 Q 理论”。股票价格的上升也可以使公众持有的财富上升，从而使消费上升。无论是投资的扩张还是消费的增加，最终都会导致产出增加。但是这些只是理论推导，实际情况并非完全如此，很多假设条件并不满足。

主流宏观经济学认为，物价并不会马上对货币的变化作出反应，即所谓物价的刚性。比如，很多供货协议是事前签订的，合同不到期是不能变更价格的。由于短期内商品价格变化近似一种刚性，所以未预期到的扩张性货币政策短期内并不会引起商品物价水平的改变，反而却会导致例如股票等资产价格较为迅速的反应（用经济学的术语来说就是资产价格的弹性远大于商品价格的弹性）。从中期看，商品价格水平也会随货币扩张而变动，货币政策扩张引起商品价格水平和股票价格水平的同步上升。然而，上面的推导也是建立在一些假设条件的基础上。第一个条件是股票价格上升会通过托宾 Q 引起投资的增加，而投资需求的扩张又引起劳动力和原材料价格水平的上升；第二个条件是股价上涨的财富效应导致居民的消费支出增长。也就是说商品价格并不是与资产价格完全独立的，也是会受到股票价格水平（无论股价对商品价格的冲击是正向还是反向的）的影响。此外，多出的货币流入商品市场也会导致物价上涨。

上述假设前提是不是任何时候都完全成立，其对物价的影响到底有多大呢？首先看托宾Q的作用，它是连接资本市场与实物投资的节点。关于股票上涨企业减少并购，然后通过投资新设工厂扩大生产这一说法，理论界一直对现实中这一效应是否显著有争论。至少在中国这一理论很难成立。与美国依靠直接融资（上市、发债）的市场不同，我国主要是间接融资（银行贷款）。相对于中国庞大的企业总量，能够上市的企业比例很低，主要是国有企业和一些大型民营企业，基本都是本行业的龙头。很多新兴的科技企业（比如阿里、腾讯、蔚来等企业）很难迅速在国内上市，无论股价高低，一般企业很难去兼并这些龙头企业，大部分企业扩大生产主要还是靠投资。从数据看，中国发生的企业兼并收购数量远低于欧美。

第二个假设是股票上涨的财富效应会刺激居民投资。这一点同样很难成立。诺贝尔经济学奖获得者莫迪利安尼的生命周期模型认为，劳动收入的边际消费倾向大约为0.7（收入增加10元，会有7元用于消费），资产的边际消费倾向大约只有0.06（金融资产赚10元，只有6毛钱会用于消费）。国内学者对我国资产财富效应的分析，也都完全验证了这一点。臧旭恒博士较早对这一问题进行了研究，得出城镇居民资产的边际消费倾向为0.039。我国学者贺菊煌也对这一问题进行了探讨，得出全部居民资产边际消费倾向是0.0506。实际上，作为一种价格不稳定的资产，股票的财富效应恐怕更低。这并不难理解，劳动收入的增加一般是稳定的，而资产价格是不稳定的，只要股票一天没抛售就是纸面财富，随时可能变成负值。

最后按照货币主义学派的理论，当人们手中的货币增加时，人们就会增加商品和金融资产的配置。但是到底是商品配置的多还是金融资产配置的多呢？上节的阐述可以发现，自2008年次贷危机以后，由于实体经济不景气，钱没有流入生产和消费环节，而是更多地流向了资本市场，西方国家普遍物价低迷，有的甚至在通缩中苦苦挣扎，而股价却节节攀升、连创新高。实体经济和金融资产价格这种“冰火两重天”的情况无疑影响了中央银行货币政策的效果。前央行行长周小川近期一次演讲中提出，应将资产价格纳入通胀考虑。[1]他认为西方国家的低通胀对于中央银行货币政策操作和理论框架提出了挑战，也动摇了通胀目标制的理论基础。一直以来物价统计并不包括金融资产价格，特别是占据居民支出最大部分的房地产因被视为投资而没有纳入消费者物价指数，仅仅是将租房价格纳入。周行长认为中央银行关注通胀的目的就是为了促进居民福祉。从居民的角度看待通胀包含两方面的内容：一是特定的收入能购买到什么样的生活水准，这既包括特定篮子的物价指数，也包括篮子有什么重大变化；二是通过工作赚取特定收入的代价，是十分艰辛、疲惫呢？还是较为从容、轻松甚至愉快？

从这个角度衡量，资产价格的上涨必然会影响居民生活质量、支出结构。比如，在我国，很多人自嘲说自己是为银行打工，这是因为很多家庭每月的大部分收入都用来还房贷。在收入不变的情况下，房价的上涨降低了居民的生活质量。这与消费品价格上涨的效果是一样的。再比如，大家的养老金大多是投向资本市场，倘若现在资产价格处于高位，这意味着未来价格将回调，降低养老金的投资收益，那么大多数人要么会多缴养老金，要么节省消费多储蓄为退休生活做准备。这也同样影响居民生活质量。因此，“资产价格除了影响到企业的扩大再生产，还涉及基础设施、环境保护等公众性消费问题，不纳入通胀考虑已经不行了，但怎么纳入还需要研究。通胀及其测度问题面临若干挑战。过去看似很成熟的通胀度量，现在看来并不理想。当前的度量显然存在着忽视投资品价格和资产价格的问题。”

关于金融资产对于经济的影响，历次金融危机的后果就是例证。而且

---

[1] 周小川.资产价格不纳入通胀考虑已不行了，怎么纳入还需研究[M].中国人民银行政策研究，2020，(3).

不仅是对整体经济的影响，近年来，金融资产价格变动导致的另一个问题也越来越引起人们的关注。

第十节　贫富差距，谁之过

贫富差距一直是人类关心的话题，毕竟这个事情大到关乎社会稳定（从朱元璋到李自成、洪秀全，短短几百年发生那么多农民大起义，不都是因为“朱门酒肉臭，路有冻死骨”嘛），小到关乎个人。2014 年，法国经济学家托马斯·皮凯蒂的《21 世纪资本论》又再次引爆了这个话题。

其实，研究贫富差距的又何止是经济学家，哲学家、社会学家都从各自学科的角度探讨过这一话题。大家所熟悉的大哲学家尼采就反对平等，他认为平等主义本质是弱者嫉妒成性。他提出“奴隶道德”的概念，意思是平等表面的内容是同情、仁慈、谦卑，其实本质上是弱者为了掩盖自己对强者的恐惧、嫉妒和自私，借助奴隶道德去限制强者。要说尼采狂妄自大还真是不假，像我这样的凡夫俗子就实在无法接受。

法国思想家卢梭的著作《论人类不平等的起源》很多人应该都听过。卢梭的理论架构有点穿越的味道。他的理论起点从人类“原始社会”开始。不过注意，这个“原始社会”不是历史学家、人类学家所说的“原始社会”，而是卢梭自己想象出来的。在他的“原始社会”（卢梭称为“自然状态”）里，由于地广人稀，人与人之间很难碰面（不知道在这样的状态下人类是咋繁衍生息的？）。因此，人类在“自然状态”中是和平而善良的一群“动物”，他们“漂泊在森林中”“没有语言”“没有住所”“没有战争”“也没有联络”，对于他的同类没有任何损人利己的欲望，连自己的孩子也不认识。总之，“在自然状态中很难看出不平等的现象”。对于这样的自然状态，卢梭是心向往之，简直就是我们苦苦觅寻的“桃花源”。随着人口慢慢增多，人类之间交往的机会就多了，同时，由于人是很聪明的，便开始发明、制造工具，逐步进入到定居生活。而对自然资源的争夺，就必然产生私有这个概念。按照老先生的话就是“因为这种私有观念不是一下子在人类思想中形成的，它是由许多只能陆续产生的先行观念演变而来的”。私有财产的产生就必然导致了不平等的出现。这个逻辑中国人多少会比较熟悉，因为这和马克思关于生产资料私有制的说法多少有些相似。关键问题是他的立论是建立在那个设想的“自然状态”，人类历史中出现过这样的状态吗？难道人类太聪明，时不时搞些发明创造、提高一下生产力也是错误的吗？现在看来这个立论点有些荒谬。不过也不能怪卢梭，毕竟人家生活在 18 世纪，那会儿政治学、社会学的研究流行这种方法。譬如，大哲学家斯宾诺莎、霍布斯以及被西方社会奉为神明的洛克都使用过类似的“自然状态”进行分析，并继而提出了“三权分立”“人权平等”“民主宪政”等概念。

回到当下，普通人谈起贫富差距往往将其完全归咎于不平等。贫富差距和不平等感觉就是“孪生兄弟”。其实，这话有失偏颇。关键在于“完全”二字。因为即使是机会均等也会有贫富差距。经济学家李迅雷在《全球贫富百年变局：从一个数字游戏说起》一文中做了一个模拟。他用一个数字游戏来模拟市场中的交易行为。假定总共有 200 个人参与这个游戏，每个人的初始财富值都是 100 元，绝对的平均分布。在每一轮游戏中，每个人将自己的 1 元钱随机送给另一个人，并且每个人获得钱的概率都相同。然后重复这个游戏 2 万次。结果显示，随着游戏次数的不断增加，财富在人群中的分布越来越不平均。当游戏玩到 2 万次的时候，财富最多的 20% 的人占有了接近 50% 的社会总财富。这种由少数人掌握多数财富的分布，在统计学上叫作幂律分布，也叫作帕累托分布。

然而，现实中人与人之间是有天赋差异的，一部分人可以比普通人更聪明、更努力或者运气更好。为了更贴近现实，李迅雷进一步修改了游戏规则，假定每个人的初始财富是不一样的，但每一轮获得收入的机会是均等的，以此考察初始财富值对最终财富分布的影响。结果显示，初始财富最少的“穷”人，最终只有 13% 能够进入到“富”人的行列；初始财富最多的“富”人，最终只有 5% 会“堕落”为穷人。以小窥大，纯粹从概率上来说，即使在最公平的规则下，“屌丝逆袭”也很困难，而富人穷困潦倒的概率也很低。财富的变化具有很强的“路径”依赖性，个体间贫富差距打破的难度是很大的。

引用这个例子不是说赞成扩大贫富差距，而是指出即使是在客观平等的情况下，也会自然产生贫富差距。如果单单从效率上讲，一定程度（相对均富而言）的贫富差距是好的。均富带来的问题是追求财富的动机会减弱。如果我通过自己努力或者承担风险（比如创造一个新事物、开发一个新产品）所得到的财富大部分被拿走（高税收），那我为什么要努力，或者说去承担风险。如果不需要努力我就能过上体面的生活，那我没必要去工作。一个典型的例子，就是人民公社时期的中国。在人民公社体制下，公社内的社员几乎没有贫富差距，但是生产力却很低下，因为我干好干坏一个样，那我为什么要拼命干活呢。所以在那种体制下，经常会出现农活时间，社员们扛着锄头在田间聊天。家庭联产承包责任制下，人还是那些人，地还是那块地，但效果就完全不一样了。

但是，凡事都有个度。当前的贫富差距显然已经超过了兼顾效率所需要的那个度。经济学家托马斯·皮凯蒂认为金融资产是拉大贫富差距的重要因素。他的研究发现，财富层级越高，房地产的重要性则急剧下降。在平均财富为 100 万欧元的人群中，房地产约占其总财富的一半。在 200 万到 500 万欧元之间的人群，其房地产的份额不到三分之一。而在 1000 万欧元以上的人群，其主要财富形式则是股票等金融资产。

皮凯蒂通过对自 18 世纪工业革命至今 300 多年的财富分配数据进行

分析，发现投资回报平均维持在每年 4% ～ 5%，而 GDP 平均每年增长 1% ～ 2%。5% 的投资回报意味着每 14 年财富就能翻番，而 2% 的经济增长意味着要 35 年。在 100 年的时间里，有资本的人的财富增长了 128 倍，而整体经济规模只会比 100 年前大 8 倍，显然资本所占有的份额远大于劳动收入的份额。

最近十几年，经济金融化的现象愈发明显，美国一轮又一轮量化宽松的钱更多地流入金融市场而不是实体经济。资产价格的高涨进一步拉大了经济差距，工薪阶层的劳动收入增速远比不上资本回报率。这背后反映的是以华尔街为代表的精英阶层拥有更大的话语权。金融危机的爆发并不会改变贫富差距扩大的现实，改变的只是扩大的速度。摩根士丹利银行在其一篇名为《通胀的回归》报告中，通过分析 2000 ～ 2018 年的家庭收入发现，受益于超宽松的货币政策，上层 20% 家庭的收入以前所未有的速度攀升的同时，下层 20% 家庭的收入在金融危机 10 年后才恢复到危机前的水平。

其实贫富差距和金融资产价格之间的关系并不是单向的，而是相互影响。之前我们谈过边际消费倾向这个概念。富人的边际消费倾向低，绝大部分的财富都是投资于金融资产，而且富人信用资质好，有抵押品，更容易获得信贷资源，从这个意义上看，货币也是“嫌贫爱富”的。这就推升了金融资产价格，而高涨的金融资产价格进一步拉大了贫富差距。货币是否会产生通胀，关键要看超发的货币是流向了商品市场还是资本市场。

不仅资本收入与劳动收入分配存在巨大差距，即使是劳动收入内部也会因货币的结构化流向导致再分配。货币并不是“直升机撒钱”般平均落入每一个居民手中，而是通过信贷的形式流入。先拿到贷款的企业和个人，由于此时物价并没有上涨，这等于他们的收入是增加的。他们用贷款的钱购买商品或者生产资料。在商品供给没有相应扩张的情况下，当最先拿到票子的人购买的商品、资本品开始上涨，而后拿到票子的人则要面临已经上涨的价格。这就造成了一种财富的再分配。在这方面房地产占尽先机，因为房子是银行最乐意接受的抵押品。在我国，从整个生产结构来看，具有高抵押品和国有企业控制的是资本品生产行业，如重化工、石油、冶炼、设备制造等，而下游产业大多是轻资产、缺乏抵押品的消费品行业，且国有企业占比较低，如食品、网络、电子产品等。

能够率先占有信贷资源的往往都是高收入行业，如银行（近水楼台先得月）、房地产等。经济学家彭文生估算了不同行业从业人员对广义货币（M2）的弹性系数，银行、金融业的弹性系数最高为 1.06，也就是说货币扩张 1%，这些行业的工资增长 1.06%，而制造业和批发零售业的弹性系数只有 0.5，科研、水利环保甚至为负数。

历史学家发现，人类历史上贫富差距的消除往往是通过三种形式——战争、瘟疫和革命。但是，即使通过这些方式消除贫富差距也是暂时的，很快又会出现新的贫富差距。这仿佛又是一道“魔咒”。其实，世界上不乏在收入分配这一块做得很好的国家，如瑞士、瑞典、丹麦等北欧国家。但是实现收入差距缩小需要作出改变（改革），而改变总是不容易的。

第十一节　房子竟然也能“造”货币

美国的金融危机可以说是祸起房子。其实在绝大多数的国家，房子都是最重要的资产，被誉为“经济周期之母”。至于在我国，更是最热门的词汇。高房价一直被老百姓所诟病，为了保持房价稳定，政府出台了一轮又一轮的调控措施，也没挡住房价上涨的势头。为什么房价会持续高涨呢？很多人会画一个货币数量曲线和房价曲线，发现两个曲线是高度吻合的，于是断定高房价是货币超发的结果。真的是吗？此处要强调一点，相关不等于是因果关系。在实际经济中，变量之间往往都是相互影响的。

所谓“万丈高楼拔地起”，建房子的前提是得有地皮。这就不得不涉及生产三大要素里的土地（三大要素：土地、人力、资本）。要说土地相比起另外两个要素有个特殊性，就是持久性。只要地球不爆炸，作为一个实体它就不会变的（这是它的物理属性）。变的是它的用途，比如原来是用来种田的，每亩可能也就几百元钱，将种田的地变为住宅用地，那价值可是几十上百倍地翻。

政府不仅可以有卖地的收入，还可以以土地为抵押向银行贷款，不过在我国，地方政府是不能直接向银行贷款的。但是方法总比“困难”多，所谓的地方政府融资平台就应运而生了。各级政府成立地方融资平台（公司性质），将手中的储备土地交给平台，再由平台拿土地作抵押找银行贷款。既是政府背书的企业，又有最靠谱的土地做抵押品，银行也就大胆放心地发贷款了，而贷款创造了存款也创造了货币。

总结起来：相对于可出售建设用地的巨大市值，政府征地的直接成本非常微小，与发行“低成本、高面值货币”的原理非常相仿；在供地融资的经济流程里，土地可以抵押借贷，从而把银行的贷款动员起来；贷款创造的大量货币又反过来推动房价、地价上涨，高涨的房价、地价又反过来撬动更多贷款，如此循环往复。因此，地价与货币的关系不是单向，而是彼此相互影响、循环往复的。经常看到有专家评论说，我国的高房价是因为我国具有高储蓄。看了上面的分析，应该看到这纯属本末倒置，应该是土地撬动银行贷款，银行贷款创造货币，货币又反过来推高房价。

如果说金融危机往往都是高杠杆、期限错配、资产泡沫造成的，那么这些特征都是以一国的主权货币表现出来的，如美国的房地产交易、金融资产交易、借钱都是用美元。不过，往往一国金融危机会“传染”到其他国家，变成国际金融危机。细细想来也不出奇，毕竟本国货币和它国的货币也是有“交流”的，既然有“交流”，自然就难以避免“传染”。

第八章

汇率的那些事儿

第一节　货币的价格

货币的一大职能就是价值尺度，所有的商品都是用货币来标价的，那么货币本身有价格吗？作为一般等价物，也可以把货币看成是一种特殊的商品。既然可以看做是商品，那么它的价格怎么标呢？总不好说这张面值5元的货币价格是5元吧。其实，货币的价格可以分为对内和对外两方面。对内，货币的价格就是利率。你借钱的同时承诺到期连本带利一起偿还，这利率就是货币的价格。或者说，借钱就是“租用”别人的货币，利息就是货币的“租金”。而对外，货币的价格就是汇率。

本书开篇就谈到了，货币因商品交换的需要而产生，而商品交换则是劳动分工的前提。亚当·斯密讨论的主要是一国或者说有限地域内的劳动分工。毕竟，在亚当·斯密的年代，尽管已经产生了国际贸易，但是限于交通工具的技术水平（主要是木制帆船和牲畜），长途贸易规模还非常小，贸易商品也主要是进口国无法生产的奢侈品。但是，250年后的今天，交通和通信技术已经取得了巨大的进步，大大降低了跨地域贸易的成本，劳动得以在全世界进行分工。

大家最为熟悉的分工就是低价值的加工贸易和人力密集型的产业主要集中在发展中国家这种现象。这主要是因为发展中国家的人力成本低。譬如，尽管美国也能生产NIKE（耐克）运动鞋，且单个工人的生产效率也高于越南的工人（假设美国工人一天生产3双，越南工人一天生产1双），但是越南工人的工资可能只是美国工人的1/10，显然在越南生产成本更低。也就是说在制鞋这一块，相比较美国，越南有绝对优势。

那是不是国际贸易中，每个国家都只能生产自己占有绝对优势的商品呢？回答这个问题前，咱们先讲个中国人都熟悉的故事——“田忌赛马”。在“田忌赛马”的故事里，田忌所代表的一方的上、中、下三类马，每一类的速度都比齐王的马慢。但是，田忌用完全没有优势的下马对齐王有完全优势的上马，再用拥有相对比较优势的上、中马对付齐王的中、下马，结果稳赢。咱们是否可以把“田忌赛马”的原理用在国际贸易中呢？假设说一国（田忌）在两种商品生产上较另一国（齐王）均处于绝对劣势，但只要劣势国家在两种商品生产上劣势的程度不同，则可以通过劣势国家生产劣势较轻的商品，优势国家生产优势较大商品的策略实现两种商品最优产出。

举例说明。假定英国人用100小时能做一件衣服，用120小时能酿一瓶酒，英国人如果有220小时，就分别能够生产一件衣服和酿一瓶酒。而葡萄牙人用90个小时能做一件衣服，用80个小时能酿一瓶酒，所以葡萄牙人有170小时，也分别能够生产一件衣服和一瓶酒。一年级的小学生都能看出来，无论是做衣服还是酿酒，葡萄牙人都比英国更有效率，葡萄牙人在这两种商品中都具有绝对优势。按照常理判断，葡萄牙是不应与英国做买卖的，葡萄牙人在衣服和葡萄酒两样商品上应该自给自足。而别无选择的英国人也只好亲力亲为。这时候，英国人有220小时，葡萄牙人有170小时，就能够生产社会总财富2件衣服、2瓶酒。根据上面给出的条件，我们能够算出来：英国人每酿1瓶酒，就得放弃1.2件衣服；而葡萄牙人每酿1瓶酒，他们放弃0.89件衣服。

但是如果我们再做更深一步的分析就会发现，葡萄牙人每酿1瓶酒所放弃的衣服数量，比英国人每酿1瓶酒所放弃的衣服数量要低。尽管英国人在生产两种商品上均处于绝对劣势，但是相比于酿酒，英国人在制衣上落后的稍微少点（或者说葡萄牙人在酿酒上优势更明显）。这时候如果英国人和葡萄牙人分工，葡萄牙人全力以赴酿酒，而英国人全力以赴做衣服。这样，英国人在他们原有的220小时里面，就可以生产2.2件衣服；而葡萄牙人在他们原有的170小时里面，就可以酿2.125瓶酒。经过分工，社会财富总量就发生了变化，整个社会能够生产2.2件衣服和2.125瓶酒，比原来的2件衣服和2瓶酒都增加了。

社会的饼做大了，无论是英国人还是葡萄牙人，用他们生产出来的产品，再跟对方进行交换，双方的处境就都改善了。这个例子的原创权属于英国著名经济学家大卫·李嘉图，他在1817年发表的《关于政治经济和税收的原理》一书中，用这个例子说明基于比较优势进行国家贸易（分工）所带来的巨大好处。在这个例子中，英国人在制衣上具有比较优势（相较于酿酒），而葡萄牙人在酿酒上具有比较优势，两国都应该集中资源生产本国具有比较优势的商品并进行贸易，从而实现两国利益最大化（至于两国商品价格也就是“饼”怎么分则是另外的问题）。

显然基于比较优势的国际劳动分工体系的前提是全球贸易，全球贸易依旧离不开货币。不过，与一国范围内贸易不同的是，国际间的贸易涉及至少两种主权货币，这就涉及货币的对外价格——汇率。

第二节 汇率是由什么决定的

以另外一种货币衡量一种货币的价格就是汇率。不同的市场主体对于汇率的期望并不一样。进口企业、出国读书或者旅游的人往往希望本国的货币升值，这样国外的商品和服务的价格就相对便宜了。而出口企业则往往希望本国货币贬值，这样以外币衡量出口商品价格就会更有竞争力。那么汇率究竟是由什么决定的呢？

回答这个问题，我们不妨做个假设。假设全世界实现了自由贸易，任何国家之间都可以自由开展贸易，没有关税等贸易壁垒。那么，对于不同国家生产的同质商品，其价格应该是一样的。如果亚麻衬衫在美国的销售价格是 5 美元 / 件，而在日本销售的价格是 500 日元 / 件，那么美元兑日元的汇率就是 100 日元 / 美元。如果日元升值到 90 日元 / 美元，那么对日本人来说以日元（假设 500 日元 / 件的价格不变）买亚麻衬衫显然不如将日元换成美元购买亚麻衬衫划算，因此，人们就会将手中的日元换成美元，这意味着对美元的需求增加，对日元的需求减少，美元的价格（汇率）就会上涨，美元兑日元的汇率就会重新回到 100 日元 / 美元。在这个例子中，汇率是由商品的相对价格所决定的，这被称为购买力平价理论。

在这个例子的基础上，我们进一步假设商品的价格是可以变化的，而商品的价格取决于市场的需求。在国际贸易体系中很难找到一种无差别的同质产品，即使是同一类商品也会因为不同的生产国而有差别，这就会影响两国的汇率。比如，日本的汽车在美国是很受欢迎的，而美国的汽车在日本大街上却不多见，因此日本汽车的需求大于美国车的需求，这就会导致日元的需求大于美元（换成日元进口日本汽车），日元升值。从这个角度看，当一国的出口需求大于进口需求，则该国货币就会升值，反之亦然。

但是现实中，汇率的变动并不能完全由购买力平价理论来解释，有时甚至与购买力平价理论相反。这是为什么呢？首先，在国际贸易中是存在贸易壁垒的，比如关税、产品准入以及运输成本等，自由贸易的假设前提并不存在。更重要的是，影响一国货币需求的因素不仅仅是贸易，还有货币的利率。如果将货币也看成是一种资产（回想前面凯恩斯理论和货币主义理论，它们都将货币看成是一种资产），那当一国货币的利率高于另一个国家货币的利率时，人们就有动力将手中低利率的货币换成高利率的货币，进而导致高利率货币升值。现实中，许多国家为了阻止本国货币的贬值，往往会提高本国货币的利率，阿根廷就是一个典型例子。2018 年年初，阿根廷比索兑美元的汇率是 18∶1，到了 2018 年年底已经变成 37∶1 了，为了应对货币贬值带来的问题，阿根廷央行迅速提高国内的存款利率，阿根廷一年期存款利率高达 60%。从利率的角度看汇率的话，一国货币兑外国货币的汇率应该等于本国与外国的利率差，这被称为利率平价理论。

但是，无论是购买力平价理论还是利率平价理论都无法很好地解释汇率变动现象，特别是对于短期汇率的波动，上述两个理论更是难以解释。这一点，我国近些年来的表现得越来越明显。2014 年 4 ～ 12 月，我国外贸进出口顺差合计达 3635 亿美元（出口 – 进口），但是同期外汇储备却下降了 70 亿美元，这说明尽管大量外国居民和厂商对我国商品的需求强劲，将手中外币转为人民币购买商品，但是总体看，对人民币的需求弱于外币。这显然不符合购买力平价理论。更让人吃惊的是，2014 年上半年，反映外汇供求关系的远期结售汇金额顺差为 1674 亿美元❶，而人民币兑美元交易价却贬值 2.5%，外汇的供求与人民币汇率是反向关系。❷从国际外汇市场交易的实际情况看，根据美国纽约联储的统计显示，只有 4.9% 的交易是在非金融机构之间进行的，4.4% 的交易是在非银行之间进行的，也就是说，因货物贸易而进行外汇交易的数量占整个外汇交易的比重很低，这使得人们不得不从另一角度看待汇率问题。

在现代经济生活中，汇率波动的频率和幅度加剧，呈现出同资产价格变化相似的特点。人们逐渐将汇率看作是一种资产价格，外汇是一种资产，就如股票、债券一样。既然汇率被看作是一种资产价格，那么它的波动如股票一样，就不能仅仅用基本面来解释。就像股票一样，有些公司是

❶结汇就是将外币换成人民币，售汇就是将人民币换成外币；前者反映人民币的需求，后者反映对外币的需求，两者的差值为结售汇差额。

❷管涛：汇率的本质 [M]. 北京：中信出版社，2016，11.

优质的公司，但是价格却被低估了；有些根本不盈利的公司，股价却被炒得很高。同样，汇率也会脱离基本面因素，受到短期情绪影响。我们不妨看看英国《金融时报》的几篇新闻报道标题：2019 年 8 月 26 日，“美中贸易紧张升级致人民币汇率跌至 11 年新低”；2020 年 1 月 14 日，“中美紧张缓和背景下人民币继续走高”；2020 年 5 月 15 日，“特朗普发难对人民币造成下行压力”。这充分说明单纯的基本面或者市场供求并不是决定汇率的唯一因素，市场预期、“动物精神”发挥着越来越大的作用。

外汇的资产属性还能解释汇率超调现象。所谓“汇率超调”就是当经济变量发生变化时，汇率短期内将发生过度变动，这一变动幅度超过其新的长期均衡水平，然后再逐步恢复到它的长期均衡水平上。比如，当一个国家实行宽松的货币政策向市场投放货币时，按照货币主义的观点，物价会上涨而实际利率（名义利率-通胀率）不变，该国货币会贬值（购买力平价理论）。但是，短期内汇率不会出现购买力平价理论所预期那样的变化。我们知道，新凯恩斯主义者针对货币主义的观点提出了商品价格黏性的理论，这就造成货币市场和商品市场的调整速度存在很大的差异。当投放货币时，由于商品价格黏性，超发的货币并不会立刻引起物价的上涨，但是实际利率却会降低。由于人们预期到未来物价会上涨，在实际利率降低（利率平价理论）和未来物价上涨的预期（注意这里是预期而不是实际物价变动）下，由于汇率具有资产属性，其价格就如股票一样会对当期的变化迅速调整到位，贬值幅度远超购买力平价理论所预测的长期贬值幅度（汇率超调）。随着时间推移，物价和名义利率会逐渐上涨，实际利率不变，超调的汇率（贬值）会逐步升值，直至贬值幅度与物价上涨幅度一致。汇率超调理论是将凯恩斯主义的短期分析与货币主义的长期分析结合起来了，该理论认为在短期内购买力平价不成立，即由于商品市场和资产市场的调整速度不同，商品市场上的价格水平具有黏性，调整是渐进的，而资产市场反应却极其灵敏，利息率将迅速发生调整；但是从长期来看，购买力平价能够成立，而利率平价理论始终成立。

上述讨论，我们都是建立在一个假设前提条件下，那就是汇率是可以灵活变动的，不会受到人为的干预，不过在国际外汇市场上，这样完全浮动不受干预的情况却并不多见。

第三节 三元悖论

目前，不同国家执行的外汇制度是不同的。有些国家，汇率基本不在中央银行的关注范围内，完全交由市场自发力量决定，这一类的典型代表就是美国（偶尔也会有干预）。与之相对应的另一类就是完全盯住美元，与美元保持着固定汇率，这一类型的典型代表就是我国的香港特别行政区。而绝大多数国家则处于两者之间，实行有管理的浮动，即按照本国经济利益的需要，不时地干预外汇市场，以使本国货币汇率的升降，朝有利于本国经济的方向发展。在有管理的浮动汇率制下，汇率在中央银行确定的区间内波动。

国际货币基金组织 2016 年的报告认为，70% 的世界 GDP 产生于自由浮动、管理浮动国家。不过，对于国际货币基金组织的划分标准也一直有争议，美国国家经济研究局的一篇工作论文[1]全面评估了 194 个国家和地区在 1946 ～ 2016 年间的汇率制度变迁，认为从固定汇率制度转向自由浮动的汇率制度的现象被过分夸大了，大多数的政府都采用了有限的自由浮动汇率制度，实行不太灵活的汇率制度占所有国家的约 80%或世界 GDP 的约一半。

[1] E Ilzetzki，Reinhart，Carmen M.，K Rogoff. 194 个国家和地区七十年汇率制度变迁史：固定还是浮动？[J]. 美国国家经济研究局工作论文，2017.

关于哪种汇率制度更好，经济学界一直争论不休。首先看固定汇率制，在这种制度下汇率具有相对稳定性，这使进出口商品的价格确定、国际贸易成本计算和控制、国际债权债务的清偿都能比较稳定地进行，减少了汇率波动带来的风险。但是“硬币”的另一面也是无法忽视的。

1994 年，我国成功进行了汇改，建立了单一汇率下有管理的浮动汇率制度。人民币汇率处于缓慢、小幅上升状态。1998 年亚洲金融危机爆发后，人民币出现贬值压力。为了稳定金融市场，人民币事实上与美元保持了一个相对固定的汇率。

在第六章，我们介绍过，商业银行获取基础货币主要是通过向中央银行出售资产、借款以及商业银行间的相互拆借，无论是公开市场操作还是向商业银行发放贷款，中央银行都能很好地掌控基础货币投放。在我国，相当长的一段时间里，基础货币的来源并不是通过上述方式，而是通过外汇占款。外汇占款是指本国中央银行购买外汇而相应投放的本国货币。外币进入中国后需兑换成人民币，这一过程需要国家用本国货币购买外汇，因此增加了“货币供给”，从而形成了外汇占款。

多年以来，我国一直是双顺差，就是经常项目顺差和资本项目都是顺差。经常项目顺差主要是中国的出口远大于进口，出口商出口产品获得了大量外币（主要是美元），但是在国内发工资、购买原材料都是使用人民币的，这就需要将外汇换成人民币。资本项目[1]顺差主要来自外商来中国投资建厂（学名叫 FDI）。外商拿着外币进入中国建厂，需要将外汇换成人民币才能买地建厂，这也同样需要将外汇换成人民币。一般来说，客户会将外汇出售给商业银行换成人民币，问题是银行除了根据自己的外汇需要保留一定外汇头寸外，并不需要那么多外汇，于是银行再一转手将这些外汇卖给中央银行。中央银行在银行准备金账户上增加相应的基础货币，这

[1] 资本项目主要包括三大块：投资、外债和证券市场。

些买入的外汇就是外汇储备。最高时，我国的外汇储备超过 4 万亿美元，近年来，基本保持在 3 万亿美元出头的规模。这庞大外汇储备背后究竟代表着中央银行向市场投放了多少人民币呢？这并不好算，因为无论是客户向银行出售外汇，还是银行向中央银行出售外汇都是按照价格来买卖的，这个价格就是人民币的汇率。

商业银行向中央银行出售外汇主要是在我国的外汇交易中心（不仅商业银行和中央银行交易，商业银行之间也会交易）。而交易的价格也就是汇率，是由中央银行每日开盘前公布人民币汇率中间价，当然并不是完全按照这个中间价交易，允许在中间价上下一定区间内浮动，这个区间也是历次外汇改革的关注点，目前是允许在中间价 10% 以内上下波动。

外汇买卖是个市场行为，不是中央银行说多少就是多少。如果中央银行说多少就是多少，那么只能产生一种后果，即产生大量外汇黑市，也就是市场根本不理中央银行，自己建立一个交易市场按照另一个价格交易。比如现在遭受美国制裁的伊朗即是如此，黑市美元的价格远高于伊朗官方价格。而中央银行要想说一是一，不能光靠嘴皮子，必须要有实际行动。

当市场认为中央银行定的价格不合理，比如说 1 美元兑换 8 元人民币，可这会儿中国经济正高速发展，老外们瞅着中国遍地都是黄金，别说 1 美元可以兑换 8 元人民币，就是只能兑换 6 元人民币也行啊，中央银行定的价格简直就是折上折。这时候就会有大量外汇涌入中国，大家伙排着队要把美元换成人民币，要是不干预，按照市场定价，这会儿汇率蹭的一下就会去到 1 美元兑换 6 元人民币。

可是这汇率升的太快不见得就是好事。举例来说，如果某出口企业和美国买家签订的口罩出口价格是 1 美元 1 个，按生产前签订的这个价格原本是能赚 8 元人民币回来，如果一个口罩的成本是 7 元，那么就有 1 元的利润。这下可好，1 元的利润变成 1 元的亏损。要么咱还是人民币 8 元，卖到美国价格是 1.33 美元。可人家越南的价格是 1.2 美元 1 个，这订单可就都跑到越南去了。出口行业都是微利行业，经受不起这个折腾。更重要的是，如果汇率老是变来变去，企业就不好组织生产了，谁知道我今天生产的东西，明天卖出去是赚钱还是亏损啊。因此稳定汇率，就能稳住企业的预期、锁定成本，才好和人家签长期订单。

同样，外商投资也是如此。今天外商拿几百亿美元准备到中国建厂造汽车，明天因为汇率变动，这几百亿美元就只够建个自行车工厂了，那可要好好考虑一下。毕竟出口企业和外商投资企业对中国来说比较重要，后面关乎着不少人的就业。中央银行为了稳住汇率不升值，唯一的办法就是把市场上等着出售的美元全都买了，这可得真金白银拿基础货币买。这样中央银行就不得不被动地投放基础货币。

要说碰上物价低迷，经济不振，这可就正好，外汇占款投放的基础货币正好用来刺激经济。可问题是这会儿往往都是经济这头“牛”狂奔的时候，要不人家老外也不会心急火燎地要进来，中央银行被迫投放的基础货币可谓火上浇油。为此，中央银行也是使出浑身解术。首先是提高法定存款准备金率，要知道我国法定存款准备金率一度达到 20% 以上。其次，创新地弄了央票，就是中央银行债券，要说“央妈”可不缺钱，犯不着发债去借钱，其实发债的目的就是把银行的基础货币给收回来。

近年来形势发生了变化，外汇占款已经不再是投放基础货币的主要方式，已经很久没见央票了。有时，新闻上又说中央银行发央票了，这回可不是为了回收国内的基础货币，而是跑到中国香港离岸人民币市场发。这是什么目的呢？ 2019 年，人民币一度面临着贬值压力，境外很多人打着做空人民币的盘算，怎么做空？就是在离岸人民币市场借入人民币，然后将借来的人民币卖出换成美元，这样就加大了人民币贬值压力，等人民币贬值后，再用手中的美元换成人民币还回去，这一借一还，赚的就是人民币前后贬值的汇差。中央银行在离岸市场发央票吸收人民币，市场上人民币稀缺，这借人民币的利率可就蹭蹭往上涨，原来借个人民币利息也就 2%，现在涨到 20%，这么高的利息看你咋借，这一招瞬间打爆这些做空机构，很多甚至爆仓。

要说我国中央银行任务可不少，既要保持汇率稳定，又要控制物价，还要促进经济发展，然而现实中难以多重目标都能兼顾，不同目标间往往是矛盾冲突的。经济学里有个著名定理叫作“不可能三角”，即一个国家不可能同时实现资本自由流动，货币政策独立和汇率固定。也就是说，一个国家只能拥有其中两项，而不能同时拥有三项。如果一个国家想允许资本流动，又要求拥有独立的货币政策，那么就难以保持汇率稳定；如果要求汇率稳定和资本流动，就必须放弃独立的货币政策。我们国家在相当一段时间里，事实上选择了固定汇率和资本相对自由流动，而货币政策独立必然受到影响。

经济学里有个著名的原则——“丁伯根原则”，是由首届诺贝尔经济学奖得主、荷兰经济学家简·丁伯根提出的，关于国家经济调节政策和经济调节目标之间关系的法则——“政策工具的数量或控制变量数至少要等于目标变量的数量；而且这些政策工具必须是相互独立（线性无关）的”。用通俗的话来说就是，若要多揽几个瓷器活，就得多准备几把金刚钻。

固定汇率和资本自由流动的好处是显而易见的，也确实为中国过去多年的经济发展做出了贡献，但是放弃货币政策独立性的代价也不能忽视。被动投放基础货币的弊端主要有两个，一是由于中央银行被动投放基础货币，因此难以约束银行的信贷投放能力；二是直接冲高物价。以 2010 年度新增外汇储备 2000 亿美元为例，这笔巨款按变化的汇率计，约在 14000 亿～ 16000 亿人民币之间。从商品形态看，东西已经出口了。可是这挣回来的外汇，经过向商业银行的结汇变成了实实在在的人民币，也就是留在国内的人民币购买力。这么多的购买力，完全没有对应的国内商品可买，因为其对应的商品都出口了！在此情况下，过量的人民币购买力追逐不够量的国内商品，结局只能是国内物价总水平的上涨。

近年来，随着我国的经济转型升级，单一盯住美元的固定汇率制度的负面效应越来越凸显。自 2005 年以来，中央银行开始推动人民币汇率形成机制的市场化改革，让市场在汇率形成中发挥越来越大的作用。2005 年 7 月 21 日，中国人民银行宣布美元 / 人民币官方汇率由 8.27 调整为 8.11，人民币升幅约为 2.1%。央行同时还宣布废除原先盯住单一美元的货币政策，开始实行以市场供求为基础、参考一篮子货币进行调节和有管理的浮动汇率制度。2015 年 8 月 11 日，中国人民银行宣布调整人民币对美元汇率中间价报价机制，做市商参考上日银行间外汇市场收盘汇率，向中国外汇交易中心提供中间价报价。这一调整使得人民币兑美元汇率中间价机制进一步市场化，更加真实地反映了当期外汇市场的供求关系。未来也将会朝着自由浮动方向继续推进。

第四节　守不住的汇率

对于金融大鳄乔治・索罗斯与 1997 年的亚洲金融危机，相信大家不会陌生。当年，亚洲金融的危机发生与固定汇率机制有着莫大的关系，经济学里有个专门词汇来形容这类危机——“货币危机”。货币危机通常发生在实行固定汇率制的国家，当这些国家经济基本面恶化或者遭遇强大的投机攻击情况下，由于无法守住原来的固定汇率，转而实行浮动汇率制，其结果往往是本国货币汇率“一泻千里”，这种汇率变动往往伴随着自信心的丧失、金融系统的恶化、经济增长的衰退，乃至政局的动荡。

早在亚洲金融危机前，索罗斯就已经成名了，他因成功狙击英镑而被称为战胜英格兰银行（英国中央银行）的人。1990 年，英国决定加入西欧国家创立的欧洲汇率体系。这个体系为成员国货币设定固定的中心汇率，允许汇率在中心汇率上下一定的幅度内波动，一旦超出了规定的汇率浮动范围，各成员国的中央银行就有责任通过买卖本国货币进行市场干预，使该国货币汇率稳定在规定的范围之内。实际上就是欧盟成员国之间的固定汇率制，可以看做是欧元的早期雏形。如同现在的欧元区一样，因为强大的经济实力，德国及其货币马克在整个体系中处于非常重要的地位。

当时，恰逢柏林墙倒塌，东德和西德统一。在这一标志性事件影响下，西方社会对统一后的德国充满期待。与这种乐观的期望不同，索罗斯认为由于东德与西德的经济差距较大，德国将投入大量资源重建原东德地区，这会拖累德国经济。德国将不得不聚焦自身问题，而无暇帮助其他欧洲国家渡过经济难关，英国问题就在这时候出现了。当时，英国经济处于衰退状态，英镑有贬值的趋势，但是为了维持英镑对欧盟其他成员国货币的固定汇率，英国中央银行不得不加息（利率平价理论）。这无疑对处于衰退的英国经济是重大的打击。英国政府的这一操作遭到了国内潮水般的批评，国内企业家和反对党认为应该让英镑贬值以刺激英国的出口。尽管时任英国首相梅杰一再重申英国将保持汇率稳定，无意使英镑贬值，但是索罗斯看出英国政府只是嘴硬，这一承诺无异于空头支票。

这里，需要简要介绍一下做空者的操作套路。做空者先会在目标国货币市场或者离岸市场借入本币，这一过程绝对是“悄悄地进村”。他们采取渐近的方式逐步吸入，以防止短期借入大量本币导致持有本币成本上升。直到手中握有足够多的本币，再对本币进行集中抛售，打压本币汇率。当然不是你抛就能跌，时机选择以及制造各类不利本国经济的消息必须同步跟进。他们往往在本国负面消息传出时对本币进行抛售，同时利用各种媒体散布负面消息，带动大家一起干，所谓人多力量大。一旦本币贬值，他们就以低价购回本币进行偿还，本币汇率价差扣除借款所需利息就是利润（图 8–1）。

图8–1　国际炒家在即期外汇市场的攻击路线

除了在即期市场上做空之外，做空者还能通过外汇期货市场放大杠杆效应，吸引套利者加入，然后以10倍的资金量加入即期做空大军。当然，实际操作中可能比这段描述更加复杂和“精彩”。

1992年9月15日，索罗斯大量放空英镑。英镑对马克的汇率一路下跌至2.80。此时，英国财政大臣向德国提出降息的请求却遭到了拒绝。无奈的英国只能不断提高利率，一天之中，英格兰银行两次提高利率，利率高达15%，此外英国政府动用了价值269亿美元的外汇储备在市场上买入英镑，但仍收效甚微。1992年9月15日，英国宣布退出欧洲汇率体系，放弃英镑的固定汇率制度。

而1997年的亚洲金融危机，其套路与狙击英镑的套路何其相似。第一个被选中的目标是泰国的泰铢。在此前10年里，泰国经济高速增长，在一派欣欣向荣的背后，是泰国过度依赖贸易逆差的隐忧（进口远大于出口）。支撑贸易逆差的是资本项目的顺差。泰国放开资本项目管制，国际资本大量流入股市和楼市，催生了巨大的泡沫。泰国将泰铢与美元保持在一个固定汇率，这一阶段美元大幅升值，这使得泰铢也跟着升值，高估的汇率重创了泰国本已脆弱的出口行业。索罗斯敏锐地观察到泰国经济外部失衡、资产价格泡沫、金融部门脆弱的隐忧。此时最先出现问题的还是泰国的房地产业，此前一路攀升的房价开始下跌。

索罗斯抓住这一机会，开始在外汇市场上大量抛售泰铢，不过这一次抛售并不是“一锤定音”，而更多的是一次“火力侦察”。彼时，无论是泰国国内还是国际货币基金组织都对泰国充满信心，认为泰国不会发生货币危机。

此轮抛售尽管没有导致泰铢大幅贬值，但是索罗斯并没有偃旗息鼓。一方面继续收集泰国的经济数据，冷静评估泰国经济状况。同时，还不断散布负面消息，吸引大量投机资本跟进。做空的最佳时刻终于来临，随着泰国经济下滑，国内资产泡沫破裂。1997年2月，以索罗斯掌控的量子基金为代表的国际投机资本再次大规模抛售泰铢。起初，泰国中央银行通过提高利率和动用外汇储备买入泰铢，暂时稳住了汇率，但是代价不小，高利率进一步打击了本已脆弱的经济，而多年积累的外汇储备迅速下降。

索罗斯没有给予泰国喘息的机会，他将“战场”进一步扩大到远期外汇市场。早在1997年年初，国际投机资本就开始大量买美元、卖泰铢的远期外汇交易，分阶段抛空远期泰铢。到3月份，泰国银行间市场的远期外汇合约需求量高达150亿美元。为了避免汇率崩盘，泰国政府用尽办法与国际投机资本抗争。先是在远期市场进行反向操作，其后联合马来西亚、新加坡、中国香港在外汇市场上买入泰铢；在国内，禁止银行对外拆借泰铢，甚至不惜威逼银行提供做空泰铢的客户资料。但是为时已晚，投资者对泰国的信心已经丧失，纷纷将资金撤离泰国。至6月28日，泰国外汇储备仅剩28亿美元，完全丧失了抵抗能力，7月2日泰国政府宣布放弃固定汇率制实行浮动汇率，泰铢一溃千里。

由于此前多年，泰国企业对外举借了大量美元债务，这些企业大多没有美元收入，当泰铢大幅贬值，企业无力偿还外债，只能破产倒闭。随着泰国经济彻底崩盘，国际投机资本又将目标转移到马来西亚、新加坡、印尼以及韩国等国家。泰国的倒下仿佛是一张多米诺骨牌，引发了东南亚多个国家的货币危机，这背后是这些国家的经济结构具有共同的缺陷：经常项目长期逆差、资本自由进出、企业大量借用外债、外汇储备少以及资产泡沫。

第五节　我们的货币，你们的问题

我们不妨将传统的“不可能三角”比作是一个等边三角形，即资本流动、汇率制度和货币政策独立性三者是同一个量级。如果选择资本自由流动，汇率浮动则可以有效隔离外部冲击，保证实现独立货币政策。例如，当出现资本流入时，货币汇率升值（本币需求增加），相当于本币“涨价”了，从而抑制了投资者对该货币的需求，因此不会发生持续的资本流入，中央银行不必为了维持固定汇率而被动吞吐货币，有条件维持与其他国家不同的利率政策，即体现了货币政策的独立性。

在 2008 年金融危机之前，“不可能三角”的等边情况大体是符合实际经济情况的（图 8–2）。但是，危机之后，主要发达经济体（美国、日本、欧盟）实行了一轮又一轮的量化宽松政策，前面介绍过这些货币并没有流入本国的实体经济，而是进入国际金融市场投机套利，全球跨境资本流动规模非常大，且流动方向经常发生剧烈变动，这就使得资本流动这个角的分量超过了另外两个角，等边三角形变成不等边三角形。自由浮动的汇率无法抑制大规模资金进出，汇率出现类似股票那样“追涨杀跌”的特征，汇率贬值引发资本的持续流出并进而导致汇率进一步贬值，形成一种了螺旋式的下跌。在类似亚洲金融危机这样的极端情况下，即使是浮动汇率制也无法发生任何作用，汇率制度这个角消失，“不可能三角”就变成“二元悖论”——资本自由流动和货币政策独立二选其一。

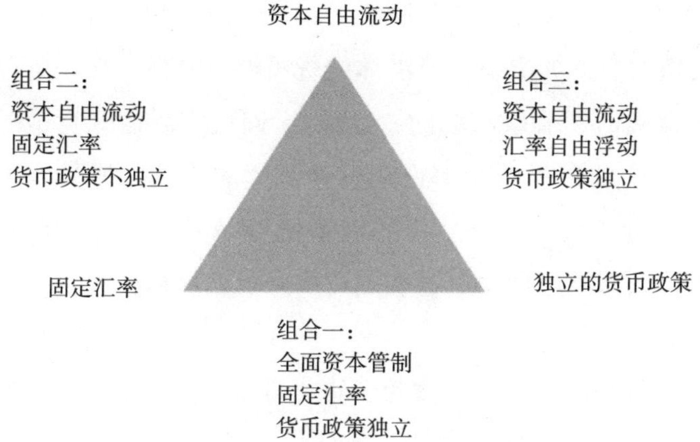

图8–2　“不可能三角形”的等边情况

关于“二元悖论”在现实中最经典的体现莫过于美国经济学家金姆（Kim）对七国集团[1]的研究。他的研究发现，即使在汇率完全自由浮动的七国集

[1] 七国集团是美国、英国、法国、德国、日本、意大利和加拿大七个发达国家。

团范围内，在美国实施扩张性的货币政策后，对其他六国的产出也会产生正向的拉动作用。从测算的数据来看，这一拉动作用相当于对美国经济拉动作用的 1/4 ～ 1/2[1]。在经济学里这被称为货币政策的溢出效应，用大白话说，就是货币政策的“传染”。但是，这一“传染”是单向的，这六国的货币政策并不会影响美国[2]。这说明，即使采取完全浮动汇率的发达国家也无法实现货币政策的独立，因为它们都是资本自由流动的国家。而对于发展中国家则更甚。美国经济学家爱德华兹（Edwards）对智利、哥伦比亚、墨西哥这三个实施自由浮动汇率制度的国家在 2000 ～ 2008 年间的货币政策进行了分析，结果显示自由浮动的汇率并没有给这些国家带来货币政策的独立性，美联储利率的变动同样会“传染”到这三个国家[3]。

为什么浮动汇率制度无法像过去一样充当本国货币政策的“防火墙”呢？金融危机以后，美国等主要货币国大量“印钞”，巨额的资金急需找到投资品，而新型经济体无疑是最好的投资国。尽管资金的涌入导致这些国家的汇率上升，但是并没有挡住国际资本持续流入的趋势。一方面，许多资金具有投机性质，如果新兴经济体的货币继续升值，那么可以获得升值的收益，非常类似于股票市场的“追涨”；即使之后这些货币贬值，新型经济体国内较高的资产收益率也能弥补汇率的损失。另一方面，对于新兴经济体的企业来说，本国货币的升值使得以美元计价的企业市值增加，企业几乎什么都不用做，单靠本国货币升值就可以美化自身的资产负债表。

还是以老李的公司为例。假设老李的公司拥有价值 100 万元的人民币

[1] Kim，Soyoung.International transmission of U.S. monetary policy shocks: Evidence from VAR's[J].Journal of Monetary Economics.2001，(48).

[2] 国际货币货币基金组织《2015 年溢出效应报告》认为，欧洲央行的宽松政策也会影响美国国债收益率。

[3] Edwards，Sebastian.Monetary Policy Independence under Flexible Exchange Rates:An Illusion? [J].World Economy.2015，(1).

债券，同时向境外银行贷了 10 万美元和向国内银行贷了 10 万元人民币。假设初始人民币兑美元的汇率为 8：1，老李公司的净资产为 10 万元人民币（100–10–10×8）或 1.25 万美元。如果人民币升值至 1：6，此时老李公司的净资产为人民币为 30 万人民币（100–10–10×6，美元债务因为升值而减少）或 3.75 万美元。老李什么也没做，就是因为本国货币升值净资产增加了 3 倍。

净资产增加会怎样？回想一下《大富豪》游戏里的 B，净资产增加就可以继续借钱！于是老李继续找银行借钱（无论找境外银行借美元，还是找境内银行借人民币效果都是一样）。如果千千万万的老李都是如此这般操作，贷款创造了存款，也创造了老李的债务，何其熟悉的套路！整个事件的链条可以简单归结为：美联储货币政策→全球银行杠杆率上升→向新兴经济体银行提供低成本美元资金→新兴经济体信贷扩张。

除了上述信贷的传导，研究表明新兴经济体的短期和长期利率都明显受到发达经济体利率政策的影响。也就是说发达经济体的货币政策从量（资金）到价（利率）全面影响其他经济体。不仅货币政策会溢出，恐慌情绪也会“传染”。全球金融一体化的发展使本来局限于一些中心国家(如美国)的情绪与恐慌，能够迅速传播到全球其他国际金融市场。比如，美股的暴跌往往也会带动中国 A 股的下跌。2020 年 3 月美股出现暴跌，但是美元却升值。这是因为美股大跌引发不少基金爆仓需要赎回或追加保证金，导致全市场的美元流动性紧张，许多投资机构将手中新兴经济体的资产抛售换成美元回流美国止血。而美元本身就是避险货币，一旦国际金融市场发生动荡、恐慌情绪蔓延，国际投资者就会抛售它国资产换成美元，即使动荡本身来源于美国。

以上讨论的是美联储执行宽松货币政策时的情景。当剧情反转，美联储收紧货币的时候，美国国内利率上升，美元升值，国际资本就会流出新兴经济体回流美国。由于此前大量资本流入导致的信贷繁荣和资产泡沫，资本流出刺破了泡沫，新兴经济体往往会发生货币危机。纵观美国历次收紧货币政策，都会导致一些发展中国家发生危机。正如美国前财政部长康纳利说过的一句话："美元是我们的货币，却是你们的问题。"

能够说出如此傲慢的话，足见美元在全球货币体系的特殊地位。与美国货币政策四处"传染"不同的是，其他国家的货币政策却难以影响美国经济。美国经济学家麦金农一针见血地指出："世界上只有一个国家可以真正实现货币政策独立，这个国家就是美国。"

行文至此，你肯定会问：美元的特殊地位又是如何形成的呢？

第六节　美元霸权是如何形成的

在国际货币体系中，美元一家独大的格局已经存在了几十年。美国政府和美联储也一直在利用这一优势。自 2008 年金融危机以来，美联储开启了量化宽松的进程，同时，美国政府债务也一再创出新高。众所周知，美联储量化宽松的一个重要目的就是买进美国国债，特别是为了压低长期国债利率，美联储采用了所谓"扭曲操作"大量买入长期国债，这实际上已经是一种间接的债务货币化（这种事也只有拥有美元的美国才能干，其他国家可不行）。美联储的资产负债表在 2020 年 3 ～ 5 月的 3 个月时间里就从 4.2 万亿美元膨胀到 7.1 万亿美元，增幅达 2.9 万亿美元，超过英国 2019 年全年的国内生产总值。

2019 年，美元在全球储备货币中占比逾 60%，其次是欧元（20%）、日元（6%）、英镑（4%）和人民币（2%）。作为国际清算货币，美元所占比重超过 40%，欧元超过 30%，英镑（6%）、日元（4%）、人民币（2%）等其他所有货币加总仅占四分之一的比重。而美国经济大概占世界的 24% 左右，显然美国经济体量与美元的地位并不相符。那么美元霸权是如何炼成的呢？

很多人认为美元霸权建立的标志是布雷顿森林体系的建立，这个理解大体没错。早在 1939 年之前，美国就已经为美元的国际化打下了良好基础。1894 年，美国就已成为世界第一大经济体；1914 ～ 1918 年，美国的经济体量就已经超过英法德三国总和；而到 1945 年，美国的黄金储备已超过其他所有国家之和。鉴于美国的经济实力，以及 1945 年美国在西方世界的话语权，西方世界的货币体系重建显然只能是美国来主导。1944 年 7 月，美英两国政府开始考虑战后国际货币体系，前者提出了“怀特计划”（怀特时任美国财政部助理部长），后者提出了“凯恩斯计划”。“怀特计划”和“凯恩斯计划”同样是以设立国际金融机构、稳定汇率、扩大国际贸易、促进世界经济发展为目的，但运营方式不同。毫无疑问，美英两国各自提出的方案都是着眼于自身的利益。尽管英国力争实施本国方案，而且抬出了经济学大师凯恩斯，但是谈判桌上是看实力的（图 8–3）。此时的英国已经不是从前的“日不落帝国”了，如果不是美国战争期间“拉兄弟一把”，英国恐怕独木难支。而且，尽管没有被纳粹德国直接占领，此时的英国也是满目疮痍，战后重建也需仰赖美国的支持。

图8–3　凯恩斯（居中者）在布雷顿森林会议上

最后，一番讨价还价后，双方于 1944 年 4 月达成了反映怀特计划的《关于设立国际货币基金的专家共同声明》。具体概括起来，这个体系是双挂钩——美元与黄金挂钩、其他各国货币与美元挂钩；双固定——美元与黄金固定一个汇率（35 美元兑换 1 盎司的黄金）、各国货币与美元固定一个汇率（允许在法定汇率上下各 1% 的幅度内波动，若超过法定汇率 1%

的波动幅度，各国政府有义务在外汇市场上进行干预，以维持汇率的稳定，若会员国法定汇率的变动超过10%，就必须得到国际货币基金组织的批准）。

布雷顿森林体系建立后，美元要实现国际化，面临的第一个任务就是要西方各国使用美元。此时，西方各国面临战后重建，急需重建的资金和原材料，美国政府适时推出了著名的“马歇尔计划”。该计划于1947年7月正式启动，并整整持续了4个财政年度之久。在这段时期内，西欧各国通过参加欧洲经济合作组织（OECD的前身），总共接受了美国包括金融、技术、设备等各种形式的援助合计131.5亿美元，其中90%是赠予，10%为贷款。

有盛必有衰，在布雷顿森林体系下，美元绕不开一个难题——特里芬悖论。所谓特里芬悖论（或称特里芬难题）是由美国经济学家罗伯特·特里芬在其著作《黄金与美元危机——自由兑换的未来》中提出的。他认为，由于美元与黄金挂钩，而其他国家的货币与美元挂钩，美元虽然取得了国际核心货币的地位，但是各国为了发展国际贸易，必须用美元作为结算与储备货币，这样就会导致流出美国的货币在海外不断沉淀，对美国国际收支来说就会发生长期逆差；而美元作为国际货币核心的前提是必须保持美元币值稳定，这又要求美国必须是一个国际贸易收支长期顺差国。这两个要求互相矛盾，因此是一个悖论。

顺便说一下，由于大量美元在海外沉淀，在欧洲逐渐形成了欧洲美元市场即离岸美元市场。欧洲美元市场的优势在于不受任何国家法令限制，免税，不缴纳法定储备，流动性强，主要作用于银行间同业短期资金批发市场。当时由于美国国内是利率管制的，很多美国的银行就跑到这里开展业务，规避国内的利率管制，这在一定程度上也推动了后来的美国利率市场化。

随着越战爆发和20世纪70年代的石油危机，美国政府逐渐债台高筑、通胀高企、货币超发、黄金外流，许多国家意识到发出的美元已远远多于其背后的黄金，美国无法再保证35美元兑换1盎司的黄金承诺。时任美国总统尼克松于1971年宣布美元与黄金固定价格脱钩，市场出现了所谓“尼克松震荡”，美元兑黄金价格一泻千里，布雷顿森林体系瓦解，各国兑美元汇率也开始脱离固定走向浮动。

此后，国际货币体系称之为“牙买加体系”，实际上就是一个多元的货币体系，但是至今尚没有一个货币能与美元势均力敌。美元的霸权还体现在对大宗商品的计价以及对国际清算体系的控制上。由于国际清算大多使用美元，美国又控制着国际清算体系，它可以轻易地将一国剔除出国际清算体系。

2020年出镜率较高的一个词汇就是SWIFT（环球同业银行金融电讯协会）。它是国际银行同业间的国际合作组织，全球大多数国家大多数银行都使用SWIFT系统进行清算。它使银行间的结算，具有了安全、可靠、快捷、标准化、自动化的通讯业务工具。比如，你从国内的中国银行汇钱到美国的花旗银行，两大行需要通过这个系统交换电文。一旦一个国家的银行被剔除出这个体系，就面临着无法完成各类国际贸易的结算。一个例子就是伊朗，由于受到美国制裁，SWIFT终止对伊朗银行结算的服务，伊朗对外贸易主要是石油，被剔除出SWIFT后，其石油买卖就无法结算。比如卖出去的石油，外国买家无法把钱汇到伊朗国内的银行。这使得尽管伊朗有大量的石油，却无法出售。其次，美国还有所谓的长臂监管，如果美国政府说在某个领域实行制裁（尽管这笔交易和美国没啥关系，只是使用美元结算而已），那么只要你使用美元了，美国也要制裁你。这就是为什么美国说要制裁一个国家，那么全世界都很难和它做生意的原因。

对于美元霸权不满的，不仅是广大发展中国家，即使是美国的盟国也一样。英国央行行长就直言，过度依赖美元弊端重重。欧盟也在逐步建立欧元清算体系。国际清算银行（负责各国央行间的清算，常被称为“央行的央行”）2020 年 6 月的研究报告以“金融业对美元的依赖使世界更加脆弱”为标题，指出美元在国际金融中的主导地位日益提高，意味着美国的问题可能会迅速对整个世界构成威胁。全球金融系统委员会 (CGFS) 发布的报告称：“美元的广泛使用使参与者受益，但由此产生的市场互联性也可能造成脆弱性”“结构性变化增加了市场的复杂性，也加大了全球金融系统的压力传递的速度和范围。”尽管暂时还没有替代美元的货币，但是暂时不代表永久。

第七节　人民币国际化之路到底该怎么走

一国货币能够在国际上通用，通常要具备几个基本的条件。首先，货币国必须是经济大国和贸易大国。这个解释起来很容易。钱就是拿来买东西的，对他国货币的需求，首先就是能够在货币国买到自己需要的东西。例如，太平洋岛国的货币就不可能国际化，因为拿了他们的货币，除了能买点海产品以及旅游外，基本就买不了什么东西。所以，对这种货币的贸易需求很小。

纵观现在国际货币体系里的几大货币——美元、欧元、英镑、日元，这些主权货币的国家都是贸易大国和经济强国。按照这个标准看，人民币无疑是非常满足标准的。毕竟今天的中国已经是“世界工厂”。前几年，美国拍过一个纪录片，讲述一个美国人在一年内不使用从中国进口的产品会怎样。结果是无法正常生活，庞大的出口数据就是说明。此外，从经济总量上看，中国也已是世界第二大国，名列榜首也只是时间问题。

那么，为什么人民币国际化程度没有与贸易大国地位相匹配呢？因为，经济总量和生产能力只是货币国际化的一个条件，但并不是唯一条件。相比国际化排在前面的主权货币国，我国有一项特殊的产品或者说生产要素的出口能力不足——那就是金融。一国货币国际化，首先是能走出国门，被其他国家所需要。首先，从对外输出资本的角度的看，图 8-4 展示了中国、美国、日本和韩国的贸易往来、外商直接投资（工厂投资和其他实物资本）、投资组合（股票、债券和其他金融资产）、银行贷款和外汇储备在全球的各自占比（图 8-4）。左边的图片显示了中国私人部门与国际的联系（包括对外直接投资、海外金融投资组合以及银行贷款），2018 年仅占全球总额的 2% ～ 3%，远远低于美国以及经济规模小于我国的日本。右图是对外金融往来占本国 GDP 比重。美国和日本的投资组合进出总额均超过各自经济规模，甚至韩国的投资组合流也占到 GDP 的 60% 左右，远远高于中国的 11%[1]。在上一节，我们介绍过美国正是通过“马歇尔计划”，对欧洲大规模投资、贷款推动了美元国际化。

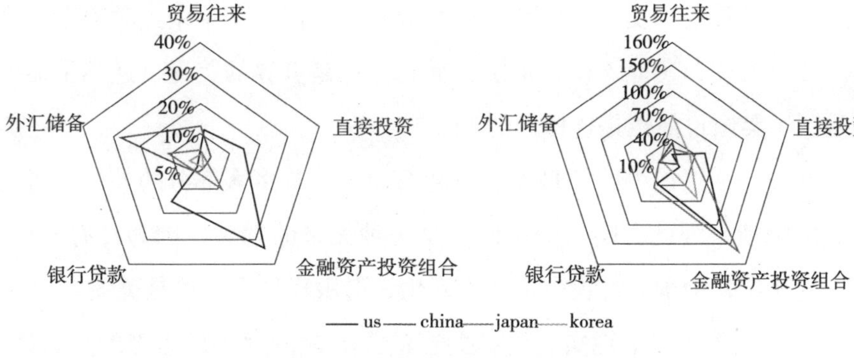

资料来源：国际货币基金组织、国际清算银行、彭博、彭博经济研究

图8-4　中国在全球金融往来中的比重

拿了一国货币，并不一定马上就对这个国家的产品有需求。那么这些货币攥在手里的这段时间，总不能把它藏在床底下吧，人家也想保值增值。因此这就需要能投资的地方。倘若这些货币不能保值增值，那么这些

[1] 舒畅．彭博经济学家：中美金融脱钩将是杀敌一千自损八百 [EB/OL].[2020-11.13].

货币的吸引力就不高了。以一个问题来说明，很多人会问中国不买美债行不行？恐怕目前找不到合适的替代品。中国目前有 3 万亿美元左右的外汇储备，外汇储备的原则是安全第一，兼顾收益并满足流动性要求。目前，没有任何一个金融产品既满足上述三个条件又有足够大的体量。比如说黄金，先不说黄金的保值率和收益，就目前国际上的黄金市场也承受不了 3 万亿美元购买的体量，全球黄金产量有限，市场规模较小，真正流通的黄金总量是很少的，不过几百亿美元的流通市值。不要说 3 万亿美元，即使拿出 5000 亿美元购买就会导致黄金价格飙升，还不算那么多黄金的储存和运输费用。同样，即使买了 3 万亿美元的黄金，仅是抛售其中 5000 亿美元的黄金也会即刻引起黄金价格大跌，买的时候大涨，抛的时候大跌，收益怎么算？而美国国债市场规模已经突破 21 万亿美元，千亿级别的抛售或者买入也不会引起市场的巨大波动，这就是资产流动性的最佳体现。此外，尽管理论上美国政府存在违约的可能，但是实际中这种概率微乎其微。如前所述，美元不仅是美国的美元，也是世界的美元，还不了债印钱就是了（美国目前也是这样做的）！

其实，不仅是中国，日本、海湾石油国等都将大部分的外汇储备购买了美国国债。因此，购买美国国债是一种无奈的选择，因为没有替代品。尽管近几年，中国外汇投资也在多元化，但占比最大仍然是美债。

不得不承认一个现实，美国拥有世界上最发达、最完善的金融体系。这个发达是怎么体现的呢？从两个角度——金融市场的广度和深度。其中，所谓广度是指市场参与者的类型复杂程度。有广度的市场主要特征是：有很多不同类别的交易者同时入市，例如有机构客户、基金客户、长线投资者和短线投资者；入市目标各不相同，有的是为了保值，有的纯粹是为了投机；对风险的偏好程度不同，有的不惜冒险力争赚取高利，有的只是为了规避风险，套期保值；投资时限不同，有的转瞬即卖，有的准备长期持有。为什么要有这么多不同目的、不同看法的投资者？很简单，市场要有交易，就需要有买有卖。怎样才能有买有卖？需要不同的交易者对同一个资产有不同的看法。买的人自然是认为未来这个资产会涨，卖的人自然是认为这个资产未来会跌，所以才能有买有卖。如果大家都看法一致，要么是只有买家没有卖家，要么是只有卖家没有买家。

为什么我国的股票市场容易暴涨暴跌？很重要一个原因就是我国股票市场主要是由散户构成（俗称股民），普通股民没有研判市场的能力，都喜欢跟风，大家要么都看涨，市场上奇货可居；要么都看跌，吓得赶紧出手，所以价格就容易暴涨暴跌。市场越有广度，有越多不同类型的市场参与者，市场被一小撮人士控制的风险便愈小，市场就越能充分地反映当前的供求情况和对未来市场的预期。美国金融市场参与者不是只有美国人，而是汇集了全世界的投资者。如此带来两个好处：一是有庞大的资金进入美国，这些钱要进入美国金融市场头一件事就是要换成美元；二是扩宽美国金融市场的广度。

为什么大家都跑去美国投资呢？这就是美国金融市场的深度优势。金融市场的深度首先是指交易与投资持续不断（反映了交易的活跃程度），市场价格有秩序。这就是说，无论成交量多大，市价都不会失常地涨落，与此前的市价脱节。这就要求市场上有相当大的经常交易者，市场交易活跃。上面我们谈到中国买美国国债的事情就是对这个概念最好的注解。其次是有弹性。这指应付突发事件的能力及大手成交之后价格迅速调整的能力。在有弹性的市场上，市价既不会一蹶不振，也不会只涨不跌（东南亚金融危机中的泰国股市、汇市显然是极度缺乏弹性的）。最后，也是非常重要的一点就是美国金融市场能够提供丰富的金融产品。

再举个例子，之前讲到过我国很长一段时间事实上盯住美元，就是怕汇率变动影响企业出口。但是美国企业就没有这方面太多的顾虑。因为美国金融市场提供了汇率期权、期货等金融产品，可以充分锁死汇率成本。我们国家也有，为什么就不如人家的好用，还是回到刚才的金融市场的广度上看。人家参与的人多钱多，金融产品的价差小（经济学称为效率高）。同样把汇率锁在 7 元人民币换 1 美元，人家只要 5 角钱，你却要 3 元钱，成本优势差距较大。因此，市场的广度和深度是相辅相成、相互促进的。

市场广度和深度是怎样练成的呢？这来自金融市场的对外开放和市场的规范公平。开放就不多说了，你都不准人家来玩，那还谈什么广度。尽管美国是一个不太公平的社会，但是它的金融市场还是很规范的。1792 年 5 月 17 日，美国 24 名经纪人在华尔街的一棵梧桐树下聚会，商订了一项协议，约定每日在梧桐树下聚会，从事证券交易并订出了交易佣金的最低标准及其他交易条款（这是纽约证券交易所的开端）。自那开始，美国金融市场经过 200 多年的发展，建立起一套完善的监管机制。尽管华尔街经常爆出各类金融丑闻（如安然事件），而且任何监管体系都会有漏洞，但高利润总是能吸引不怕死的，所以这套制度总体还是运行有效的，它的一个特点就是公开、透明、处罚严厉。比如，美国证监会就定出了上市标准，这些标准主要是要求公司必须如实披露信息，不能弄虚作假，你来我这上市需要满足这些标准，只要满足你就来，至于你现在是不是盈利，收入有多少，你的股票卖不卖的出去，定什么价格（在 A 股市场上市的价格都是有上限的，所以才会出现打新的现象），是涨是跌，完全由市场做决定，监管机构不会干预。所以很多中国优秀科技企业都去美国上市，因为在国内上不了，国内上市有盈利要求，有收入要求，还要审批。在美国，所有的上市公司该公布的都必须按时公布，公布的信息必须是真实的，市场的每一个人得到的信息必须是同时以及准确的，不能搞内幕交易。而对于违反规定的处罚是非常严厉的，一旦被监管机构发现，基本上会把你罚得倾家荡产，这就大大提高了违规的成本。

美国现在都是进口多出口少，美元咋还那么牛气，因为人家的金融市场能把花出去的美元吸回来。咱们出口赚的美元不也是通过买国债的形式回到美国了吗，所以美国的国家收支是平衡的。

国际化还有一个重要条件就是货币自由可兑换，主要是指资本项目下资金自由出入。我拿了你的货币，哪天我在别的国家有点什么事急需用这个国家的货币，这会儿你告诉我对不起，不准你兑换成别国货币，那可真是急死人。无论是美元、欧元、英镑都是可自由兑换的货币，可以随时兑换成他国货币，不同的就是今天汇兑和明天汇兑的汇率不同而已。目前，人民币还不是完全可以自由兑换的货币，因此人民币国际化也有赖于这一进程。

一国货币国际化还有利于汇率的市场化定价。以美元为例，目前全球美元日均交易量为 5.8 万亿美元，其中仅有 1 万多亿是在美国国内交易，其余 3 万多亿均是在美国境外交易，即前面提到的离岸美元市场。全球外汇市场最大的交易币种是美元，占所有币种交易量的 88%，但是全球最大的外汇市场不在纽约而是在伦敦[1]。这说明美元的汇率是全球定价，美国本土交易行为和美联储很难完全影响美元汇率，这也从另一个角度看出美元外汇市场的广度与深度。中国人民银行金融研究所所长周诚君 2020 年撰文称，在一个大型开放经济体和成熟市场的货币政策框架下来看，人民币汇率形成机制的未来图景应该是——汇率由全球人民币外汇市场交易所决定；在人民币国际化、国际非居民投资者大量持有人民币资产的情况下，离岸人民币外汇市场交易量将远远大于在岸人民币外汇市场交易量，人民币汇率由全球日均数万亿元甚至数十万亿元且主要发生在离岸市场的人民币外汇交易所决定，而非由中央银行管理。

但是，硬币的另一面就是刚刚所谈到“二元悖论”，允许资本的自由流动会影响本国货币独立性，甚至埋下日后货币危机的隐患。历史上，一些中央银行曾反对其本国货币国际化。例如由于市场力量的驱动，马克和日元分别在 20 世纪 70 年代和 20 世纪 80 年代作为主要的国际货币升值。当时，德国中央银行坚决反对马克被用作储备货币，并坚决抵制伊朗计划

[1] 国际清算银行（BIS）2019 年 9 月 16 日公布的每三年一次的外汇调查报告。

在1979年将其美元储备转换为德国马克。而在20世纪80年代中期，日元国际化和金融自由化方面受到美国的施压，但日本中央银行和日本政府同样不愿积极推动日元国际化。

如此看来，由“二元悖论”导致的货币国际化与金融稳定的悖论是不是就没有解了呢？还记得上面提到的丁伯根原则吗？要揽多少“瓷器活”，就得备多少“金刚钻”，因此，中央银行需要新的“武器”。

第八节 央行的新武器

在前一章讨论金融危机的时候，我们知道导致危机发生的一个重要因素就是影子银行体系的期限错配，即影子银行在回购市场借入短期资金买入长期资产。在货币危机中同样也存在一个错配，就是币种的错配。新兴经济体往往在世界主要储备货币（美元）低利率时借入大量外债，当主要发达经济体收紧货币政策时，一方面这些外债的利率上涨，另一方面借入的币种相对本币升值，导致新兴经济体无法偿还外债，从而引发货币危机。在上一章老李公司的例子里，由于本国货币的升值，老李公司的净资产瞬间增长了3倍，老李开始了愉快地加杠杆过程，又向境外银行借了10万美元，并用这10万美元继续购买债券（60万人民币）。现在老李的资产是160万元人民币，负债是130万元人民币，净资产仍然是30万元人民币。如果此时美联储加息，人民币兑美元汇率重新回到8∶1。老李的资产仍然不变，还是160万人民币；变的是老李的债务，债务由原来的130万人民币变成了170万人民币（20×8+10）。仅仅因为本国货币贬值老李的净资产就变为了–10万人民币，这还没有算上上涨的利息。

我国2015年“8·11汇改”之后，由于人民币持续贬值，国内企业预期未来还会贬值（情绪、动物精神），为了避免后续债务加重开始提前还款。对于大多数借入外债的企业来说，这时候没有外币收入的（除部分出口企业），需将手中的人民币兑换成外币（主要是美元）偿还外债。企业通过银行购入美元（购汇），银行又将人民币卖给中央银行换取美元。这一过程，中央银行外汇储备减少，同时在银行的准备金账户上减少等值的准备金（基础货币），这无异于跟随美国实行紧缩的货币政策。这就是“二元悖论”的最生动的案例。

以前我国应对这一情况主要采取的是，中央银行通过动用外汇储备买入人民币卖出美元，干预外汇市场以及资本管制（限制资金大进大出）。固定汇率制的弊端前面章节已经介绍过。对于资本管制手段，确实在一定时期起到了限制资金大进大出的效果。但是，随着我国日益成为一个大型经济开放体，资本管制措施对于较为开放的经济体往往难以奏效，即使可以在短期内起到约束作用，也不能从根本上改变因经济失衡带来的资本流动。而且随着金融市场发展和金融产品创新，绕开管制的渠道越来越多。其次，资本管制措施也难以有效防范系统性、全局性风险。资本管制多是对微观主体的特定行为加以限制，难以有效应对跨境资本流动潜在风险在金融体系的传导、对市场信心和预期的冲击等系统性、全局性风险。最后资本管制措施成本较高。因为资本管制会扭曲市场行为，人为割裂国内、外资金流动，使资金使用效率低下，资金成本提高。中国是一个开放的大型经济体，贸易依存度很高，不当管制有可能影响信心和国际收支平衡[1]。

2008 年金融危机以后，面对主要发达国家量化宽松货币政策，以及其对其他经济体货币政策的影响，学术界和政策制定者对货币政策目标展开

[1] 孙国峰，李文喆.货币政策、汇率和资本流动——从“等边三角形”到“不等边三角形”.[EB/OL].[2017-03-30].http://www.pbc.gov.cn/yanjiuju/124427/133100/3253123/3282515/index.html.

了深刻的反思与讨论，并在货币政策之外提出要建立宏观审慎政策。宏观审慎管理的核心，是从宏观的、逆周期的视角采取措施，防范由金融体系顺周期波动和跨部门传染导致的系统性风险，有利于维护货币和金融体系的稳定。

具体来看，对内宏观审慎政策着重于解决金融资产（包括房地产）的顺周期行为。在危机之后，发达经济体普遍出现了实体经济不景气、物价低迷（乃至通缩），而金融资产价格却节节攀升的现象。面对这一情景，货币政策陷入了两难。如果为了控制资产价格的高涨而实施紧缩的货币政策，无疑会让本已萎靡不振的实体经济雪上加霜。如果采用扩张的货币政策，对于实体经济不一定能起到作用，反倒很有可能进一步推高本已“高处不胜寒”的资产价格。货币政策是总量的政策，面对结构性的问题往往“束手无策”。

宏观审慎政策的具体政策工具有很多，每个国家针对本国的实际情况可以采用不同的政策工具。比如，由于美元是世界储备货币，美国基本不会发生货币危机和债务违约的问题，美联储并不会推出相关的宏观审慎政策工具，而是着眼于国内经济相关的政策。经济学家泽维尔·弗雷克萨斯在其著作《系统性风险、危机与宏观审慎监管》中，按照监管工具所追踪的目标风险不同，将宏观审慎工具分为三类。

第一类是通过提高资本和流动性缓冲来影响金融机构负债的成本。这类工具中被使用最多的就是逆周期缓冲资本。在好光景的时候，由于各类资产价格上涨，银行的资产负债表看起来很“好”，为了赚取更多的利润就不断加杠杆。逆周期资本缓冲政策则要求银行在繁荣期将利润转为资本金（提高资本金要求），这一方面提高了银行融资成本，减少信贷过度增长；另一方面为未来可能出现的衰退打好了“底子”。此外，这类工具中还有流动性附加要求，针对的就是危机前金融机构依靠短期资金拆借买入长期资产的期限错配。

第二类是针对金融机构资产风险作出防范。最常见的是对资产集中度（所谓不要把鸡蛋都放在一个篮子里）和资产增速的限制。

第三类则是提高贷款质量。这一类中，最主要的就是贷款价值比和债务收入比。我国购房的首付比例就是这一典型工具的应用。而债务收入比主要是打击高杠杆的投机者，强调借款人的收入必须能够覆盖未来债务的偿还。

回到本节所探讨的内容，央行是如何防止国际资本流动给本国经济稳定带来扰动的呢？在这方面，中国人民银行和国家外汇管理局做了很多探索。

2020 年 10 月，人民币大幅度升值，2020 年三季度人民币升幅达 3.8%，实现了自 2008 年初以来的最大季度涨幅。为了防止人民币过度升值，中国人民银行决定自 2020 年 10 月 12 日起，将远期售汇业务的外汇风险准备金率从 20% 下调为 0。那么，什么是远期售汇业务外汇风险准备金率呢？

先解释一下远期售汇这个概念。咱们还是以老李为例。老李预定了 1 台法拉利，价格 100 万美元，1 年后一手交钱一手交货。老李怕未来汇率下跌要多付人民币，就找银行签订合约面额为 100 万美元的远期售汇合约，约定一年后以 750 万元人民币购买 100 万美元。

银行为什么如此确定 1 年后 750 万人民币购买 100 万美元不会亏本呢？万一到时候市场汇率是 800 万元人民币兑 100 万美元呢？银行手里也没有预知未来的“魔法石”，在预测汇率这一块并不见得就比老李准确，因此，银行也需要对这笔远期售汇业务的风险进行对冲。银行会同时在现汇市场买入 100 万美元又卖出 100 万美元的远期外汇（这波操作学名叫“掉期”），1 年后无论汇率如何变化，银行都不会有损失，还能赚取老李的手续费。而老李也锁定了未来的 1 年的汇率（图 8–5）。

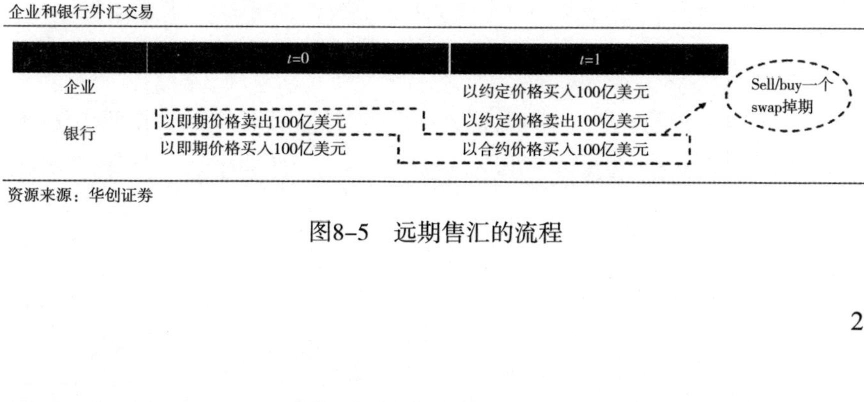

资源来源：华创证券

图8–5　远期售汇的流程

这里还有个问题，银行的远期外汇卖给谁了呢？还记得在上一章谈过的金融市场的广度和深度吗？在一个发达的金融市场，有各种不同的交易主体，既有投机的，也有老李这样套期保值的，这样就会产生不同的汇率预期，有的预期涨有的预期跌，自然就有了交易。问题是，如果一国宏观经济出现问题，或者像亚洲金融危机那样遭受国际投资者有预谋攻击的时候，市场的预期就会一边倒，大家都在远期抛售本国货币（尽管都预期下跌，但是预期下跌的幅度不同，因此还是会有交易），这又加剧了本币贬值。

远期售汇业务外汇风险准备金就是按其远期售汇（含期权和掉期）签约额的 20% 交存外汇风险准备金。老李的例子中，中央银行会向银行征收 20 万美元保证金。对银行来说损失的是 20 万美元利息，因为征收的这笔保证金中央银行是不会给利息的。就像政府对企业征税一样，银行会将此部分成本转嫁给客户，增加企业购汇费用，从而降低企业对远期购汇的需求数量。这个政策工具具有透明（以公告的发布）、非歧视性（适用所有的银行）、价格型的特点。

对于金融机构和企业的外债，中国人民银行推出了全口径跨境融资宏观审慎管理，对金融机构和企业的跨境融资进行逆周期调节，使跨境融资水平与宏观经济热度、整体偿债能力和国际收支状况相适应，控制杠杆率和货币错配风险，有效防范了系统性的金融风险。

可以看出，相比于资本管制，通过影响价格等市场化的调控手段，对跨境资本流动风险进行逆周期调节，宏观审慎政策在一定程度上抑制了过度的资本流动冲击，减弱了资本流动对货币政策的干扰，从而赋予了货币政策更多的独立性。不过，由于宏观审慎政策推出的时间还很短，其在实际应用中的效果仍有待进一步观察。不仅是宏观审慎政策，即使是被人们探索许久的货币政策也依然是个未解的“谜”，因为伴随了人类上千年的货币一直在变。

第九章

未完的货币

第一节 回到原点

本书开章就介绍了亚当·斯密关于货币的理论，亚当·斯密认为货币主要是为解决物物交换而出现，“货币是经济的润滑剂”。作为人类最早的发明物之一，货币及其起源一直受到人们的关注。目前，能够看到的最早关于描述货币起源的探讨，是希腊著名哲学家亚里士多德的著作。这位大哲学家在《政治学》一书中谈到：“从简单物物交换当中诞生了更加复杂的交换形式（货币）……由于各种生活必需品无法随身携带，因此人们约定在相互交易当中使用某种具有内在用途并且容易满足生活需求的东西，比如铁、银等。”

可以看出，亚里士多德也认为货币的出现是为了替代物物交换，亚当·斯密仅是继承了这一观点。这一观点直到今天，依然是经济教科书开篇所要阐述的内容。

但是有一个问题，亚里士多德是如何得出这一结论的呢？要知道，即使是两千多年前的亚里士多德时代，货币也已经存在很多年了。显然，亚里士多德没有见证过从物物交换到货币成为一般等价物的过程。关于货币起源的理论，亚里士多德也仅是来源于逻辑推导（作为最伟大的哲学家，逻辑推导显然是其强项）。

然而，随着考古的发现，人们得以窥见亚里士多德之前时代人们的经济活动。美索不达米亚的苏美尔人（生活于公元前 3000 年）的货币体系是现存记录最完善的古代货币体系。维持这一体系的并不是金、银或者贝壳，而是不知疲倦的记录者和泥板。19 世纪中叶，英国考古学者破译了之前挖掘出土的苏美尔人黏土板上的楔形文字（图 9–1），发现上面记录的内容大多是关于商业的。苏美尔人发明了称作谢克尔银的货币单位。国家用一定数量的谢克尔规定了商品的价格以及劳动工资和罚金（不得不佩服 3000 年前就有了价格管制）。尽管也会使用金银交易，但是只占很小一部分，绝大多数市场交易以信贷的形式完成。例如，老王想去老李的饭馆喝酒，可是种地的老王没有钱，粮食都还在地里面呢，要到秋收的时候才能有钱。于是，官府或者寺庙里的记录者就会在黏土板上记下老王的欠账，等到丰收时用一定数量的大麦支付。你一定会说，老李接受老王用大麦支付，是因为老李开饭馆需要麦子酿酒，如果老王是人力车夫，恐怕老李就不会接受这个赊账了，这不还是物物交换嘛。所谓物物交换，在时间上买和卖是同时的，也就是咱们常说的“一手交钱一手交货”。然而在上面老王喝酒的例子中，并不是“一手交钱一手交货”，老王赊账喝酒在前，秋后还账在后，是一个典型的债务关系。

图9–1　苏美尔人的黏土板

债务记录仅仅是第一步。老王的债务以楔形文字记录，然后装入陶土信封，盖上老王的印章。债权人将保存该信封，等到债务偿还之日再打开。如果老王承诺将债务偿还给黏土板的持有者（不一定是老李），该黏土板就可以出售给需要大麦的人，从而实现债权的转移。这不就是佃农杰克和封建领主汤姆爵士故事的翻版吗！唯一不同的是，记录债务的是官方记录者，这无疑使得债务具有了法律效应，一旦无法偿还债务，债务人就有可能会成为债权人的奴隶。由此可以看出，早在3000年前就有了信用货币（比照纸币，可以称为土币），货币只是一种债务凭证，货币转移不过是一种债务的转移。

为什么这套体系没有继承下来，而金银成为了货币呢？第一批金属铸造货币出现于公元前7世纪美索不达米亚附近的吕底亚王国。对于金属货币的出现，主流观点认为，由于金银本身具有价值、有很好的延展性（便于铸造）、不易腐烂、便于携带，因此自然成为货币。然而，戴维·欧瑞尔、罗曼·克鲁帕提在其合著的《人类货币史》一书中认为："货币体系并非由物物交换自然而然地演变而来，而是在锋利的兵刃之下强行建立起来的。"

他们认为，古希腊的历史就是一部战争历史。伴随着胜利号角的，往往是对战败方的大规模财富劫掠。当然，手下的士兵是要奖励的，不然以后怎么指望人家给你卖命。如果要给士兵发放酬劳，与他们分享利益，还有什么比分发一小部分战利品更加容易的呢？而士兵们眼中的战利品就是金银（总不好给人家发个猪腿做战利品吧）。而各个城邦也乐于用金银作为货币流通手段来解决商品交换、税收和政府支出的问题。

金属货币的出现，改变的不仅是货币的形态（过去是黏土板或者结绳、石板），也改变了货币属性，货币由苏美尔人时代的债务凭证变成了贵金属，也由债务属性转换成了商品属性（货币价值由铸造的贵金属价值决定）。然而，布雷顿森林体系之后，信用纸币进入无锚时代，货币重新回到债务属性，这不得不说，在轮回了数千年之后，货币又回到了原点。

不过无论是苏美尔人的黏土泥板、金银，还是现代信用纸币都是由国家发行的（黏土泥板也是由国家公职人员记录的）。千百年来，人们深信货币只有国家信用在背后支撑才能被接受。还记得我们在第六章提到的明斯基的那句话："每个人都能够创造货币，问题是如何让它被普遍接受。"那么货币可以由私人发行吗？

第二节　货币的非国家化

2008年，一篇署名为中本聪的论文《比特币：一种点对点式的电子现金系统》在互联网上传播开来，随后比特币成为了热门的网络词汇，伴随而来的是经济学家们对货币非国家化的讨论。其实这一话题并不是第一次出现，奥地利经济学派大师哈耶克人生的最后一本著作就是本节的题目——《货币的非国家化》，很多人认为哈老成功预见到了数字货币的出现。

奥地利经济学派的形成始于1871年卡尔·门格尔《经济学原理》的发表，奥地利学派起源于维也纳。与强调实证研究的主流经济学不同，该学派更注重逻辑的推理，因此被德国经济学家戏称为"奥地利学派"。由于奥地利学派学者大多来自原奥匈帝国和德国，都经历了1918年后的货币疯狂贬值时期，这段经历使得他们几乎本能地反对政府干预经济以及货币超发。

奥地利学派将生产分成一个一个阶段，最早的阶段是资本的投入，最后的阶段才是消费品的生产。比如，老王种粮食（消费品）需要买拖拉机、收割机，而生产拖拉机、收割机需要厂房、钢铁、制造设备，生产钢铁需要铁矿石、冶炼设备……仅仅是生产粮食从生产结构的角度看就有不同的阶段，而这些生产阶段在时间上是有先后顺序的。要先种粮食，先要生产出拖拉机、收割机，而要生产拖拉机、收割机就要先生产钢铁，而要生产出钢铁就要先要有铁矿石……在这个生产过程中，最终产品粮食是消费品，而拖拉机、收割机、厂房、机械设备、钢铁都是资本品。

奥地利学派认为新增加的货币对不同商品有不同程度的影响，货币通过影响相对价格（指的是生产资料价格与消费品价格之间的对比关系）进而影响生产的时间结构，使资源在不同的生产环节上重新分配，最终影响经济的各个方面。当货币供给增加、利率下降的时候，人们会先购买资本品（投资），这导致资本品相对消费品价格上升，资源会向资本品集中，生产消费品的资源就会减少，消费供给就会减少。此时利率上升，大部分的资本品还在生产，并没有成为支持消费品生产的能力（拖拉机只安装了两个轮子，就没钱安装另外两个轮子，俗称“烂尾”），后续的生产阶段无法进行，企业资金链就会断裂，导致大量债务违约。由此，奥地利学派认为政府的货币政策是导致经济周期的原因。

哈耶克年轻时曾在美国留学，后到英国伦敦政治经济学院任教，并认识了另一位经济学巨匠凯恩斯。两人结识后，起初彼此相互欣赏，但是“蜜月期”很快因为学术观点迥异而结束。凯恩斯主张面对经济危机政府应该积极干预，而接过门格尔衣钵的哈耶克坚信市场能够自发纠正任何错误（学名称为不均衡），政府本身才是问题。两人由最初书信争论，到最后直接在学术期刊上针锋相对。按理来说，两位大师（哈耶克于 1974 年获得诺贝尔经济学奖）的争论应该是一次难得的学术盛宴，值得后人好好回味。然而，现实中两人的争论更多是一种情绪宣泄，凯恩斯甚至认为哈耶克反对自己是为了成名（按现在的话说就是“蹭热度”）。凯恩斯曾严厉批评哈耶克的《价格与生产》一书：“这本书是我读过的最为混乱不堪的东西，从第 45 页后，几乎没有一句健全的命题。”

哈耶克不仅在经济学上反对政府干预，在社会学和政治学上也秉持这一理念。哈耶克在其职业生涯后期把更多的精力投入到对社会哲学和政治哲学的研究，其主要代表作品《通往奴役之路》《致命的自负》和《自由秩序原理》都在向人们传达一个理念——个人自由和市场经济是必须捍卫的。

即使是在货币问题上，哈耶克也依然反对政府垄断发钞权。他认为国家必须垄断发钞权是一个伪概念，这种垄断权是被“披上了一层神秘的面纱”。封建君主将对铸币、采矿、关税的垄断权看做是其权利的象征，而铸币权尤为重要。“因为通过这些铸币，君主的头像会被传播到他的王国最僻远的角落。”而对于普通人来说，很难辨认出金银币的成色、含金量（即使现在也需要拿到专门的鉴定机构才能辨认），政府便承担了铸币认证这一职能，最初政府并不铸币，而仅是认证金银币的价值。此后，只有在打上了政府印鉴之后的铸币，才被认为是真正的货币。

然而，民众对政府的信任却是悲剧的开始。封建君主们逐渐发现，这里面有很大的“油水”，完全可以在一个含有 1 克黄金的铸币上印上含金 2 克，这相当于对老百姓隐形征了一次税，因此被称为“铸币税”。例如，在罗马帝国尤利乌斯和奥古斯都·凯撒期间，1 罗马便士中含有 4 盎司银。250 年后，到 3 世纪末，同样的银币中，含银量仅为过去的 2%，也就是说其价值仅为 1/50。“铸币税”简直就是“收割”百姓财产于无形之中的终极武器。哈耶克认为古往今来的任何政府都无法抵住“铸币税”的诱惑，票子越发越毛，通胀是政府垄断货币发行注定的结果。按照哈老的话说“我们可以有十足的把握说，所有地方的政府都一直在滥用人民对它们的信赖，并欺诈人民。”

既然政府也不靠谱，那么还是把发钞权交给私人吧。问题是私人就靠谱吗？哈耶克认为依靠竞争就能约束。其逻辑推理来自以下三个出发点：一是如果大家可以自由选择任何一种货币，人们会选择使用那些币值稳定的货币，良币会驱逐劣币；二是为了吸引人们使用自己的货币，各个发钞银行会竭力保证其币值的稳定；三是各个发钞银行可以通过将货币发行量与一篮子商品挂钩来保证币值稳定。

哈老关于货币非国家化的设想，引发了人们对货币的重新思考。但是哈老关于市场竞争可以稳定币值的设想是否具有可行性呢？

首先，在介绍价格黏性这个概念的时候谈过，竞争者也会形成合谋。

面对巨大的利益，又如何保证发钞银行不会合谋垄断货币发行呢？如此一来哈老关于充分竞争的前提条件就无法保证了。

其次，在金融危机中，中央银行是最后的贷款者，成为托住经济和市场螺旋式下降的最后一道屏障。如果没有中央银行，那么最后贷款人的角色由谁来承担呢？在哈老设想中，并不是所有的银行都具有发钞的能力，大部分的银行只能通过争夺存款和从发钞银行贷款获得货币。就如同中央银行和商业银行的关系一样，私人发钞银行只能控制“基础货币”，但是如何控制其他非发钞银行通过贷款创造存款，进而创造信用货币呢？如果货币量还是无法控制，况且发钞行有若干家，将更加难以协调货币政策。

最后，币值稳定的方法是与一篮子商品挂钩，货币发行将对篮子里的商品价格变动做出反应。问题是一篮子商品应该包括哪些？以及如何确定不同商品的权重呢？要知道，每个人，或者不同阶段的同一个人关注的商品是不同的。比如刚刚为人父的奶爸们会关注奶粉和尿布的价格，而一个单身汉显然不会关心这些商品的价格。如果，仅仅因为某几个商品的价格上涨而投放货币，货币流向却又是不确定的，那就可能流向其他没有涨价的商品，引发这些商品价格上涨。

哈耶克关于货币非国家化的概念仅是一个设想，他自己在书中也承认“这种方案也留下很多有待解决的难题，而我并没有现成的答案。”但是比特币的出现似乎让人们觉得哈老当初的设想或许可以实现。

第三节 信任靠什么

诞生于 2009 年 1 月 3 日的比特币，可谓“年少成名”。近些年更是大出风头，出镜率奇高。许多人认为，未来比特币将取代国家主权货币。比特币为什么能如此“吸粉”呢？

咱们先穿越一把，回到苏美尔人的黏土泥板的时代。上次讲到种田的老王赊账在老李的饭馆喝酒。不过“空口无凭”，这笔债要由官府记录才行。可问题是，官府记录就能不出错吗？要是记录的官员和老王有仇，偷偷地在老王欠款的数字上多加一个0（小数点前），可不就把老王坑惨了。又或者在一个月黑风高的晚上，老王悄悄地潜入官府，“润物细无声”地把黏土泥板上的数字抹掉一个0，经营酒馆的老李就该哭了。看来黏土泥板也不见得靠谱。说到底还是个信任问题！这样看来谁都靠不住，那怎么办？最可靠的信任就是谁也不信！这仿佛又是一个悖论（本书的悖论还真不少）。怎么操作？这就是比特币的“能”。

比特币的“能”在于其区块链技术能够解决交易中的信任问题。1976年，迪菲和赫尔曼发表了一篇题为“密码学的新方向”的论文。文章提出了一种完全不同于对称密码体系的新思路。我们可以把一条信息的加密和解密比作关门和开门，锁就是算法，它的作用是用混淆的技术，将可识别的信息转变为无法识别的信息。而密钥则相当于这把锁的钥匙，信息发送者用密钥加密（上锁），信息接收者用密钥解密（开锁）。所谓对称密码体系就是“上锁”和“开锁”用的都是同一把“钥匙”，这样只有掌握密钥的人才能看到信息。战争大片《中途岛》中那个整天把自己锁在黑屋子里，穿着睡袍见美军太平洋舰队司令官尼米兹的家伙，就是偷偷摸摸“配”一把同样的钥匙干活（破译密码）。

因此，对称密码体系存在被黑客破解乃至篡改信息的问题。此外，对称密码体系还要信息发送方和接收方事先定好密码的算法。如果双方住隔壁还好，下楼找个偏僻无人的地方（严防隔墙有耳）约好“暗号”即可。可是一般发密文的双方都是相隔十万八千里（要不也犯不着发密文），又没有孙悟空腾云驾雾传递密码本（再说孙悟空也不一定可靠），那该怎么办呢？

迪菲和赫尔曼提出了一种非对称的密码体系，也就是说“上锁”和“开锁”用的不是同一把“钥匙”。简单来说，“上锁”的加密密钥可以公开，称为“公钥”；“解锁”的解密密钥则由个人维持其机密性，称为“私钥”。从私钥可以推导出公钥，但从公钥很难逆推出私钥。信息的接受方生成一把“私钥”和“公钥”（一个“私钥”可以对应多个“公钥”），并将“公钥”发送给信息发送方。信息发送方用“公钥”对明文（“老王欠我酒钱”）进行加密，并将密文发送给信息接受方。这个密文即使被黑客截收了也没关系，因为只有“私钥”才能解密，没有“私钥”的黑客是无法解密的。这就是非对称密码体系的厉害之处。

区块链技术正是充分利用了非对称密码体系和分布式记账，来使比特币成为可能。非对称加密一个重要应用就是“数字签名”。数字签名使用私钥生成一个签名，接收方使用公钥进行校验。因为公钥和私钥是成对的，唯一对应的私钥只有签字方拥有，所以对方也不能对签名进行抵赖。

在实际应用中，信息发送方发送报文时，先用哈希函数从报文文本中生成文件摘要。注意，这个哈希函数是很牛的，它可以将一段信息转为字符，比如“我欠老李酒钱”这段话转为“4593hbba87303j”。哈希函数可以保证任何其他的文字都无法转为“4593hbba87303j”。其次，哈希函数是不可逆的，你无法通过“4593hbba87303j”反推导出“我欠老李酒钱”这句话。最后哈希函数本身可以在有限时间和有限资源内能计算得到其值（速度快，节省算力）。这些特性就保证了信息不易被篡改。

摘要生成后，信息发送方用自己的私钥对摘要进行加密，加密后的摘要将作为报文的数字签名和报文一起发送给接收方。接收方首先用与发送方一样的哈希函数从接收到的原始报文中（“我欠老李酒钱”）计算出报文摘要（“4593hbba87303j”），接着再用发送方的公钥来对报文附加的数字签名进行解密，如果得到的摘要相同，那么接收方就能确认传输的文件并未受到篡改，是安全可信的。

不过借钱还钱这事，如果只是“天知地知你知我知”感觉还是不靠谱，必须要有人见证才行，万一其中一方抵赖，老天爷又一时忙不过来，可不就叫天天不应，叫地地不灵了。区块链的分布式记账技术则实现了大家共同见证、监督的作用。

接着上面文件加密传输的内容继续往下说。如果老王把“我欠老李酒钱”的信息（含老王数字签名）不仅发给了老李，还发给了网络里所有的人，由于大家都有老王的公匙，都拥有鉴定笔迹的能力，大家拆开信一看，果然是老王的签名，于是大家就把这封信归档。哪天老王反悔了，说我没有欠钱，那可做不到，所有人都收到信并且验证过了。

好了，这又碰到一个问题，大家和老李非亲非故，干嘛吃饱了撑的去为老李存档见证呢？为了激励大家验证和存储，系统会为大家提供奖励，奖品就是比特币。而大家验证和存储的过程就是俗称的“挖矿”，“挖矿”的本质就是竞争记账的权利。所有人都来做这件事情，每个人的见证和存储都是等价的，这就是“去中心化”。与之对应的就是中心化。我们平时通过银行转账，钱并不是直接从老王到老李，而是通过银行进行划拨，银行就是中心。同理，银行间的清算也不是由 A 银行到 B 银行，而是要通过中央银行完成。

中心化的运作存在三个问题。第一，是一对多，普通商业银行对成千上万的储户，中央银行对所有的商业银行。这种模式下，所有的业务都需要依靠“中心”处理，这对“中心”系统提出很高的要求。一个很明显的例子是，每到 11 月 11 日 0 时，某宝的支付总会出现“交易失败”，这就是“中心化的”系统突然间要处理大量交易，系统难以负荷造成的。而在区块链系统内，交易都是点对点的，老王和老李交易不需要通过第三方。第二，是通过“中心化”与第三方交易效率较低。这个好理解，通过第三方中转总是慢于“两点一线”。最后，也是最重要的就是信任。中心化的一个重要基础是相信第三方。我们通过银行转账是因为我们相信银行，我们接受主权货币，是相信国家的信用。如果这种信用被滥用了怎么办呢？比如你转账的钱并没有转出去而是被银行家们转到了自己的口袋，又或者中心化的系统受到黑客攻击，你账户上的信息被篡改了怎么办呢？

这在去中心化的区块链系统就可以有效避免。理论上，要想通过黑客攻击篡改信息（档案）也不是不可以做到，但条件是你要成功“黑”进系统中 51% 的电脑中，而整个网络中的电脑数量不是以万计而是以亿计

（图 9–2），所以，事实上要想篡改数据是一个不可能完成的任务。英国《经济学家》杂志给区块链技术取了一个有趣的名字“信任机器”。

图9–2 区块链技术原理

前面还说过，货币转移的本质就是债务的转移，你的存款是银行的负债，你手中的纸币是中央银行的负债（或者说是国家的负债），如果哪天国家想抵赖，就可以通过多印钞票来稀释自己的负债（钱不值“钱”）。而比特币上限为 2100 万个，预计在 2140 年将达到这一数值，因此，比特币不存在超发的问题，自然不会带来通货膨胀的问题，这也是被“粉丝”们所津津乐道的。这样看来比特币真是未来货币的不二之选，是吗？

第四节 比特币会成为真正的货币吗

探讨本节问题，我们需要先回到第六章内容，货币背后所锚定的价值。在实物货币（大米、牛、羊）或金属货币阶段，价值锚定来源于物品本身的内在价值。在实物货币制度下，充当货币功能的，就是实物本身的商品价值，也就是其锚定的价值；金本位制度下，各国法定货币以黄金为价值锚定。现代信用货币制度下，纸币的价值当然不是印钞的成本，如果按此划分，十元钞票和百元大钞的价值几乎一样。

现代信用货币制度下，纸币是中央银行的负债，有负债自然就要有资产与之相对应。中央银行投放基础货币买进的是债券或者银行的信贷资产（黄金在中央银行的资产中只占很小比例）。打开美联储的资产负债表，资产主要是 QE 买进的 MBS 证券（抵押支持债券）、国债，而日本中央银行的资产里还有股票 ETF（交易型开放式指数基金）。债券、股票也好，外汇也罢（我国中央银行的资产很大一部分是外汇储备）都是金融资产（黄金算是实物资产）。而金融资产背后却是实实在在的生活和生产资料。国债背后是政府税收抵押，税收穿透到底层则是纳税个体的资产；MBS 证券穿透到最后是房产、汽车；ETF 背后则是一家家从事具体生产的上市公司。纸币锚定的是中央银行的资产，币值也就取决于中央银行买进的资产价值。如果中央银行是为政府的赤字买单，买进的国债显然就是在“稀释”币值；美联储 QE 买进的 MBS 如果是大量的“有毒资产”（MBS 债券价值远低于美联储购进的价格），也就“稀释”了美元的价值。说到底还是之前的那句话，信用货币价值锚定的是这个国家的经济实力、军事实力和一套提供保证的制度体系。

那么，比特币背后锚定是什么呢？有人说，“挖矿”消耗的计算处理能量将转化为其价值。但无论是“挖矿”所损耗的电力，还是计算机的算力都只是铸币成本，而不是货币背后的价值。比特币并没有与任何资产挂钩，这就是称其为“虚拟货币”的原因。比特币更像是一种资产而不是货币，比特币的价格经常出现“过山车”，正如一句流行的话“比特币也许失败，问题是这里头有钱可赚”。

比特币的数量有上限，的确可以避免出现货币超发的情况，但是硬币的另一面是会出现通货紧缩。随着时间推移，“挖矿”的难度则会增加，直至不会有新的比特币产生。然而经济在发展，产出在增长，对于货币的交易需求也会跟随增加，有限的比特币面对着不断增长的货币需求，通货紧缩是不可避免的结果，而通货紧缩的危害丝毫不亚于通货膨胀。其实，西方发达经济体已经近二十年没有出现过高通胀了，最让他们头疼的是通货紧缩。

在交易媒介上，比特币的交易处理能力也无法满足现实要求。由于区块链技术下，节点数量庞大，数据被广播到全网耗时也会较长，比特币仅支持每秒 7 笔交易（支付宝等电子货币交易峰值是每秒 30 万笔）。如果交易量增加必然发生交易拥塞，使得低额交易手续费的支付长时间无法得到确认。

尽管比特币并不具备成为货币的条件，但是区块链技术对于法定货币的数字化转型具有重要意义。数字化时代需要支持数字经济高效交易的货币。近年来，各国中央银行也都积极开展法定数字货币的研究。在这一块，我国中央银行走在世界前列，并已经开始在试点地区推广。

第五节　中国央行引领数字货币发展风潮

2020 年 10 月 8 日，深圳市人民政府联合人民银行开展了数字人民币红包试点，这标志着数字人民币离面向社会公众推出又靠近了重要一步。央行数字货币对于很多人来说还是个陌生概念。很多人甚至将其与比特币等同，但二者并不是一回事。简单来说，央行数字货币就是把流通中的现金转化为电子版，按照货币统计口径来看，属于基础货币 M0。在之前的章节我们介绍过，基础货币主要由银行的存款准备金和流通中的现金（M0）构成。既然是基础货币，那央行数字货币就是中央银行的负债，以国家信用为价值支撑。

王鹏、边文龙、纪洋等人在《“央行数字货币”的概念框架与国际进展》一文中认为，一般来说，可以将央行数字货币分为两大类型：银行间市场的数字现金（批发市场的无账户数字基础货币）；居民的央行数字货币。其中第一种面向银行间的资金批发市场，可以被称为批发型央行数字货币，后一种面向零售市场，可以被称为零售型央行数字货币。

批发型央行数字货币并不是面向公众，而是面向中央银行和商业银行，因此这类数字货币不是基础货币中的M0，而是对应银行的存款准备金。银行在每个营业日开始用账户中的准备金作为抵押，按1∶1兑换央行数字货币，到当天营业时间结束时再把央行数字货币兑回存款准备金，中央银行销毁兑回的数字货币。这意味着央行的资产负债表并不会产生变化。在交易过程中，批发型的央行数字货币可以脱离准备金账户，不需要统一记录各自账户的收支信息，也可以像现金一样直接流通。其技术手段主要借鉴比特币的区块链技术，用分布式记账替代中央式记账。目前，加拿大中央银行、新加坡金管局正在研发这类数字货币。

我国的央行数字货币则是属于零售型央行数字货币。零售型央行数字货币根据开立账户的不同分为居民在中央银行直接开立账户和"中央银行—商业银行"的二元体系两种。居民直接在中央银行开立账户，通俗地说，类似于现在的支付宝和微信，支付宝由阿里巴巴集团管理电子账户，进行统一集中的中央式记账；微信支付由腾讯公司管理电子账户。这种方式在技术上并不困难，相当于让中央银行为每个普通用户开通一个电子账户，由央行直接管理。但是目前只是在一些小国适用（如厄瓜多尔），而主要国家中央银行都没有采用这种方式。一方面是因为，类似于中国这样的人口大国，给每个居民开立账户是个庞大而繁琐的工作，需要大量的基础设施投入。更重要的一点——也是目前绝大多数中央银行担忧的——就是这种做法会对商业银行的存款造成挤出效应。

在第六章我们谈到，银行存款对应的是银行的负债，而央行数字货币对应的是中央银行的负债，央行数字货币的信用等级高于银行存款。在具有同样支付功能的情况下，居民更愿意将银行存款转为央行数字货币，特别是在出现银行危机的时候，可能导致银行存款大量转为央行数字货币（储户担心银行倒闭存款取不出来）。银行存款转为央行数字货币会使银行的存款准备金迅速下降（下文详细介绍），从而限制银行的贷款能力。

美国费城联邦储备银行于2020年6月发布了一篇名为《中央银行货币：对公众开放的中央银行？》的工作报告。报告中，他们更进一步假设，如果中央银行与投资银行（证券公司）签约，进行长期贷款发放或其他形式为企业提供资金（即长期投资），实现商业银行的吸收存款并发放贷款的金融中介功能后，那么中央银行可能完全取代商业银行，垄断信贷市场。而一个没有竞争的垄断市场显然是效率低下的。

鉴于上述原因，我国目前采用的是"中央银行—商业银行"的二元体系，或者说双层运营体系。具体来说，在数字货币发行阶段，中央银行扣减商业银行存款准备金，等额发行数字货币，商业银行再把数字货币发放到居民的电子钱包中；在回笼阶段，中央银行等额增加商业银行存款准备金，同时注销数字货币。这种架构能够充分利用银行的支付网络基础设施以及完善的IT服务系统，为数字货币的推广提供资源和载体（图9–3）。

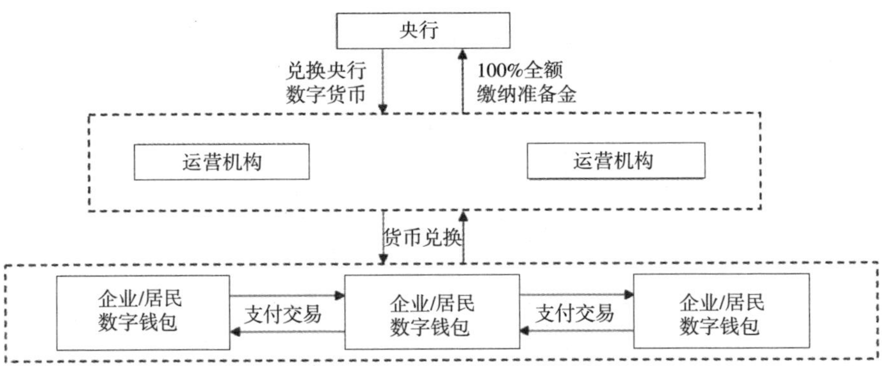

来源：小米金融科技研究中心整理

图9–3　我国央行货币数字发行体系

由图9–3架构可以看出，在双层运营体系下是不会存在央行数字货币超发的问题的。发行时，央行把数字货币转给商业银行的同时，商业银行需要按照数字货币金额100%缴纳准备金，然后再由商业银行兑换给公众。整个过程与纸币发行流程非常相似，只是货币形态由纸质转为电子化。

根据经验，人们在使用纸币的时候会面临假钞问题，那么，在数字货币运行中，是否会存在被人为篡改交易记录的问题呢？分布式记账就可以很好地解决这个问题。我国央行数字货币将分布式账本用于数字货币的确权登记，居民可通过互联网进行数字货币确权查询，相当于数字货币网上验钞机。不过，必须要提出的是，交易处理仍由发行登记系统来完成。央行数字货币是由中央银行发行的，因此它必然是中心化的，这点是相对比特币（去中心化）的另一显著区别。

值得赞扬的是，与普通的电子支付方式相比，央行数字货币并不要求必须在有网络的条件下才能进行交易。比如，老王在现有条件下花 10 元购买了老李的汉堡，用微信支付。老李在扫一扫的同时，其向老王微信账户转账 10 元的信息就会在微信的清算系统中同步记录（钱是老王给老李，老李账户减少 10 元，老王账户增加 10 元）。但是，如果老王和老李是在山洞里交易，附件没有网络覆盖，那么恐怕就只能用现金交易了。然而，在账户松耦合方式下，交易信息并不需要马上同步到中心记账系统。在使用央行数字货币时，只要老王和老李手机上都有数字钱包，即使在没有网络的情况下，只要手机有电，两个手机碰一碰，就能把一个人数字钱包里的数字货币转给另一个人。交易的信息会暂时保存在终端手机上，等有了网络再将交易信息上传到中央记账系统。

第六节　为什么要推出数字货币

数字货币无论是研发还是正式推出使用都需要投入大量人力物力，为什么全世界众多中央银行都不约而同地加速在数字货币领域的布局和试验？这背后的驱动力是什么呢？

2020 年 8 月，国际清算银行发布的工作论文《央行数字货币的崛起：驱动因素、方法和技术》对全球央行数字货币工作进行了系统调查和研究。该论文指出，不同国家发展数字货币的驱动力既有共同点，也有差异化，总的来说可以归结为以下三点。

第一是满足本国居民支付方式的变化。这一点在我国非常明显。小到买菜，大到购买家电，都是通过移动支付完成。在城市里，出门可以不带钱包，但却不能不带手机，现金的使用量越来越小。不仅在我国，在西方国家这一趋势也日趋显著，其中最为典型的是北欧国家瑞典，其社会现金使用量仅占交易总额的0.5%。

第二是应对Libra等虚拟加密货币所带来的挑战。2019年6月18日，Facebook（脸书）发布加密货币Libra（中文名“天秤币”）。与比特币不同，Libra是以美元、英镑、欧元和日元这4种法币计价的一篮子低波动性资产作为抵押物。依托Facebook在全球拥有的24亿社交网络基础和丰富的线下应用场景，Libra的推广速度非常快，Visa（维萨）、Mastercard（万事达卡）等大机构都计划参与其中。

Libra的推出可谓“一石激起千层浪”，但绝大多数国家的中央银行明确表示抵制。这是因为Libra是一个跨主权的加密货币，必然会对货币政策、金融监管、金融安全、世界货币格局带来无法预估的影响。举一个简单的例子，由于Libra的跨主权性质，且是点到点的支付，完全不用通过银行等中心化结算系统，跨国资金就可以自由往来，使得一国（特别是新兴发展中国家）的资本管制形同虚设，资金的大进大出很可能引发货币危机。在Libra作为支付工具发展得很好的情况下，未来还完全有可能进一步脱离储备资产，变成一个信用货币（类似金本位的银行券变成纸币），成为一个世界级的超主权货币，这对一国的货币政策和主权会产生巨大影响。我国央行货币研究所所长穆长春也表示“发行央行数字货币的首要目的是保护货币主权”。

第三是要摆脱美元霸权的束缚。这一点对于广大发展中国家来说尤其迫切。2019年年底，中国人民银行原行长周小川在一次峰会上表示，“数字货币的初衷是试图解决全球金融基础设施的问题，特别是跨境支付方面的短板，希望通过新的科技手段提高支付效率，减少障碍”。

前面我们介绍过，全球跨境清算体系高度依赖SWIFT和纽约清算所银行同业支付系统（CHIPS），一方面美国经常利用该系统作为威胁他国的武器，另一方面作为一个中心化的中介，SWIFT系统和CHIPS系统存在效率较低、速度较慢、摩擦成本较高等弊端。而利用数字人民币进行跨境支付，境外的商家可以在没有境内银行账户的情况下，开设数字人民币钱包，与境内交易方直接使用数字人民交易，而且交易时间短，无须支付银行汇款费用，能有效避免汇率风险。不过，在探讨人民币国际化的章节里也可以看出，一国货币的国际化取决于多方面的综合条件，不可能单靠某一方面完成国际化。

既然是货币，货币形态的转变自然也会对一国的货币政策有重要影响。一直以来，困惑中央银行的一个问题就是对于货币的真实流向无法及时准确掌握。比如，2020年4月中国人民银行深圳市中心支行就下发通知，要求辖内商业银行紧急核查房抵经营贷资金违规入房市的问题。这表明存在部分企业利用政府给予中小微企业贴息贷款进入房地产市场的现象。在传统货币体系下，很难避免出现一些专项资金流向房地产、“两高一剩”等领域的问题，这无疑增加了中央银行的调控难度。如果通过数字发放专项资金，货币的流向将会被准确实时记录，特别是可以精准监控中央扶贫、教育、科研拨款的去向。甚至可以在数字货币嵌入程序，限定该笔资金只能用于特定领域，无法在房地产、股票市场交易。这无疑是数字货币区别于传统货币的一大特征。

第七节　请回答，货币是什么

格特鲁德·斯泰因说过：“将人和动物区分开来的正是货币。”目前考古发现最早的货币距今已有五千年。那么，此前世界上就没有出现货币吗？真的就只有以物易物的交易方式存在吗？现在，越来越多的货币史学家认为，人类历史上从没有出现过真正意义的以物易物交易方式，那只是原始部落偶然的一个行为，因此货币的出现会比我们认为的更早，只是这种现象被漫长的岁月所掩盖，还在等待今天的人们去发现。对于这个由人类自己创造，并长久相伴的特殊物品，人们似乎并没有真正了解它。19世纪，英国国会议员格莱顿有句名言："受恋爱愚弄的人，甚至还没有因钻研货币本质而受愚弄的人多。"

货币是什么？央视纪录片《货币》开篇这样定义货币——"她是美索不达米亚平原上的泥板，她是黄河远古文明用于交易的贝壳，她是小亚细亚吕底亚王国的黄金，她是意大利佛罗伦萨古老银行家族的徽章。她是欲望的载体，她是交换的工具，她是我们最熟悉的，却也是最陌生的。她，就是货币。"从泥板、贵金属到一张纸，再到现今无形的数字货币，变化的不仅是货币的形态，更是货币给人类社会带来的影响。

马克思认为，"货币对于决定历史进程的作用最大"，这句话一点也不为过。经济学的一个基本问题是如何管理货币供应。然而，翻开人类与货币的历史，仿佛不是人类管理货币而是货币控制人类。将来人类会驯服货币吗？货币的形态又会出现哪些新的变化？这些变化又会如何影响人类？货币会从人类的历史中消失吗？所有这些有趣的问题，恐怕只有时间才能告诉我们最终的答案。

参考文献

[1] 布莱恩・斯诺登，霍华德・R. 现代宏观经济学：起源、发展和现状 [M]. 佘江涛，译 . 南京：江苏人民出版社，2009.

[2] 杰瑞・穆勒 . 市场与大师：西方思想如何看待资本主义 [M]. 佘晓成，芦画泽，译 . 北京：社会科学文献出版社，2016.

[3] 亚当・斯密 . 国富论 [M]. 文竹，译 . 北京：中国华侨出版社，2019.

[4] 曼昆 . 经济学原理 [M]. 梁小民，梁砾，译 .7 版 . 北京：北京大学出版社，2015.

[5] 弗雷德里克・S・米什金 . 货币金融学 [M]. 北京：中国人民大学出版社，2006.

[6] 约翰・梅纳德・凯恩斯 . 就业、利息和货币通论 [M]. 陆梦龙，译 . 北京：中国社会科学出版社，2009.

[7] 高鸿业 . 宏观经济学 [M]. 北京：中国人民大学出版社，2004.

[8] 杨小凯，张永生 . 新兴古典发展经济学导论 [J]. 经济研究，1999(7).

[9] 安娜・J. 施瓦茨，米尔顿・弗里德曼 . 美国货币史 1867—1960[M]. 巴曙松，王劲松，译 . 北京：北京大学出版社，2009.

[10] 约翰・肯尼斯・加尔布雷思 .1929 大崩盘 [M]. 上海：上海财经大学出版社，2006.

[11] 马克斯・韦伯 . 新教伦理与资本主义精神 [M]. 郁喆隽，译 . 杭州：浙江大学出版社，2018.

[12]Alan Ebenstein. 哈耶克传 [M]. 姚中秋，译 . 北京：中信出版社，2019.

[13] 保罗・沃尔克，克里斯蒂娜・哈珀 . 坚定不移 [M]. 徐忠，译 . 北京：中信出版社，2019.

[14] 丹尼尔・卡尼曼 . 思考，快与慢 [M]. 胡晓姣，李爱民，何梦莹，译 . 北京：中信出版社，2013.

[15] 乔治·阿克洛夫，罗伯特·席勒 . 动物精神 [M]. 黄志强，徐卫宇，金岚，译 . 北京：中信出版社，2009.

[16] 乔治·阿克洛夫，迈克尔·斯彭斯，约瑟夫·斯蒂格利茨 . 阿克洛夫、斯彭斯和斯蒂格利茨论文精选 [M]. 谢康，乌家培，译 . 北京：商务印书馆，2010.

[17] 刘垄，段端，巴曙松 . 现实信贷市场中抵质押品的功能探析——基于信息经济学商业银行的研究视角 [J]. 财经研究，2008：5.

[18] 王霄，张捷 . 银行信贷配给与中小企业贷款 [J]. 经济研究，2003：7.

[19] 彭磊 . 均衡信贷配给、信用担保与中小企业融资 [J]. 当代财经，2003：8.

[20] 樊明太 . 金融结构及其对货币传导机制的影响 [J]. 经济研究，2004：7.

[21] 方红生，张军 . 中国地方政府竞争、预算软约束与扩张偏向的财政行为 [J]. 经济研究 .2009：12.

[22] 封思贤 . 货币供应量作为我国货币政策中介目标有效性分析 [J]. 中国软科学，2006：5.

[23] 范从来 : 论货币政策中间目标的选择 [J]. 金融研究，2004：6.

[24]Bernanke · B，Gertler · M，Gilchrist · S.The Financial Accelerator in a Quantitative Business Cycle Framework[R].NBER Working Paper No.6455，1999.

[25] 范从来 . 论货币政策中间目标的选择 [J]. 金融研究，2004：6.

[26] 郭豫媚，郭俊杰，肖争艳 . 利率双轨制下中国最优货币政策研究 [J]. 经济学动态，2016：3.

[27] 何东，王红林 . 利率双轨制与中国货币政策实施 [J]. 金融研究，2011：12.

[28] 纪洋，谭语嫣，黄益平 . 金融双轨制与利率市场化 [J]. 经济研究，2016：6.

[29] 李宏瑾，苏乃芳 . 中国隐性利率双轨制及其对市场利率的影响 [J]. 财经问题研究，2018：8.

[30] 伍戈，李斌 . 货币数量、利率调控与政策转型 [M]. 北京：中国金

融出版社，2016.

[31] 张勇，李政军，龚六堂 . 利率双轨制、金融改革与最优货币政策 [J]. 经济研究，2014：10.

[32] 谢平，罗雄 . 泰勒规则及其在中国货币政策中的检验 [J]. 经济研究，2012：3.

[33] 徐忠 . 经济高质量发展阶段的中国货币调控方式转型 [J]. 金融研究，2018：4.

[34] 李琼，王志伟 . 货币政策传导机制：货币渠道抑或信贷渠道 [J]. 广东金融学院学报，2006：6.

[35] 牛慕鸿，张黎娜，张翔 . 利率走廊、利率稳定性和调控成本 [J]. 金融研究，2017：7.

[36] 袁鹰 . 开放经济条件下我国货币政策规则的选择与运用 [J]. 金融研究，2006：11.

[37]Bernanke，Blinder.The Federal Funds Rate and the Channels of Monetary Transmission[J].American Economic Review，1992：4.

[38] 马骏，纪敏 . 新货币政策框架下的利率传导机制 [M]. 北京：中国金融出版社，2016.

[39] 孙国峰，段志明 . 中期政策利率传导机制研究——基于商业银行两部门决策模型的分析 [J]. 经济学，2017：1.

[40] 杨坤，曹晖，孙宁华 . 非正规金融、利率双轨制与信贷政策效果——基于新凯恩斯动态随机一般均衡模型的分析 [J]. 管理世界，2015：5.

[41] 汪莉，陈诗一 . 政府隐性担保、债务违约与利率决定 [J]. 金融研究，2015：9.

[42] 汪莉，吴杏，陈诗一 . 政府担保异质性、竞争性扭曲与我国商业银行风险激励金融研究 [J]. 财贸经济，2016：9.

[43] 徐明东，陈学彬 . 货币环境、资本充足率与商业银行风险承担 [J]. 金融研究，2012：7.

[44] 刘晓星，姚登宝 . 金融脱媒、资产价格与经济波动：基于 DNK-

DSGE 模型分析 [J]. 世界经济，2016：6.

[45] 彭文生 . 渐行渐近的金融周期 [M]. 北京：中信出版社，2007.

[46] 查尔斯 · P. 金德尔伯格、罗伯特 · Z. 阿利伯 . 疯狂、惊恐和崩溃 [M]. 朱隽，叶翔，李伟杰，译 . 北京：中国金融出版社，2011.

[47] 卡门 · M. 莱因哈特，肯尼斯 · S. 罗格夫 . 这次不一样：八百年金融危机史 [M]. 綦相，刘晓锋，刘丽娜，译 . 北京：机械工业出版社，2012.

[48] 拉斯 · 特维德 . 逃不开的经济周期 [M]. 董裕平，译 . 北京：中信出版社，2012.

[49] 安德鲁 · 罗斯 · 索尔金 . 大而不倒 [M]. 巴曙松，陈剑，等译 . 四川：四川人民出版社，2017.

[50] 周其仁 . 货币的教训 [M]. 北京：北京大学出版社，2012.

[51] 周莉萍 . 影子银行体系的信用创造：机制、效应和应对思路 [J]. 金融评论，2011：4.

[52] 陈雨露，马勇，阮卓阳 . 金融周期和金融波动如何影响经济增长与金融稳定 [J]. 金融研究，2016：2.

[53] 何德旭，张捷 . 经济周期与金融危机：金融加速器理论的现实解释 [J]. 财经问题研究，2009：10.

[54] 孙国峰，何晓贝 . 存款利率零下限与负利率传导机制 [J]. 中国人民银行工作论文，2018：2.

[55] 孙国峰 . 信用货币制度下的货币创造和银行运行 [J]. 经济研究，2001：2.

[56] 孙国峰 . 贷款创造存款理论的源起、发展与应用 [J]. 国际金融研究，2019：11.

[57] 孙国峰 . 货币创造的逻辑形成和历史演进——对传统货币理论的批判 [J]. 经济研究，2019：4.

[58] 兰德尔 · 雷 . 明斯基时刻：如何应对下一场金融危机 [M]. 张田，译 . 北京：中信出版社，2019.

[59] 兰德尔·雷 . 现代货币理论主权货币体系的宏观经济学机 [M]. 张慧玉，王佳楠，马爽，译 . 北京：中信出版社，2017.

[60] 易宪容，王国刚 . 美国次贷危机的流动性传导机制的金融分析 [J]. 金融研究，2010：5.

[61] 王磊 . 新凯恩斯主义经济理论评析——基于宏观经济理论前沿的视角 [J]. 当代经济管理，2014：2.

[62] 王健，吴振球，尹德洪 . 新凯恩斯主义理论的的新进展 [J]. 经济学动态，2005：3.

[63] 汪丁丁 . “卢卡斯批判”以及批判的批判 [J]. 经济研究，1996：3.

[64] 樊明 . 消费的生命周期理论及实证经济学方法的反思 [J]. 经济学动态，2002：1.

[65] 许志伟，樊海潮，薛鹤翔 . 公众预期、货币供给与通货膨胀动态——新凯恩斯框架下的异质性预期及其影响 [J]. 经济学，2015：7.

[66] 哈耶克 . 个人主义与经济秩序 [M]. 邓正来，译 . 上海：复旦大学出版社，2014.

[67] 弗里德利希·冯·瑞·达利欧 . 债务危机 [M]. 赵灿，熊建伟，刘波，译 . 北京：中信出版社，2019.

[68] 霍华德·马克斯 . 周期 [M]. 刘建位，译 . 北京：中信出版社，2019.

[69] 邹晓梅，张明，高蓓 . 美国资产证券化的实践：起因、类型、问题与启示 [J]. 国际金融研究，2014：12.

[70] 张明 . 透视 CDO：类型、构造、评级与市场 [J]. 国际金融研究，2008：6.

[71] 管涛 . 汇率的本质 [M]. 北京：中信出版社，2016.

[72] 李晓峰 . 外汇市场汇率预期研究进展 [J]. 经济学动态，2009：3.

[73] 张亮 . 商业银行结售汇逆差与境内外利差汇差关系的 VAR 分析 [J]. 湖南大学学报（社会科学版），2018：7.

[74] 司登奎 . 央行外汇干预—市场参与者情绪与汇率变动 [J]. 统计研究，2018：11.

[75] 戴淑庚，余博 . 资本账户开放背景下中国短期资本流动的驱动因素研究——基于半参数平滑系数模型 [J]. 国际金融研究，2019：5.

[76] 张屹山，孔灵柱 . 货币替代：人民币贬值和升值阶段的比较研究——基于行为经济学的特征分析和理论阐释 [J]. 财贸经济，2008：6.

[77] 王世华，何帆 . 中国的短期国际资本流动：现状、流动途径和影响因素 [J]. 世界经济，2007：7.

[78] 孙国峰，李文喆 . 货币政策、汇率和资本流动——从“等边三角形”到“不等边三角形”[J]. 中国人民银行工作论文，2017：3.

[79] 伍戈，陆简 . 全球避险情绪与资本流动——“二元悖论”成因探析 [J]. 金融研究，2016：11.

[80] 易纲，汤弦 . 汇率制度“角点解假设”的一个理论基础 [J]. 金融研究，2001：8.

[81] 郝宇彪，田春生 . 人民币国际化的关键：基于制约因素的分析 [J]. 经济学家，2011：11.

[82] 余永定 . 人民币国际化必须目标明确、循序渐进 [J].RCIF Policy Brief，2011：7.

[83] 李晓 . 现阶段人民币国际化的进展及面临的问题 [J]. 中国市场，2011：10.

[84] 巴曙松 . 人民币国际化与中国金融市场的互动影响 [N]. 证券时报，2007-6.

[85] 钟伟 . 略论人民币的国际化进程 [J]. 世界经济，2002：3.

[86] 戴维·欧瑞尔，罗曼·克鲁帕提 . 人类货币史 [M]. 朱婧，译 . 北京：中信出版社，2017.

[87] 约翰·肯尼斯·加尔布雷思 . 货币简史 [M]. 苏世军，苏京京，译 . 上海：上海财经大学出版社，2016.

[88] 庄雷，赵成国 . 区块链技术创新下数字货币的演化研究：理论与框架 [J]. 经济学家，2017：5.

[89] 谢平，石午光 . 数字加密货币研究：一个文献综述 [J]. 金融研究，2015：1.